【历史新阅读丛书】

元朝那些事儿 叁

【大哉乾元卷】

昊天牧云 著

中国工人出版社

图书在版编目（CIP）数据

元朝那些事儿. 叁, 大哉乾元卷 / 昊天牧云著. —北京：中国工人出版社，2019.11
ISBN 978-7-5008-7308-2

Ⅰ.①元… Ⅱ.①昊… Ⅲ.①中国历史—元代—通俗读物 Ⅳ.①K247.09

中国版本图书馆CIP数据核字（2019）第289014号

元朝那些事儿. 叁　大哉乾元卷

出 版 人	王娇萍
责任编辑	李　倩
责任印制	黄　丽
出版发行	中国工人出版社
地　　址	北京市东城区鼓楼外大街45号　邮编：100120
网　　址	http://www.wp-china.com
电　　话	（010）62005043（总编室） （010）62005039（印制管理中心） （010）62379038（社科文艺分社）
发行热线	（010）62005049　（010）62005042（传真）
经　　销	各地书店
印　　刷	天津中印联印务有限公司
开　　本	710毫米 × 1000毫米　1/16
印　　张	15.75
字　　数	232千字
版　　次	2020年3月第1版　2023年3月第7次印刷
定　　价	45.00元

目录

第一章
拔都西征

札兰丁又冒泡

目前的形势还是很乱的。宋朝被蒙古打得眼睛都睁不开，很多人在那里骂主战派为什么要去惹蒙古。

其实窝阔台也很郁闷。他的郁闷来自西边。

当他下令南伐去教训宋朝时，又接到西边的情报——札兰丁又回来搞事了。

你还记得那个札兰丁吧？当年他从山崖上跃马跳河横渡印度河到达彼岸、胜利逃命之后，发现身边已经没有一个跟班。直到过了两天，才有几个逃跑的部下过来跟他会合。他虽然失败，但还是很有号召力的。没几天，有人听说他到了印度，便也渡河过来找到他，坚决跟他继续混下去。

札兰丁很快就打探到，离他不远的地方，有一支印度军队，共三四千人。虽然目前他的身边就一百二十人，每个人的脸上都挂满了失败的悲情，可他还是看不起印度军，觉得收拾他们是分分钟的事。

他采取的是突袭战术。他成功了。一百二十人的军队，把印度军近四千人杀得大败。于是，一部分俘虏成了他的下属，他的势力又大了一点。虽然他被铁木真打得找不着北，但他也知道实力不是靠吹出来的，而是靠打出来的，被铁木真打败并不丢脸。

他带着这支队伍，在克什米尔一带到处抢劫掳掠为生。印度王就生气了，但他这时仍然很看低札兰丁，只派出一千人的部队，因为他听说札兰丁只有五百人。

他只记得札兰丁的部队是匪徒，却完全不记得，这帮匪徒曾经袭击过他近四千人的部队啊。

札兰丁看到印度王只派出一千人，直接面对面就打。于是，他的五百骑兵冲进印度兵的阵地里，一番冲杀。印度兵还不懂得是怎么回事，队形就被打乱了，带兵大将的脑袋已经被砍落。最后，这些士兵大多都成了他的俘虏，然后又变成他的手下。

札兰丁的队伍继续壮大。

有点壮大了的札兰丁，时刻都关注着蒙古兵的动向。他可以无视印度兵，但必须跟蒙古兵保持距离。他听说铁木真又派部将出来追剿他，就向印度国更深入地进发。

他深入的过程，就是一路打仗的过程。印度王不断地打他，却不断地失败。当时，印度也是由很多小国组成的。他深入的这个小国叫德里。德里的国王就跟他谈判，想要收留他，他当然愿意。

德里国王看到他真的愿意改邪归正了，觉得他也是有用的人，就把女儿嫁给他，让他成为自己的女婿。

哪知，他却想当国王了。

德里国王这才知道，自己原来是引狼入室啊。于是，他也大怒，动员一切力量，把这个女婿赶出国门，永远不要他回来了。

札兰丁过了几天驸马生活，便被老丈人用武力赶了出来。没有了立足之地，便又回到国境边，继续靠打砸抢过日子。

他一边当土匪，一边等待机会。

他坚信铁木真肯定会有撤退的那一天。果然，没几天，铁木真带着大军回大草原了。于是，札木兰又迅速冒出来。花剌子模国人还是很够意思的，又让他当了国王。那些被蒙古人占领的地方，又都挂上札兰丁的招牌。蒙古国在花剌子模国的势力迅速被挤压到几个城市里，然后向窝阔台求救。

札兰丁这次发展的步伐很快，不但差不多占领完花剌子模国的大部分国土，还顺便向外不断扩张：全部占领了阿塞拜疆，又侵略了格鲁吉亚、巴格达等地方，国土面积迅速扩大。

窝阔台接到报告后，知道不收拾这个札兰丁，他老爸西征获得的成果就将归零。于是，派大将绰儿马罕率兵三万从伊朗西部进军阿塞拜疆去镇压札兰丁。

札兰丁知道蒙古兵出发后，就向全国人民发出号召：蒙古人的残暴大家已经领教过，现在他们又打过来了。我们唯一能够做的就是跟他们对抗到底。如果我们甘愿忍让和退缩，就会连生存的机会都没有。

可札兰丁在发出号召后，又突然放松起来。虽然听说蒙古大军已经在半路上了，但他却认为这么冷的天，只宜喝酒，不宜打仗。于是，就跟掳掠来的美女喝酒玩耍。人家向他报告，蒙古兵真的杀过来了。他还是不相信这天气能行军打仗，于是，继续拼命喝，醉得一塌糊涂，然后酣然大睡。蒙古兵杀到城下时，他才醒来。看到敌人真来了，他想调兵已来不及，只得逃走。他这次又是光棍一条逃出来。他本来想逃到罗马，然后请罗马派兵来为他报仇。他先到土耳其边境的深山里躲着，看到这里不但离蒙古兵远，而且山高林密，蒙古兵就是知道他躲在这里，也找不到他。

他成功地躲避了蒙古兵，没有被蒙古人杀掉，但却被一个库尔德的农民用锄头打死了。1231 年 8 月，他正在迪亚别克儿山中躲藏，那个库尔德农民扛着锄头进山来，一眼就看到他。大概这家伙一当逃犯躲进深山，身上的匪气就浓厚起来。那老农怎么看他都像个落单的土匪。于是把他敲死。他死了，花剌子模国也宣布永远退出历史舞台。他死得不明不白，以致他死了很多天后，人们还不相信这个曾顽强地跟蒙古人死磕到底的中亚太子已经死了。据说，之后这些地区又陆陆续续地冒出很多叫札兰丁的人来。

生擒八赤蛮

绰儿马罕继续留镇西域。绰儿马罕的水平还是不错的，铁骑如虎、四处攻杀，从里海到黑海，所有的势力都被他搞定，整个中西亚彻底归到蒙古人的版图了。只有钦察以北，还不服蒙古国的号令。

大家知道，蒙古国靠草原起家，他们对草原的感情远远大于对中原一带的感情。他们对大草原永远有着难以割舍的情结。这些年来，他们跟金国打仗，打完了退兵，然后接着打，经常放弃城池，但对草原的占领，他们一定是永久的。现在钦察敢不听话，他们当然要打。于是，窝阔台发布了征西的命令。

这次西征的阵容是很强大的。主帅是拔都，先锋是速不台，跟随的有皇子贵由、皇侄蒙哥。这些名字，全是历史上熟悉的名字。拔都是术赤的次子。术赤死后，拔都的哥哥觉得自己的水平比不过这个弟弟，就让他当了老大。

速不台此前就曾在西域有过炫目的表现，这次再踏故地，更是牛得很。他率前部冲到不里阿里城时，城里的守兵都不敢交锋，就宣布投降。速不台兵锋直指钦察部。半路与八赤蛮相遇，双方打了一场，不分胜负。蒙哥正好率后军赶到，大杀一阵，八赤蛮被打得遍地找牙，然后掉头逃跑。蒙哥四处搜捕，仍然找不到八赤蛮。后来抓到一个俘虏，才知道八赤蛮熟悉地形，早就逃到海里去了。

蒙哥大怒，往八赤蛮逃跑的方向追去，一直到宽甸吉思海，这才抓到八赤蛮的老婆，却仍然不见这家伙的踪影。蒙哥估计他就在海中的某个小岛上。

蒙哥带着部队狂追过去，突然停止脚步。他看着茫茫大海，到哪里找船啊？

他察看了海面，突然发现海水很浅，便令士兵下去试水，果然只到半身。于是，果断下令涉水去活捉八赤蛮。

八赤蛮看到蒙古兵杀上来，习惯性地要抓兵器来抵挡。哪知，这次逃得太过匆忙，连武器都忘记带了。他空着双手在那里站着，最后被活捉。

蒙哥先下令把八赤蛮的手下全部砍死，然后下令八赤蛮给他们跪下。可是八赤蛮却不跪，大声说："我也是一国的老大，国家都完了，还有什么资格偷生？更何况，我为什么要向别人下跪呢？"

蒙哥也是一个敬重英雄的人，看到这家伙这么宁死不屈，就不想杀了，劝他投降。可是八赤蛮不投降，但他死也还是有条件的。

蒙哥问："什么条件？"

他的条件就是请蒙哥亲自砍他。

蒙哥不愿亲自动手，最后叫自己的弟弟代他开刀，把八赤蛮砍成两段。

攻克也烈赞城

蒙古大军迅速进入俄罗斯境内。当时俄罗斯不像现在的俄罗斯是一个大国，而是分成很多小邦。首先与蒙古兵面对面的是也烈赞城。这个城主叫尤利大公。

拔都仍然用老一套，先派个代表团进城，劝尤利大公投降。

尤利拿着投降书一看，公爵要跟全体公民一样，投降后都要把十分之一的财产交给蒙古人，不由大怒起来。他马上穿上那件红色斗篷，来到广场上，然后召集全城民众集会，发表了一场演讲。他感情丰富地把蒙古军队的暴行渲染一遍，说现在蒙古军已经杀到城外了，要求他们投降，条件是立刻交出十分之一的财产，再受他们的奴役。

大家都情绪激昂地表示，愿意跟大公一起奋斗，把蒙古军赶回草原去。

尤利大公看到他手下民众的斗志终于被他的演讲激活了，心里很高兴。当然，他也知道，蒙古兵并不是那么容易被赶回草原的。因此，他还是派他的弟弟到邻国弗拉基米尔那里，请他们前来助战。后来，他又觉得，光是弗拉基米尔还不够，就又加派一个使者，到诺夫哥罗德国求救。

然而，这两个公国的老大却不理，尤其是弗拉基米尔公国的老大尤利二世当年曾经侵略过也烈赞公国，曾经把现任也烈赞大公的老爸俘虏过去，迫使也烈赞国举白旗认输。认输之后的也烈赞大公内心对尤利二世恨得要命。尤利二世看到他仍然口服心不服，当然也很不爽。所以，尤利二世一见也烈赞大公的弟弟，就表示坚决不去救。如果蒙古兵打过来，他们再去对付。虽然他们的名字一个叫尤利，一个叫尤利二世，但他们各不相干。

尤利大公又怕了起来，急忙派他的儿子费多尔带着自己家里最珍贵的礼物去见拔都，说可以谈判。

尤利的代表团抬着那一批礼物来到拔都的营帐前时，拔都却摆了个谱，说他现在忙得要命，等有空了再接见他们。这个代表团足足在那里待了几天，才被请进帐去见拔都。

他们来到帐前时，所有的武器都被收走。费多尔进帐见到拔都之后，就脱帽向拔都深深地鞠了一躬，其他随从人员也一起鞠躬，看上去显得十分卑微了。

可是拔都却一脸怒气，大骂：“你们这几个无礼的家伙，为什么只鞠躬？你们不是我的亲戚，而是我的仆人。仆人见到主人是必须磕头的。”

拔都的手下立刻命令费多尔赶快趴下磕头。

费多尔说：“我们只在祈祷时才向圣像磕头，对别人从不磕头。”

拔都大怒，喝道：“全世界的人都向我爷爷成吉思汗磕头。你们俄罗斯人居然想不磕头？告诉你们，敢跟我们大蒙古争辩的人都已经化为齑粉了。难道你们比我们更强大？”

费多尔说：“我也听说过你伟大的爷爷成吉思汗。只是你们既然已经如此强大和富裕，为什么还要来抢我们这片贫瘠而一无所有的土地？你们生活在草原上，而我们却躲在原始森林里，在低矮的茅屋里生活。一个在草原，一个在森林里，为什么就不能和睦相处？”

速不台大声说：“天上只有一个太阳，地上只有一个皇帝。这个皇帝就是蒙古大汗。所有的人都必须向他磕头。你以为你是俄罗斯人就不用磕了？告诉你，现在你就必须给大汗进贡，必须给拔都汗磕头。”

谈判桌还没有上，双方就为了磕不磕头，吵得一塌糊涂，互不相让。你想想，这样的谈判能谈得成吗？

本来，他们还想继续为磕头的事争吵下去，可是到了午饭时间，拔都宣布先开饭，其他事之后再说。到了这个时候，费多尔他们知道，蒙古人这么做是在玩他们，即使他们磕头，拔都也会找到其他岔子。因此，当食物端上来后，也烈赞国代表团的所有成员都不伸手，个个都在那里静静地坐着，来个绝食抗议。

拔都当然不会因为他们的抗议就坏了胃口。他在那里大吃大喝之后，宣布谈判开始。

说是谈判，其实费多尔他们根本没有发言权，只有拔都在那里很霸道地宣布：“你们要是诚心诚意地投降，就把你们的妻子送到这里来做人质。特别是你费多尔的妻子。”

要妻子来做人质，这可是有史以来从没有过的事。

原来，拔都的情报工作做得很好，老早就把费多尔的家庭基本情况摸清楚了。他知道，费多尔有个十分漂亮的妻子，据说是俄罗斯头号美女。

本来因为磕头的事，也烈赞公国那几个谈判代表心里已经极为不爽了，现在又要他们把老婆献出来，这就更大大地超出了他们的承受能力了。

于是，费多尔当场对拔都说：“我们愿意和你交朋友，与蒙古帝国结成友好邻邦，但我们俄罗斯人也有一句话：亲密不可强求。我们可以做你最忠实的朋友，但坚决不会做任何人的奴隶。如果你一定要发动战争，那我们就在战场上见吧。”然后再深深一鞠躬，带着他的随从昂然离去。

拔都气得想拔刀把这几个家伙砍死，但他最终没有当场拔刀。他是四大汗国的老大，实在不好意思做出这种出格的事来。

他不动手，不代表他不叫别人动手。他看着那几个人出门而去后，就把速不台叫来，让他追过去把那几个不把他放在眼里的家伙全部杀掉。

砍完谈判代表的脑袋后，拔都下令全军向也烈赞公国开进。

尤利大公只得应战了。在蒙古大军浩浩荡荡北上的时候，尤利大公的部队也举旗南下，积极应对。只是拔都的队伍有十五万人，而也烈赞公国前来应战的只有两千——即使能以一当十，也打不过人家，何况对方部队的战斗力全球第一。尤利大公也想派很多部队出来，可他实在派不出更多的人了。当时俄罗斯已经分成几个小公国，各个公国都实行高度自治。

这两千人很快就看到了蒙古大军，于是他们就埋伏在山岗上，等蒙古骑兵靠近时，突然大喊大叫着冲杀出来。

这个埋伏本身十分成功。

当他们呐喊着杀向蒙古骑兵时，所有的蒙古兵都没有料到会在这里中埋伏，被杀了个手忙脚乱，一些人被砍了脑袋，其他人也向后撤。只是这个埋伏圈实在太小了，只有两千人，而蒙古大军整整十五万，更何况还有一大批原为俄罗斯兵的俘虏。两千人再怎么狠，也打不过人家。

蒙古兵在短暂的慌乱之后，立刻组织反击。那两千也烈赞公国的部队立刻陷于被狂砍的局面，很快就全军覆没。

蒙古大军很快就冲到也烈赞城下。这座城虽然都是用泥土围成，看上去很不坚固，但此时恰好是寒冬时节，也烈赞人早已用水在城墙以及通往城门的斜坡上浇了一道又一道的水。这些水被浇上去之后，立马结成坚冰。且不说这个光溜溜的城墙谁都难爬过去，就连要走过这个冰坡，都很困难。因此，也烈赞大公跟他的臣民们还是很有信心的。以前，他们就用这个办法，多次把强敌阻击在城外，最后敌人不得不退兵了事。

这时候，城郊的农夫们都扛着农具进城，跟城中的人一起并肩战斗，保家卫国。

拔都当然不会看到这些坚冰就退兵。到目前为止，蒙古大军从没有无缘无故地临阵撤退过。

也烈赞人在城上看着蒙古兵，看他们如何打过来。他们还在城里烧了很多开水，要是蒙古兵真的爬上来，他们就往冒出头来的敌人身上浇过去。

拔都冷笑一声，大手一挥，一大群穿着破烂的人手持兵器冲了出来。

也烈赞城的人一看，一点不像蒙古人，全是跟他们同样的人种。他们立马明白了，这些人全是俄罗斯兵，被蒙古军俘虏后，现在被驱赶出来打头阵。等双方打得都累了，蒙古人就会冲过来，对敌人进行最后一击。也烈赞人做梦也想不到蒙古兵这么缺德。

当然，蒙古军也不是光叫这些人出场，而是也架起了抛石机，不断地往城上砸石头，以此来掩护那些俄罗斯俘虏。也烈赞人从没见过这样的攻城武器，一时被砸得也有点蒙了。但拔都也蒙了——因为城上全是坚冰，石头砸上去效果不大。而且这一带石头也很稀缺，只怕再打下去，那些俄罗斯兵都死光了，还没有杀到城上。

五天之后，拔都又改变了方法，不再向城头砸石头，而是制造了一个新的攻城武器——攻城锤。攻城锤上面是一个巨大的支架，结实的支架上悬着一根大型原木，原木前端包着铁皮。蒙古人和俄罗斯俘虏躲在皮革盾牌后面，荡起原木，以惊人的力量向城门撞去。

也烈赞城的城门是橡木做成的，虽然很坚硬，但终究抵挡不住攻城锤的猛烈撞击，一时被打得木屑纷飞……

也烈赞城人万万没有料到蒙古兵居然这么快就找到了他们的软肋，急忙组织人员，从城头上向操作攻城锤的蒙古兵倒开水、浇热油、射利箭、砸石头，凡是能砸人的东西都扔了下来。但蒙古兵仍然顽强地撞击着，这批锤手死了，另一批锤手顶上，最后城门终于被撞开。

蒙古铁骑杀声震天地冲进了也烈赞城。

1237 年 12 月，有史以来从没被攻破过的也烈赞城终于被拔都拿下。一时之间，全城都是蒙古人胜利的欢呼声。

也烈赞大公最后带着他的所有家人包括那个漂亮的儿媳，来到大教堂，作最后的抵抗。当然这样的抵抗是无效的。

也烈赞城的死守，使蒙古人受到很大的伤亡，这让拔都十分愤怒，下令屠城。蒙古兵挟着巨大的怒火，把城里的每一间房子都烧掉，城中居民不留一个活口。

也烈赞城就这样被拔都攻占、毁灭！

拿下弗拉基米尔城

蒙古军继续向弗拉基米尔公国进军。

弗拉基米尔公国是俄罗斯最大的公国。这个公国的老大叫尤利二世，当初他拒绝尤利大公的求援，说蒙古人打过来时，他完全可以应付。他原本以为，蒙古人都是草原民族，抢到一些东西之后，就会回去了。哪知，他大错特错，蒙古人打完也烈赞公国之后，又向他的公国打过来了。

尤利二世这才紧张起来，动员全国人民把值钱的东西都搬到北部城市——即使蒙古人攻占了弗拉基米尔城，也抢不到什么战利品。然后，他也像尤利大公一样，给邻近的几个公爵写信，叫他们来支援自己。接着他让他的儿子弗拉基米尔去守莫斯科。弗拉基米尔接到这个命令后问把哪支部队划拨给他。

尤利二世说："我得留部队守京城。现在我给你派一个将军过去，让他帮你组建军队，把敌人打败。你不要怕，那些牧民没什么可怕的，他们只是撞一下城墙，撞不破后，乱转几圈就回去了。"

弗拉基米尔到这个时候已不相信老爸的忽悠了，说："也烈赞国那么坚固的城都被他们攻破了啊。"

尤利二世就加大了忽悠的力度："也烈赞的城墙算什么城墙？他们的人又算什么人？那些人能打仗吗？要是那些人都算能打仗，那我们就是神兵神将了。所以啊，不要拿也烈赞国来跟我们比。"

可儿子仍然不愿意。父子俩讨价还价的结果，是老爸决定从自己的侍卫里分出十个兵给儿子。

弗拉基米尔没有办法，只得带着包括他在内的十二人队伍去开展莫斯科保卫战。

尤利二世把儿子忽悠走之后，自己又突然觉得不安起来。他比谁都知道蒙古人的厉害。他打了很多次，都不能把也烈赞城硬攻下来，人家蒙古骑兵一下就踩过去了。他反复视察了一下他的这座首都，不管从哪方面看，质量都远不如也烈赞城。他摸摸城墙又摸摸脑袋，决定逃跑。

当然逃跑也是需要理由的。他的理由是要去组织力量来战胜蒙古兵。当负责留守的将军问等蒙古人来了该如何打时，这家伙哈哈一笑："现在我已经放权给你们，怎么打都由你们决定，我绝对不干预。"那几个军官差点骂起来，平时你什么都管，我们动弹不得，现在敌人打过来了，你就放权逃命，让我们当炮灰。

尤利二世却不管这些人的心情，带着他的侍卫逃跑了，连老婆也不带，理由是留下老婆可以稳定军心民心。

蒙古大军先来到莫斯科城外。

弗拉基米尔带着那十一个人一路急奔而来，一路也招了些兵，队伍开到莫斯科城下时，已经不是十二个人了。当然，这些人都是一些农夫，听说蒙古人打进来了，怕被屠杀，就跟他来莫斯科。与其说是来保卫莫斯科，不如说是来避难的。

这一群人刚进莫斯科城，还没有进行部署，拔都的大军就已经开到了。

莫斯科城里顿时乱成一团。蒙古大军架起攻城器械，直接就攻打城门。莫斯科人拼命抵抗，他们虽然没有统一的指挥，但人人拼命，还真的把蒙古大军挡在城外。蒙古军看到硬攻效果不大，便改变战术，向城里发射火箭。这些火箭不是一般的火箭，而是在箭上裹着浸了油的棉絮，射到城中的木结构建筑上，便会立即着火。

城头的军民突然看到城里的房子都着了火，只得分派一部分人去救火。如此一来，城上的防守就大为减弱。蒙古兵继续加大火箭的发射，莫斯科城一下就变成一片火海。

到了这个时候，全城的人都陷于绝望的境地，而莫斯科城也被蒙古军一击而破。

蒙古军进入城中，大肆抢掠。他们抓了很多俘虏，这些俘虏中有德国人、威尼斯商人，也包括莫斯科城保卫战的总指挥弗拉基米尔。拔都留下了这些商人，对他们不断地安慰。

四天之后，他们离开了已经化为一片灰烬的莫斯科城，然后又浩浩荡荡地向弗拉基米尔城冲过去。

1238年2月，蒙古大军终于来到了弗拉基米尔城下。

蒙古人先派人到城下喊话，叫城里人投降。但城里的人都态度坚决地表示，他们宁死不屈，绝不做投降派。

拔都怕城里的人逃出去，事先在城外围起了木栅，这才下令攻城。当然，仍然是抛石机、攻城锤齐上，然后士兵们冲上城头，与守城士兵搏杀，最后城中的士兵越打越少。战斗从2月6日开始，到2月7日，只打了一天，便冲开了城门，蒙古骑兵喊杀连天地杀进城里。尤利二世的夫人看到城门已破，便带着家人来到大教堂里躲避。但蒙古人很快就冲到了教堂下面，四下围住。蒙古兵攻了几下，没有攻进去，就放火焚烧。据目击者说，当时火势巨大，烈焰熏天，连墙壁都红起来。教堂里的人全部被烧死，无一人幸免。

弗拉基米尔城就这样被毁灭了，俄罗斯北部最大的公国也宣布灭亡。当然，尤利二世还在逃。拔都能放得过他吗？

拔都很快就知道了尤利二世避难的地方——西奇河边一个叫任吉村的小村子。尤利二世看到这里离蒙古兵已经很远，而且四周全是茂密的森林，就认为蒙古人看来是找不到这个偏僻之处的。他还特意问当地的神父，蒙古人能不能找到这个地方。

神父庄严地回答："蒙古人要是跑到这里，他们会被沼泽吞没。"

既然神父都说蒙古人不敢来了，看来安全肯定有保障了。当然，如果他只在这里老老实实当个遵纪守法的村民，拔都也许永远找不到他。可尤利二世能在这里当村民吗？他又开始扯起旗帜，招兵买马。招兵买马必要的工作就是宣传。大家听说大公原来躲在这里，又都纷纷跑过来投靠。

既然那么多逃散的人都知道尤利二世藏身的地方，拔都哪能不知道？于是，他带着部队又打了过来。当蒙古兵进入密林的时候，已经深夜，尤利二世还在那里挑灯夜读妻子的信。他突然听到外面慌乱的叫声，立马知道，沼泽还真挡不住蒙古人，神父的话原来也不神。他带着他的部队跟蒙古兵一直打到黎明，这才冲出重围，沿河向东而逃。但蒙古兵能放过他吗？大批蒙古兵黑压压地追了上来，他们一面高声大叫，一面向他射出密集的箭雨。最后，这个逃跑专家被无数支箭射中，倒地而死。蒙古军割下他的脑袋，回去向拔都报功。

蒙哥向北挺进，又来到秃里思哥城，这是弗拉基米尔城最后的城池。

这是个小城。

这个城的老大叫瓦夕里。他早就估计蒙古军会杀到这里，因此就先做了前期准备工作：挖好一条战壕，筑高了城楼，还设置毒箭，专等蒙古兵杀过来。

又是速不台先到。

瓦夕里带着部队杀出来，边进攻边放箭。这些箭都浸过毒药，只要被射中，不管哪个部位，都当场痛得要命，然后大喊大叫一阵再倒地死去。

速不台被一顿毒箭射得赶紧退回。蒙哥赶到，又吃了毒箭的大亏，死伤几千人。两人虽然很生猛，但也不敢再嚣张了。既然不能硬攻，就把他们围死，这可是蒙古兵的老办法。

蒙古兵在城外又筑起围墙，把这个城全面包围。哪知，城里的食物很丰富，双方一里一外，对着干了一个月，城里还没有出现粮食短缺的迹象。速不台又心急了起来，发动强攻。但城头射下的箭太密集，把蒙古军打得焦头烂额，只片刻就倒下两千人。速不台虽然很气愤也很牛，但也知道这些箭不好惹，只得又退回。又过了两个月，城外的蒙古军又损失了近一万名士兵。

速不台很无奈，只得派人去总部反映情况，然后跟蒙哥商量。

两人想了一个计谋：突然下令紧急撤退。

瓦夕里登城一看，便带着部队追击。但蒙古兵太快，只一下就没有踪影。他只得带军回城。过了三天，蒙古大军又突然来到，而且人数远比之前多。

瓦夕里一看，你再多也不够我的毒箭射。

蒙古军冲到城下后，立刻攻城。

瓦夕里正要下令放箭，哪知，他的命令才下，突然城中起火，接着城门大开。蒙古骑兵直接从城门涌进城，然后见人就砍。

瓦夕里这才知道，原来蒙古人不但会蛮干，还会耍阴谋。他们假装撤退，然后派人混进城中，来个里应外合。他光想到他毒箭的厉害，哪想到人家的脑袋更厉害。

接下来就是大屠杀。蒙古大军攻这座小城攻了这么久，而且损失了这么多蒙古士兵，其中还包括三名万户长的子弟，实在觉得太没面子了。他们恼羞成怒，大开杀戒。于是，这个蒙古骑兵眼里的钉子户小城，被蒙古骑兵夷为了平地。

到此，俄罗斯的弗拉基米尔城被蒙古军队全部消灭。

拔都他们继续前进，只要钦察人还在，他们就不能消停。

这次，他们的屠刀指向诺夫哥罗德公国。

蒙古大军在高歌前进的时候，正是春天。春天在南方很温暖，但在靠近北极的地方，仍然冷得让人生疼。冰雪已经开始融化，大地上到处是烂泥。这对于行军来说，绝对不是什么好事。士兵们的脚陷进泥地，嘴里全是怨言。

拔都和蒙哥都想着无论如何也要把俄罗斯最后的公国灭掉，就鼓励大家克服困难，再走几天就到达目的地了。

后来，速不台的坐骑正跑在没有解冻的冰层上，突然冰层破裂。老将军连人带马都掉进冰冷的河里。大家七手八脚地把老人家拉上来。那匹马只转眼之间就不见了。

拔都和蒙哥这才知道，这路真不能再走下去了。他们终于决定放过这个公国，在离这个公国首都两百里时，他们撤回去了。不久，这个公国主动向拔都投降，因此成为免遭蒙古铁骑践踏的土地。

拔都带着大队蒙古兵又回到钦察大草原。对于蒙古人来说，这片辽阔的大草原才是他们最温暖的家。当他们欢呼着胜利时，他们根本没有想到，被他们屠杀的城市，现在已经白骨成堆，芳草凄然。

这些四处征战，到处屠城的士兵们可以过上一段悠闲的时光了。

拔都开始修建自己的首都。

他是术赤的继承人。根据铁木真当年的分配，钦察草原就是术赤的地盘。

拔都花了近一年的时间，修建自己的宫殿，建设自己的首都。到第二年（1240 年）的夏天，他又坐不住了，决定再度出征。

这次他的目标是南俄罗斯，具体地点是基辅。

基辅之战

基辅是个历史悠久的城市，曾经是大俄罗斯的首都。只是后来各个公国闹独立，基辅这才辉煌不再。

这次仍然是蒙哥打前阵。当然，拔都给蒙哥的任务不是打仗，而是去威吓一下基辅大公，让他主动出来投降，从此服从拔都汗的领导。如果他不愿意投降，暂时不必跟他一般见识，仍然回大草原。等哪天有心情了，再去收拾他。

蒙哥到了基辅，就派人进去对基辅大公说，请赶快出来投降，免得我们打进去，把这么一个好好的城市毁掉了。

基辅大公一听这话，就已经很反感了，然后又听说让他去城外蒙哥的大帐里谈判，心里就更气愤了。这算什么谈判，这不是叫我们去投降吗？基辅大公也派个代表对使者说，你们远来是客，现在到我们这里来，有什么想法，请你们的老大直接跟我们老大面谈吧。

双方一阵交涉，却交涉不出什么结果来。然后两个代表都生气了。

基辅代表一生气，蒙哥的使者后果就严重了。最后，基辅人一刀把这个使者砍了。

这样的外交，绝对不是大国外交，本来是来谈判的，可最后变成了吵架，再演变成流血事变，代表团团长也被打死。“两国交兵，不斩来使”的规则，在这里根本起不到作用。

蒙哥等了好久，没看到使者回来，知道出状况了，更知道基辅不会投降了。他还记得拔都的话，现在是夏天，河水太深，不宜渡河作战。等冬天结冰了，他们的骑兵再踩着冰层杀过去。

从拔都的这番话来看，他比他的爷爷要理性多了。

看到蒙哥很气愤地回来，拔都知道这场大战不可避免了。这时他已经统治了钦察草原，手下有众多的钦察人。他的计划是从这些钦察人当中征兵，组成一支六万人的钦察骑兵。这六万人一成军，他的军事力量就会立刻壮大。

哪知，他的征兵布告发出后，钦察人却不干了。他们干脆卷起包袱，往西逃去。

拔都想不到钦察人会来这一招儿，让他一下损失了几十万人口，气得要命。可现在生气有什么用，他可以放过钦察人，但他绝对不放过基辅。钦察人都是游牧民族，向来居无定所，而基辅是一个城市。游牧民族一言不合，可以卷起包袱背井离乡，一个城市能跑哪里去？

拔都是在气愤中挨到冬天的。

而基辅人却是在惶恐中度过夏天度过秋天的。

那一群逃难的钦察人经过基辅时，把拔都下决心要灭掉他们的情况跟他们说了，他们真的怕了。

他们虽然没有跟蒙古人有过深入的接触，但都知道蒙古军的残暴。他们只得加紧加固城池，打造武器，迎接蒙古骑兵的到来。

拔都在那里苦等着1240年的第一场雪。而基辅人却嫌冬天来得太早了。

虽然基辅全城都在响应大公达尼拉公爵为人民而战的号召而努力修筑防御工事，但大公自己却越想越怕。在广大基辅群众天天在那里努力劳动时，达尼拉公爵却在做着逃跑的准备工作。

城防工事竣工了。

公爵逃跑的准备工作也结束了。

他对负责军事的德米特里说：“我这些天来努力开动脑筋，觉得如果只靠我们单打独斗，是斗不过蒙古兵的。我们必须请外援。所以，我想出去请波兰国王和匈牙利国王来帮助我们一起打败蒙古军。”然后宣布他离开后，德米特里就是基辅的第一把手，大家一定要坚决服从德米特里的领导。

他把这些交代之后，就直接闪人，迅速不见踪影。

这个公爵逃了不久，拔都就来了。他把军队驻扎在第聂伯河东岸。此时的第伯聂河已经结冰，河面平得像镜子。

拔都望着基辅，再转头看看他的军队。他的大军正在岸上扎下营寨。一时之间，兵车声、牛和骆驼以及马的鸣叫之声，一片沸腾。

这些声音强大到传进城里时，城里人相互说话都听不见。

拔都还是很稳重的。他在冰层上架起了一座木桥，以防攻城器械过河时会发生意外。

当基辅人民站在城头向东张望时，只见一条坚固的木板路迅速跨河而来，直抵城下。

这注定是一条把基辅送向地狱的大道，也是蒙古军通往胜利的道路。

大战即将揭幕！

深冬的基辅，雪花大如席！

一切准备就绪，拔都一声令下。众蒙古勇士呐喊着杀过去。他们在强大的攻城器械的帮助下，与基辅守兵进行攻守大战。城上的士兵向冲上来的敌人扔石头、放箭；城外的士兵则用抛石机往城上抛石头，不断砸死城上的守兵，为攻城的士兵做掩护。

很快，蒙古大军摧毁了外城。他们蜂拥着冲进城里。

基辅军民都退到里城，继续抵抗。

基辅军民虽然都很卖力，都很拼，但拼不过蒙古军。内城又宣告失守。他们退到教堂里，垂死挣扎。

教堂是他们最后的城堡。教堂全是大石建成的，里面事先已经躲着全城官员们的家属，还堆放着他们所有的金银财宝。

石墙很坚固。蒙古军猛攻，但进展不快。

教堂里的人知道，这个地方再怎么坚固也挡不住敌人的暴力摧残。他们组织起来，要挖一条地道。在他们的计划中，这条地道一定要直通山的那一边，让他们能趁天黑逃进树林里。那样，至少他们可以躲过蒙古人的屠杀。

外面的人在摧毁石墙；里面的人在挖地道。

结果是，蒙古军最后用巨大的木头无数次撞击着石墙。石墙终于轰然倒下。

在石墙倒下的时候，地道还没有完工。于是，里面的所有人全部被埋在废墟之下。

经过二十多天的大战，基辅终于被拔都全面占领。

拔都把这座城市全部破坏，所有居民也基本杀光。但他对德米特里还是网开一面的。理由是，德米特里是一条真正的好汉。蒙古人最敬重的就是这样的好汉。他想让德米特里加入他的军队，但德米特里不同意。拔都这次放过了坚决不投降的德米特里。

这次杀了多少人？我们不知道。但据说很多年之后，人们走到那座废墟时，还可以看到骷髅遍布大地。

至此，俄罗斯全境都成为蒙古钦察汗国神圣不可侵犯的领土。

这个矛盾其实不小

话说，钦察人离开家乡后，在首领忽滩的带领下，一路向西流浪。最后，顺利来到匈牙利边境。他们向匈牙利国王贝拉四世请求，同意他们在这里安居下来。而且，他们会放弃原来的宗教，在宗教上与匈牙利人民保持高度一致。他们当中的武装也全部让匈牙利收编。

贝拉四世一看，这么多人前来投靠，还有四万正规军啊。这帮人的加入，使匈牙利的国力瞬间增强。平时做梦都想提高自己国力的贝拉四世，哪还想到别的，他笑着批准了这个请求。

钦察人才改国籍没几天，拔都就送来一封信。

拔都在信中叫嚣，要是收留钦察人，他们的大军立刻杀到。

贝拉四世把信撕成碎片。拔都知道后，当然大怒，恨不得立刻放马过去。

但他没有立刻放马过去。因为他这边也有麻烦了。

这个麻烦其实不大，但对历史的影响很巨大。拔都几个兄弟取得占领俄罗斯全境的伟大胜利后，就举行了个庆功宴会。这本来是件好事。宴会开场时，拔都认为自己是兄弟之中年纪最大的，所以就先喝了第一杯酒。

贵由一看，就不干了。你不是术赤那家伙的儿子吗？我可是窝阔台大汗的长子啊。在这里我才是老大，那杯酒该由我来喝才对。于是，起来就走。当时，察合台的儿子不里也跟着走。

看到这里，你就知道了，目前蒙古高层仍然分成两个势力，一个是窝阔台与察合台的联盟，一个就是术赤与拖雷的联盟。虽然术赤和拖雷死了，但他们的继承人仍然铁板一块，顽强对抗着窝阔台联盟。

贵由和不里气愤的离开，而且一边走一边大骂拔都，骂的当然都是难听的话。

两人骂过之后，觉得再在这个地方看到拔都，连他们的血统都会受到污染，居然在第二天离开了拔都，返回蒙古大草原——那里最适宜黄金家族成员居住。

贵由和不里那些骂人的话，不久就传进拔都的耳中。拔都相当生气。可人家是大汗的儿子，你能把他怎么样？但又不服这口气，就给窝阔台写了一封信，把这事的前前后后都向大汗做了报告。

窝阔台接信后大怒，他直接下令，不准贵由来见他。他爱闹不团结，就让他到最边远的地方去，让他去打敌人最坚固的城池，把他的手脚全部磨烂。

幸亏蒙哥他们在场，马上出来打圆场：以前成吉思汗说过，外面的事在外面处理，家里的事在家里处理。现在贵由和拔都的事是在外面发生的，就让拔都来处理吧。他们知道，拔都是不会再闹下去的。

窝阔台不同意，把贵由叫过来，大骂一通。然后又给拔都写信，让他代自己去跟察合台说清楚，请察合台处分不里。

拔都当然不会这么做。他知道，这次矛盾只是察合台和他老爸矛盾的延伸。术赤因为抢不到汗位，一直耿耿于怀，后来又被铁木真怀疑，郁闷而死。而察合台势力虽然不再拿这些来说事，但他们心里仍然不把术赤系当黄金家族的成员看待。此次西征，窝阔台任拔都为第一把手，其他皇族兄弟都当他的手下。贵由和不里就不服起来。他们是堂堂正正的黄金家族嫡系，不能当主帅，却让这个拔都当带头大哥。但那是大汗的命令，你不服也得服。于是，在这口气憋了很多天后，他们借着那一杯酒，把这个矛盾表面化了。

拔都虽然在这件事中没有再说什么，好像已不把它当一回事了。但他能不当一回事吗？他只是觉得现在机会不成熟而已。

他不说话，是在等机会。

而且现在也不容许他去为这些事分散精力。他必须去打匈牙利，让贝拉四世看看什么叫大世面。

大破联军

拔都终于决定向欧洲中心地带插上一刀。

1241 年，过完春节没几天，他就兵分三路，按既定线路出发。

拔都部队隆重开来，匈牙利国王贝拉四世还没有反应，欧洲其他国家都先震惊了。他们知道，蒙古大军杀过来，不是开玩笑的。他们虽然没有和这个东方大国有过直接交往，但从中亚和俄罗斯的灾难中完全可以看出，他们的灾难即将来临。

他们很恐慌。但他们也知道，在那里恐慌也不是办法。他们想找到一个带头大哥，带着他们团结一致，跟拔都拼命。然而这个带头大哥太难找了。

拔都这次出动十二万兵力，分三路进发。北路以拜答尔为统帅，率领察合台部下的三万人摧毁匈牙利的外援；南路以合丹为统帅，率领窝阔台部下的三万人，绕过喀尔巴阡山脉，自南迂回前进；中路以拔都、速不台为统帅，率领六万大军，越过喀尔巴阡山直向京城丕思惕（今匈牙利布达佩斯市附近）进军。

拜答尔的北路首先跟敌人发生战斗。拔都给他们的任务是消灭匈牙利的外援波兰军团。当时的波兰也跟俄罗斯一样，国内分成四个小公国。现在他们名义上的最高领导人叫博莱斯瓦夫四世。但那些小公国基本都忽略了他的存在。那些公国发生了什么纠纷之类，闹大了，就来请他去仲裁。当然，这个仲裁是否生效，还要看当事公国的情绪。他只负责把自己的意见解释清楚，听不听由他们。而各公国之间，基本保持着互不服气的外交关系。如此一来，波兰的现状就是四个字：一盘散沙！

在这样的局势下，拔都算是抓到了一个历史机遇。

波兰那些公国由于共同的恐惧心理，也不得不组团出来跟蒙古军对抗。

博莱斯瓦夫四世现在住在都城克拉科夫。他很少出首都去玩。他不出首都不是他懒，而是因为他现在实际控制的只有首都和首都附近的一些地方而已，活动范围十分有限。波兰诸公国里势力最大的是博莱斯瓦夫四世的堂叔亨利二世。亨利二世控制着波兰和德国边境地区的西里西亚，是所有公国中地盘最辽阔，实力最雄厚的老大。

另外还有三个公国。他们的力量都比亨利二世弱，但都比博莱斯瓦夫四世强。他们都在维斯杜拉河那里驻扎。他们也知道，他们所生活的波兰地势太过平坦，和平时期很好过日子，但实在不宜打仗，尤其是不能跟蒙古的骑兵在那里进行对抗。所以，他们就在这条河附近等着，要依靠大河天险来阻击蒙古兵。他们的想法没有错。

但他们的这个想法太不是时候了。

因为现在是冬天。冬天的波兰跟冬天的俄罗斯没有多少差别。当他们在那里坐等着蒙古军到来时，也等到了河面结冰的季节。

他们一看，都傻了。

拜答尔放马过去，那条本来波涛汹涌的大河现在全踩在蒙古征西大军的铁骑之下。蒙古骑兵挥刀跨过大河，向前深入杀去。

最先面对蒙古大军的是桑多米尔城。桑多米尔城虽然不大，但他们保家卫国的决心还是很大的。他们站在城头上死守到底。

蒙古军先驱赶俘虏登城，但都被他们打下去。

后来，蒙古军把最先进的武器巨石炮架起来，向城头轰炸。波兰人从没看到过这样尖端的武器，一下又吓蒙了。他们不能再站在城头了。因为巨石炮的石块不断从远处砸过来。他们退到城下，然后眼睁睁地看着蒙古军爬上城头。

桑多米尔城就这样落入蒙古军的手里。

接着，桑多米尔城就成了一片火海。

烧完桑多米尔城后，拜答尔并没有停留，他马鞭一挥，大军向克拉科夫狂奔。

博莱斯瓦夫四世虽然在国内没有多大的发言权，但他仍然在尽最大的努力保卫自己的地皮。

他这段时期以来，把他的直属部队全部集结起来，把他辖区里能参战的男人都动员起来，成为民兵，做好战斗的准备。

当桑多米尔城失守的消息传来时，他知道蒙古骑兵会很快到来。终于有一天，他们在城里就听到了铁骑猛敲大地的声音。

城头上的哨兵惊呼，蒙古大军来了。

地平线的尽头，一群骑兵由远及近，由小到大，猛然出现在城头上人的视野里。

蒙古大军终于杀到了。

然而，蒙古大军到城下之后，突然立定。

拜答尔手一挥，蒙古骑兵纵马在城外大掠一场，然后又飞快地撤离。

蒙古兵居然不攻城。

这是为什么？

博莱斯瓦夫四世很快就给出他自己的答案：波兰首都的城墙太过坚固。他们在这里转了一圈之后，不能攻破，这才走的。

如果博莱斯瓦夫四世在金国待过，就肯定知道，是有过这样的先例的。可惜，金国离这里太远了。他连金国都不知道。

他得出这个结论后，就按照他的逻辑，推算出蒙古兵已经怕他，不敢跟他较量了。他立刻大声命令士兵们杀上去，把蒙古军全部消灭！这是复兴波兰的机会，也是拯救欧洲的伟大时刻。

他们很快就追上了蒙古骑兵。蒙古骑兵看到他们追来，果然像他想象的那样，吓得四处逃散。

他更放胆追下去。

拜答尔的部队慌乱成一团，连俘虏都顾不上了，全部让波兰人抢走了。

波兰人继续追。蒙古人继续逃。

很快，他们追到了离克拉科夫三十五里的赫梅尔尼克。

这标志着他们已经进入了拜答尔的埋伏圈。

拜答尔不再跑了。

波兰士兵正想放手大杀，突然喊声四起。他们急忙转头四顾，只见四面全是蒙古人，箭头如雨般向他们密集射来。他们这才知道，上当了。

蒙古兵的箭都是特别锋利的尖头箭，很轻易地就射穿了波兰士兵的盔甲。

波兰军迅速进入溃不成军的状态。蒙古人加大攻击力度，不一会就全歼了这支追出来的波兰部队，就连所有波兰军的前线指挥官也都死在战场上。

博莱斯瓦夫四世看到他的子弟兵们被自己送到蒙古军的埋伏里，只片刻工夫就全军覆没，他只得带着自己的家属逃到捷克境内。其他贵族当然也不会在首都等着蒙古军前来屠杀，纷纷向城外逃亡，有的逃到匈牙利，有的逃到日耳曼。

这些人逃跑之后，波兰首都基本没有抵抗力量了。

蒙古军轻松进城。

第二天，即 1241 年 3 月 24 日，他们又骑着马出城。

他们出城时，顺便又放了几把大火，把这座城市烧掉。这是一座与布拉格、维也纳齐名的城市，当时号称欧洲三大文化中心。但这些与这支蒙古军无关。他们不需要文化。

他们继续前进。他们现在的目标就是西里西亚，也就是亨利二世的地盘。

他们一路烧杀掳掠，杀得波兰全境一片恐慌。

这些恐慌随着传说的展开更被无限扩大化，以至当时欧洲人都以为，这次蒙古打进波兰来的部队不少于二十万大军。于是，当人们还没有看到蒙古人的影子，就先逃得不见影子。

拜答尔一路根本没有遇到抵抗就直抵西里西亚。

当拜答尔横扫波兰势如破竹、烧得波兰遍地废墟时，欧洲各国都怕波兰的今天就是他们的明天，尤其是德国。当拜答尔大军向西里西亚进军的途中，渡过奥得河时，德国人就怕得要命。因为奥得河离他们的首都很近了。只要蒙古骑兵稍一放马，就可以直抵他们的城下。德国皇帝怕蒙古军杀完亨利之后，就会转过头来杀他。于是，赶紧派出援军，与亨利共同作战。他这次派兵，绝对不是敷衍了事，而是派出他手下最精锐的部队——条顿骑士团。而捷克国王的想法也一样，亲率大军从布拉格出发，向西里西亚狂奔。救西里西亚就等于救德国、救捷克，甚至救整个欧洲。

此时，亨利二世手中的士兵有三万人，以重骑兵为主，外加一些步兵。至于德国到底出了多少成本，历史没有确切地记载，估计几万还是有的。捷克的数据也不准确，有的说十万，有的说五万。考虑到捷克只是个小国，五万更可信一点。我们就算五万吧。

这么多兵力加起来，远比拜答尔的三万多了很多。

如果按人数来算，蒙古军必败无疑。可是大家知道，打仗不是简单地按人数多少来算。胜败的因素有很多。

亨利二世没有等捷克军队到来，就提前与蒙古军对决了。

他以为自己手下这些军队已经足够了。

亨利二世信心满满地宣布出征，时间是公元 1241 年 4 月 9 日。他也像往常出征一样，带着他的部队到莱格尼察城中举行誓师大会后，带着他这支威武之师隆重出城。他威风凛凛地走过街道时，突然从圣玛丽教堂上掉下一块砖头，差一点就砸中亨利二世的头部。欧洲人碰到这样的事，都认为是大大的不吉利，然后劝老大，这是个不吉之兆，今天不宜出征，还是等捷克援军到来之后，大家一起出发吧。但他不信——一块砖都怕成这样，还去打什么蒙古军？捷克国王温塞斯拉据说是他的姐夫。此时，离这里只有两天的路程了，但他不知道。他以为这个姐夫动作太慢，怕蒙古军打到这里来，把他包围在城里。他对蒙古军的攻城能力是知道的，所以他要赶在蒙古军围城之前出来找他们决战。一来可以避免城市遭到毁灭性的打击；二来打不赢还可以跑得容易一些；三来他以为自己出来，可以正好巧遇姐夫的军队，这样也让姐夫的军队少走一些路。

基于这些考虑，他不管那块砖头了，依然下令出城。

双方在大草原上摆开了队列。如果光从双方表面的阵容看，亨利二世的部队要豪华得多了。他们大多都是重骑兵，人和马都用厚重的铠甲包着，铠甲在阳光下闪闪发光。而蒙古骑兵的马基本没有保护，马上的人也只是戴着头盔，身上穿的是皮甲，看上去简单多了，只能算是轻骑兵。

亨利二世一看，他的装备可以完胜敌人，而且兵员数量也多了一倍以上，完全可以碾压他们。他下令第一阵冲锋，拉开了这场战斗的序幕。

波德联军的重骑兵隆重前进，向蒙古兵的阵地压过去。当他们冲进蒙古兵的阵地时，蒙古军却四处散开。波德联军的冲锋没一点儿效果。而蒙古兵散开之后，便迅速回笼，用弓箭射他们。重骑兵虽然威风凛凛，冲上来时，对人的心理造成极大的冲击力，但由于人马都披着厚重的铠甲，运动十分不灵活。他们打不着敌人，反而被从四面散开的蒙古军射得睁不开眼，只得赶紧退回去。

亨利二世又下令第二队、第三队发起第二波冲击。

蒙古军仍然不跟他们进行接触，继续往后退。联军一看，都举着大刀长矛奋勇追击。眼看就要再次追上蒙古军。只要他们冲进蒙古军的阵地，与他们打成一片，胜利就是他们的。突然有人用波兰语大声叫起来，快跑，快跑！

波兰骑兵们还是比较老实的，听到这个声音后，以为是领导叫他们回去，便都撤回本阵地。

亨利二世一看，气得差点吐血了。但谁叫蒙古人这么狡猾。他率领第四队发起冲锋。这一次，他毫不费力地冲进了蒙古军的阵营。速不台父子拼命抵挡，但用尽力气也挡不住。

他们只得败退。

接着拜答尔的军队也开始撤退。于是，亨利二世觉得这次蒙古兵真的败了，他们真的胜利在望了。他下令全军出动，重骑兵在前，步兵紧跟在后，全力追击准备逃跑的敌人。他们的战法基本就是重骑兵先出击，把对方碾压之后，再由步兵冲上来砍人。这时，亨利二世只怕追不上蒙古人，下令战斗部队加快步伐，努力追击。于是，在争先恐后的追赶中，原来保持着的矩阵队形终于乱了。重骑兵隆重地跑在前头。那些由矿工等人组成的步兵虽然肌肉发达，训练有素，但两条腿跑哪追得上四条腿？跑了大半天，不但远远被重骑兵队抛在后面望尘莫及，而且个个已经累得两眼发花，气喘吁吁，拿武器的手都举不起来了。两条腿虽然都在保持着奔跑的姿态，但速度也可想而知了。

拜答尔要的就是这个效果。他们把重骑兵引得远离步兵之后，立刻迂回向敌人的背面赶过去，切断了敌人步兵和重骑兵的联系，完成了对敌人的分割包围，将其团团围住。更让亨利二世想不到的是，蒙古兵还在他们步骑之间的地带烧起了烟火。于是，他们这两部分的兵种都被烟火隔着，想看对方一眼都成了一件困难的事。

他们看不到自己的队友，就只得看蒙古人的表演了。蒙古兵并没有跟重骑兵开展肢体接触，而是从两侧向敌人努力放箭。波德联军的重骑兵因为太过笨重，无法快速地转动应变，只好让蒙古人很任性地放箭。

到了这时，亨利二世仍然把笑容挂在脸上。因为蒙古兵的箭虽然都射到重骑兵战士的身上，但却没有几支箭能射穿厚重的铠甲。

然而，接下来，亨利二世的笑就变成了傻笑。

蒙古人首轮放箭之后，迅速发现了这个问题。他们头脑一转，射人是不能了，何不射马？

如此一来，欧洲那些高大无比的战马都成为蒙古兵箭杀的对象。中箭的战马纷纷倒地。

马上的重骑兵战士也都被掀翻在地。由于他们身上披的铠甲太过厚重，倒地之后，就难以爬起来，即使艰难地爬了起来，也跑不动了。于是，这些身披豪华装备的重骑兵战士只能在蒙古铁骑之下被任意宰杀了。而这时，蒙古的重骑兵上场了。他们冲上来，举着大刀和长矛，一刀一矛地大力屠杀着在地上动弹不得的敌人。至于那些步兵，由于到处是浓烟根本看不清东南西北，最后都跑进了蒙古人设下的圈套里，硬塞到蒙古骑兵的铁蹄之下，除了被踩躏之外，没有别的出路。

另外有个传说，蒙古兵也曾用火炮对付这些重骑兵。据说蒙古兵把这些重骑部队引到既定位置之后，亮出秘密武器，用火炮猛轰敌人。前排的重骑兵战士被从马上轰下来之后，后面冲上来的骑兵收不住脚步，造成严重的战场踩踏事故。于是，欧洲重骑兵阵地马上就乱成一团。

这时，亨利二世才知道，自己的部队跟蒙古兵比起来，差距实在太大了。先看看人家的骑兵，全是轻装上阵，而且个个弓马娴熟，每个战士的身上都背有弓箭，而且弓是强弓。这些弓全由木材、牛角和牛筋做成，射程可达两三百步，可以在很远的地方把敌人有效射死。再加上蒙古骑兵的骑射水平也很了得，可以一边纵马飞奔，一边引弓射敌，甚至还能在狂奔当中，反身射箭，潇洒无比，观赏性极强，而且命中率从来不低于百分之五十。每个士兵的箭袋里装的箭，不少于六十支。这样一算，一个蒙古兵在一场战斗中，完全可以消灭至少三十个敌人，比以一当十还要高效几倍。他眼睁睁地看着蒙古骑兵在战场上左冲右突，瞻之在前，忽焉在后，箭雨纷纷，全射在自己战士的身上，自己却毫无办法，脑袋史无前例地一片空白。

说了这么多，其实就是蒙古军靠远距离射杀，成功地避开了近距离的肉搏，使得欧洲重骑兵军团毫无用武之地，最后取得彻底胜利，而且以最小的代价换取了最大的胜利。

亨利二世之所以毅然出征，其中一个想法就是以为在野外战败后逃跑容易。结果，他仍然没有逃出来，他和很多波兰贵族都力战而死，著名的圣殿骑士全数阵亡，条顿骑士团带头大哥奥施特恩逃了出来，但身负重伤，回家躺了两个月之后死去。

蒙古军在战场上从阵亡的欧洲人头上割下的耳朵，一共装满了九个麻袋。

其他走到半路的欧洲援军如温塞斯拉部听到战役的结局之后，都向后转，躲到城里据守。

拜答尔高奏凯歌，一路南下去和拔都会师。毕竟，匈牙利才是他们的目标。

但拜答尔还是想教训一下捷克，于是，带兵踏进了捷克的地皮。虽然捷克人都用石头堵住山谷口，但仍然阻挡不了蒙古军挺进的步伐。拜答尔大步前进，从奥帕瓦地区进入捷克的中部地区摩拉维亚。拜答尔仍然沿用传统政策，谁抵抗谁遭殃，杀得捷克人抛家舍业，逃进深山。

捷克军队的数量一点儿也不庞大。现在捷克国王只能把他的大将亚罗斯拉夫叫来，说把军队都交给他了。多少人马？五千步兵，外加五百骑兵，任务是保卫奥洛莫乌茨。

这也太夸张了吧。几千步兵，能挡住蒙古的大军？你翻开这些年的历史看看，这么多武装力量在蒙古大军面前算什么啊。但已经没有办法了。几千部队也是部队，是部队就得去战斗。

拜答尔带着他的常胜大军来到了奥洛莫乌茨城外。他们看了一眼这座城，里面就是住着那位带着部队到半路就开溜的国王吧？

这又将是一场歼灭战。歼灭之后，又将是一把火把这个城烧掉。

亚罗斯拉夫看到传说中的蒙古大军已经杀到城下，知道这场仗无论如何都躲不开了。反正力量对比摆在那里，蒙古军的凶狠也尽人皆知。事情发展到现在，你打得死，不打更会死。所以，就在蒙古兵围城的那天晚上，亚罗斯拉夫带着五千士兵冲出城来，向蒙古军杀过去。拜答尔做梦都没有想到，这些人居然敢出来打他们。拜答尔没有想到，所以根本就没有防备。等看到敌人杀上来时，这才急忙组织反击。但这些长矛步兵却极为彪悍，硬是把战无不胜的蒙古骑兵打得满地找牙，而且结果极其悲催，连拜答尔也被长矛刺死。后来，蒙古骑兵仗着优势兵力，把这支步兵全歼，但他们的损失实在太大了。不光士兵的损失比人家多了很多，而且老大都被打死。这是蒙古打仗以来，很少发生的事。

当然，关于拜答尔是不是死在这个城下，也有不同的意见。因为有人发现，在不久的选汗大会上，他又出现了。不过，很多人还是认为，他真的死在这里。不管他是不是死了，蒙古军队在这里都遭受了一次打击。据说，因为这次规模不大的步骑交战，使得欧洲人对战争有了一次颠覆性的认识，那就是重新认识到步兵的重要性，士兵的长矛在与骑兵的对决中，并不全是落下风。

受了这次打击之后，蒙古兵不再逗留在捷克的土地上了，他们快速地穿过捷克全境，往匈牙利去了。

于是，捷克侥幸地逃过一劫。

欧洲在战栗

再来看看匈牙利这边。

现在的匈牙利并不大，但当时的匈牙利却是一个领土辽阔的大国。据说当时他们的领土东到乌克兰，西到南斯拉夫，北到波兰。你翻开地图看看，这片领土有多大。虽然没有办法跟中国那几个大国比，但绝对是欧洲大国了。所以，贝拉四世有不怕蒙古帝国的理由。

当听说拔都打过来时，他立刻派人拿着血剑到全国各地号召大家起来，抗击蒙古军。血剑召兵是匈牙利的传统，就是派出钦差大臣，拿着涂过鲜血的宝剑去见各路诸侯的老大，宣布国王起兵的命令。

贝拉四世以为，大家看到他的血剑之后，就会在第一时间放下所有的工作到首都来，然后一切行动听他指挥，去把蒙古兵打得有去无回。哪知，那些诸侯看到血剑之后反应冷淡。

因此，匈牙利的情况也不见得比俄罗斯和波兰好。他们跟这两个国家的体制完全一样，都是一个国王，很多封建领主。国王也跟周王一样，是诸侯们的共主，平时没事，大家都紧密团结在国王的周围。其实除了喊口号外，没有人真的团结在他的周围，基本都是各干各的，中央政令基本不过首都。不过，他们比俄罗斯和波兰好一点的就是，他们还向国王提供赋税，在财政上支持中央，而且也有协议，就是在打仗时也给国王提供军队，别的事，国王没有发言权。

贝拉四世很想拿到更大的发言权，但人家都不想给。于是，他就制定了一套法律，规定国王有权收回那些庄园主的土地。有法律就得有法庭。于是他又成立了一个法庭，专门判决那些不听从国王命令的贵族。就是说，谁不让他收回土地，就让法庭判谁有罪。

因此，那些既得利益集团都不理他，跟他闹矛盾，一直闹到现在。这些旧的矛盾还没有解决，新的矛盾又出现。

这个新的矛盾就是钦察人的到来。这些涌进来的钦察人共有二十万人。要让这些难民活下去，就得让他们有吃有穿。贝拉四世就要求庄园主匀出一些田地来，解决这些难民的吃饭问题。那些庄园主更不干了。

而钦察人呢，因为已经沦为难民，又没有草原让他们游牧，直接从牧民变成农民为庄园主打工，但不少人宁愿去偷鸡摸狗，也不愿给庄园主干活。社会治安极度恶化。于是，原住民族跟这个外来民族的矛盾也十分突出，时不时闹出种族纠纷甚至流血冲突事件来，让贝拉四世很头痛。

他收留钦察人，本来以为可以壮大他的力量，哪知不但引来蒙古人进攻，还引起了这么多的国内矛盾。这是他当初无论如何也没有想到的。

更要命的是，几乎所有的匈牙利人都觉得，国王大人觉得钦察人好，那就派钦察人去打仗吧。蒙古人也是因为你收留了这批难民才来进攻的，现在你就让他们上前线吧，我们可不想为他们去拼命。

而这些矛盾又引发了一个矛盾。这些贵族太恨贝拉四世，就干脆到奥地利，向奥地利国王当面控诉贝拉四世，说他倒行逆施、祸国殃民，要求奥地利国王为他们主持公道，把贝拉四世拉下马。奥地利国王听到这么多匈牙利贵族的控诉后，也下决心干掉贝拉四世，正在那里磨刀霍霍等机会杀进来，把贝拉四世打倒在地，然后匈牙利就变成了自己的辖区。这个蓝图无比美妙！

贝拉四世很快就知道这事。他无比愤怒，立刻起兵打到奥地利去。奥地利国王只想着去突袭贝拉四世，哪想到对方竟比他提前动手，被打了个大败，连他也成了俘虏。最后他给贝拉四世缴了一大堆赎金之后，贝拉四世才把他放回去。如此一来，欧洲其他国家对他也就不那么友好了。他想像波兰人那样请别国来帮忙是做不到了。

贝拉四世看到欧洲大佬们都不理睬他，也有点心凉了。没有办法，只能再召集自己人商量了。

他召开了个军事会议。所有贵族都前来参加。钦察人的带头大哥忽滩也在座。会议的主题很明确：如何对付蒙古军的进攻。

那些贵族想都不想，直接就说，是钦察人把蒙古人带进来的，让钦察人去打吧。要不就主动把钦察人赶出去，他们出去了，蒙古军就不来了。

贝拉四世极力解释，钦察人不是带路党，他们也是受害者……

忽滩也配合着站起来说，我们绝对不是带路党……

旁边一个匈牙利军官站起来，抽起宝剑刺向忽滩，并且大叫："就是他们把蒙古人带来的，把他们都杀了。"

忽滩闪过。

场面顿时大乱起来。忽滩抓起凳子自卫，可在自卫的过程中手忙脚乱，砸死了一个匈牙利贵族。后来，他也死在乱剑之下。

这个事件很快发酵，局势一发不可收拾。先是忽滩的家人全部被杀。匈牙利人把他们的头都割下来，扔在街上当球踢。匈牙利人一边踢一边狂喊："所有的钦察人都是间谍，都应该去死。"

钦察人和匈牙利人的对抗全面展开。钦察人只得一边跟匈牙利人死磕，一边继续逃离这块不欢迎他们的土地。他们后来逃进了保加利亚。

你想想，在这样的局面下，匈牙利如何迎战蒙古大军？

拜答尔的北路军只有三万人就把欧洲几个国家的联军打得大败。现在开过来的是此次西征的主力：拔都的六万人。而南北两翼的蒙古军又过来会合。

1241年2月，拔都出发。

贝拉四世派一支部队到东部边境去阻击敌人。因为那里地势险峻，属于易守难攻地段。因此完全可以拒敌于国门之外。

然而他们根本挡不住蒙古军。拔都轻易就把这支部队打得溃不成军。蒙古军越过这片地区之后，放眼望去，他们脸上无限惊喜。因为展现在他们面前的是一望无际的中欧平原。这是蒙古骑兵纵横的好战场。

被击溃的匈牙利兵逃回首都，向国王进行了详细的汇报。贝拉四世再动员贵族们快快回去组织武装过来跟蒙古人作战。

然而，蒙古大军就跟在那些逃兵的后面，一路狂奔过来。当那些逃兵向国王报告这个不幸的消息时，蒙古军也已经冲到了首都布达佩斯城外。

这个城市分成两个部分，一个叫布达，另一个叫佩斯。布达在多瑙河西岸，佩斯在东岸。布达比佩斯更古老一些。

蒙古大军先开到东岸，面向的是佩斯城。

当时贝拉四世住在布达，跟他在一起的还有大主教。他还算淡定，认为多瑙河可以挡住蒙古军一下，而佩斯城墙坚固，蒙古军要攻破也要花很大的精力和时间。

因此，他告诫大家不要忙着出战。

可大主教却不听，他抱着不怕死的决心，率本部人马向蒙古人进攻。

拔都看到匈牙利军冲了过来，并没有接战，而是又使用蒙古人传统的花招，还没有跟敌人接触就向城东的野地里逃跑。

拔都虽然很谦虚地宣称刚来贵地，对情况不熟悉，可他对周边的地形早就摸清楚了。倒是本地人大主教对这一带不怎么熟悉。他根本不花多少脑筋去思考，而是蒙古兵跑向哪里，他就追向哪里。在他的意识里就是：蒙古兵能去，他们就能去。

他们很快发现，蒙古兵逃进了城东的沼泽地里。那里一年四季水草疯长，人迹罕至。

蒙古骑兵全都从草地上快速跑过。他们也追过去，然后很快就傻眼了。人家轻松跑过，那是因为人家的骑兵是轻骑兵，而他们却是重装骑兵。

他们狂叫着冲上去之后，马匹立刻陷入沼泽拔不出腿了。

现在你知道，打仗时熟悉地形是多么多么地重要。

当大主教的部队还在沼泽地里的时候，蒙古兵已经把他们包围起来，向他们射箭。最后，除了大主教以及三个亲兵狼狈逃回去之外，他带来的士兵全部被蒙古兵射杀在那片沼泽地里。

蒙古军几乎以零伤亡的代价获得了首场战斗的胜利。他们更是纵马在佩斯以东地区大力开展打砸抢活动。

贝拉四世忍了几天，全国的兵马终于到齐。他掐指合计了一下，总共有八万人，比拔都的北路军略多，可以打了。

他带着部队出城，向蒙古军营冲过去。拔都没有想到匈牙利人刚刚完败了一场，竟然又敢出来惹事，一点儿没有准备，被对方冲乱了阵营，士兵也开始滑向溃散的边缘。拔都很着急，这才知道，打仗是最不能大意的事。

危急之际，突然又有一标骑兵旋风般地杀到。

拔都一看，原来是速不台来了。蒙古军看到援军来了，便都信心大涨，这才稳住阵脚。贝拉四世看到敌人来了援军，也不敢再打，收兵回营。

拔都吃了个亏，也不敢大意了，跟速不台开了个会，最后做好了个方案，就是再次把敌人引到草原地区，然后由拔都正面迎敌，速不台则迂回背后，两面夹攻，把他们消灭。

战场地点就定在东边的莫希草原。

贝拉四世胜了一场之后，心里很高兴，并没有再去研究，找出个制胜的法宝来，而是在那里享受着暂时胜利的喜悦。

按照既定方针，拔都开始撤离。

贝拉四世看到后，就天真地以为，拔都怕了。于是，他率全部军马出城追击。

拔都仍然不接战。其实，虽然贝拉四世一直在追击，但打和不打的主动权却牢牢地掌握在拔都的手里，因为他是轻骑兵，而匈牙利军却是重骑兵和一些步兵，机动性远不如蒙古军团。

拔都按自己的节奏不断后撤，而贝拉四世仍然拼命追赶。

两军一前一后，一直跑了三百里。

终于，他们来到辽阔的莫希草原上。

这天是1241年4月11日，他们一共跑了四天。

两支军队都停了下来。莫希草原辽阔宽广，凉风阵阵，春草繁茂。

他们连续跑了这么多天，也需要消停一下，歇一口气了。于是隔着萨约河扎下营寨。蒙古军在河东，匈牙利军在河西。双方隔河相望。河中间有一座石桥。贝拉四世很聪明，还没有扎好营，就先抢占了这座桥。这个匈奴人的后代，此时仍然保持着匈奴人的传统，在结营时，用运送物资的马车首尾相连，组成一道环形防线。

此时，双方的力量对比是，匈牙利军八万左右，拔都的蒙古军六万左右。匈牙利军占优势。

拔都大声对大家说："虽然他们的人数比我们多，但他们仍然逃不出我们的手掌心。现在他们虽然很嚣张地在军营里跑来跑去，但我看他们跟一群关在笼子里的野兽没什么区别。他们是在那里等着我们去消灭！"

但他的内心世界仍然有些紧张。在决战前夜，他像他的祖父铁木真一样，登上山顶，向长生天整整祈祷了一个晚上。

拔都的部署是：部队分成三路，自己率主力从石桥进攻，正面与敌人拼杀；速不台则从下游迂回到匈牙利军的后背进攻；还有一部则从上游过去，从侧面进攻。

这一切，他都是在半夜完成的。

而且，拔都驻扎的地方又是在一片林子的后面。贝拉四世想看都没法看，因此对他的调度一点不知情。于是，一个按计划开展工作，一个则在那里傻傻地等着开战时刻的到来。一个拿着主动权，一个是被动地等待。这场战斗的结局还有什么悬念可言？

不过，仍然有机会。

当拔都把一切都部署之后，突然发生了一件大事。

一个蒙古军中的俄罗斯兵突然来了个叛军投敌，跑到匈牙利的阵营中，把这些情况全面叙述给贝拉四世。然而贝拉四世不相信，他首先不相信这个俄罗斯兵是真的叛变过来的，而断定是蒙古人故意叫他叛变过来，给自己提供这个假情报，好让自己分散兵力。他坚决不上当。现在这个俄罗斯兵才知道，叛徒也是不好做的。

贝拉四世不相信俄罗斯兵的话，使得他也失去了最后的机会。

只有那个大主教有点将信将疑，就跑到石桥那里看。天黑得要命，东岸那边比这边更黑。于是，就放心地回去睡大觉了。

他们睡得很舒服。但拔都的蒙古军却没有睡觉。他们趁着天黑加班加点地干活，把他们的石炮都架起来。蒙古军动不动就发炮轰人家的城墙，弄得欧洲军团一见这家伙都怕得要命，都佩服蒙古人军事科学太发达了。

其实这些发明都跟蒙古人无关。他们南下时，招募或俘虏了大量中原工匠。这些工匠为他们制造了很多精巧的床弩和投石器，也就是石炮。这些木制机械都可以拆开，装在马背上运输。他们打到哪就运到哪里。床弩可以向匈牙利的军营发射火箭，而投石器则可以把石头、盛满滚油的瓦罐，甚至烟花爆竹等抛砸到敌人的头上。

这时他们组装了七十多架这样的装置。

而匈牙利人除了人多之外，没有别的优势。弓箭的射程不比蒙古人远，这些武器更是从没见过。

拔都把这些装置安装好之后，下令对石桥的进攻开始。

匈牙利军营还没有吹响起床号。大家都还在放心地睡大觉、做大梦。

当蒙古军向石桥发动进攻时，负责守卫的匈牙利人都急忙起来应战，操家伙上战场。蒙古兵先是用箭把石桥守兵射倒一大片，然后发射石炮，又砸死一大片。

匈牙利人看到大块石头从那边飞来，有的落在地面，把地面砸出个大坑；有的就砸在战友的头上，战友的脑袋瞬间开花。而有时则是滚烫的油罐甩过来，洒到谁谁都大哭大叫，被烧得面目全非，有时还一阵烟花爆竹，噼啪乱响，搞得所有的人都晕头转向。

但匈牙利人还是拼死抵抗。蒙古军打了很长时间去抢夺石桥，都没有得手。拔都有点紧张起来，现在跟他们对打的只是匈牙利的守桥部队，要是等他们大营中的部队开到，就不好玩了。他拍着脑门，但就是想不出什么有效的办法来。这时，有个蒙古猛将突然大叫起来，一手抓起盾牌，一手挥着大刀，招呼不怕死的跟他冲！

一百多人跟着杀了上去。

这批自觉组织起来的敢死队，冒着敌人的雨箭，冲过石桥，向敌群冲杀过去，终于打开缺口，后续部队跟着跨过石桥。那位头号猛将已经倒下，大家见他倒下时，身上全部被箭插满。

匈牙利守桥部队早就派人到大营那里向老大救援，比较奇葩的是，贝拉四世居然认为没什么事，迟迟没有吹起床号。

守桥部队抵挡不住蒙古兵，只得不断向大营方面撤。他们还能怎么样？

拔都部队很快就全部通过石桥，与北面包抄过来的部队会合，把匈牙利大营围住。

因为匈牙利人的大营都是用战车围起来的，很坚固。前一排的蒙古军试图对这些车垒进行冲击。这才发现这个车垒不是一般的坚固。

拔都去看了一下，这些车都是实木做成的，属于典型的易燃物品。他下令用火攻。只一会儿，匈牙利的车垒就变成一片火海。大火先是烧车，然后又蔓延到帐篷。不一会整个大营无处不着火。

由于大营的帐篷排列得很紧凑，几乎没有间隔，被大火一烧，大营里的士兵无处躲藏，很多都被活活烧死。那些侥幸冲出大营的，也不能高兴得太早，因为等待他们的是蒙古兵的箭雨。

匈牙利人绝对没有想到，他们老祖宗留下的这个车垒结营法，曾是他们最有效的防御工事，现在却成为困死他们的火罐。匈牙利八万精简部队就在这个火罐里挣扎。

此时，速不台的迂回军团又开到，三路大军会合，完成了对车垒的包围。

这时贝拉四世和大主教以及德军骑士团还在拼死抵抗，丝毫不怕死。其他士兵则还躲在浓烟滚滚的车垒之中，只要看到有机可乘，就钻空子逃跑。很多士兵居然顺利地逃了出去。蒙古兵没有人来挡住他们。

拔都下令撤出一面，制造了一个缺口，让匈牙利兵逃出去。

匈牙利兵一见，哪还想到别的，都拼命挤着缺口逃跑。那些庄园主逃得最为主动积极。他们带着自己的武装冲出来，要远离这个地方。

也许他们知道这是拔都的诡计。但到了这个时候，就是再大的诡计也得先冲出去。

其实，读过中国历史的人，都知道这在中国古代战争中，也是一个常用的手法。网开一面，让被包围的敌人从这个既定的缺口冲出，然后再在外面冲击。这样就避免了敌人作困兽之斗，为自己减少了不必要的损失。因为，逃出去的人只会拼命逃跑，不会跟你拼命。于是，只要你舍得追着打，到头也会把他们全歼。

混乱中，大主教成为乱兵的刀下之鬼。贝拉四世则逃了出来，带着剩下的部队逃回首都。

蒙古军在后面疯狂追。

匈牙利历史学家老安德鲁在《蒙古人入侵匈牙利：1241 年》一书中说："蒙古人消灭了沿路上的一切生灵，不论是人，还是牲畜。横尸遍野，直到佩斯仍然可见，'就像采石场里的石头一样'。成熟的作物和储存的粮食都被付之一炬。房屋化为灰烬。结果，人们不得不自相残食。"

就这样，蒙古人顺利占领并烧毁了布达佩斯城。

蒙古军先是把他们拿来虐待一场，然后展开大屠杀。他们有时又把这些俘虏编成队形，驱赶他们去攻城。而他们的士兵则紧随其后。如果他们认为哪位俘虏打仗不积极主动，在战场上磨洋工，就手起刀落，将之砍死。

他们还会让这些俘虏去收获田里的粮食。当这些俘虏完成任务后，他们就毫不犹豫地把这些人全部斩杀。

拔都的部队在这一带制造了一片无人区，然后他们在这里住下来。因为这里有一片辽阔的大草原，他们觉得太适合他们居住了。他们在这里停留了整整两个季度。

拔都还是很有治理经验的。他接受了很多匈牙利贵族的投降，然后任命他们做官，负责为蒙古人征收各种军用物资。

拔都没有撤走的原因不只是留恋这片大草原，还因为没有抓到贝拉四世。他一定要抓住这个敢于蔑视蒙古帝国的老大，让全世界的人都知道，犯我蒙古者，虽远必诛！

贝拉四世是化装之后成功逃跑的。他带着他的残余力量向西逃。最后却逃进了奥地利，落入他的仇人手里。他知道，这个仇人虽然恨他，但处理起他来，肯定还有商量的余地。而蒙古人除了把他杀掉之外，不会有第二个选项的。

奥地利国王上次被贝拉四世猛打了一把，然后变成俘虏，最后花了很多现金，才没有被杀，现在抓到他，当然很高兴。

贝拉四世说："我把所有的贵重的物品都交给你，只要你让我带着武器离开。"

对方摇摇头，说："武器也不能带，你只能裸奔出去。当然，你可以不交出武器，不交出武器，就说明你还想打仗，那么就打吧。"

贝拉四世当然不能打，最后只得答应人家的条件。奥地利就把他放了。

他怕拔都又打过来，便继续逃，逃到南斯拉夫的南部去。因为那里全是原始森林，是躲避追捕的好地方。

拔都仍然派合丹带兵过去，一定要把这个家伙捉拿回来。

合丹带着部队进入克罗地亚。

贝拉四世看到蒙古人还是追了过来，觉得这个原始森林仍然不安全，就四处转换地方。合丹紧追着不放。后来，他觉得陆地都不能藏身了，便跳到一艘威尼斯的商船上，逃到海上去。合丹一路寻找，一直来到威尼斯附近，都没有找到这个家伙，只得回去了。

贝拉四世看到蒙古军终于收兵了，这才松了一口气。贝拉四世还是很有种的，即使在海上漂泊不敢上岸，也还是不断给他的祖国人民写信，说他还活着。他还派人去找德国皇帝和法国的路易十九，请他们出手拉他一把，联合起来把蒙古人赶出去。

可这些天来，这两个国家都在睁着眼睛看着，蒙古人到底还打不打过来。要是他们打过来，自己该怎么办？你想想，他们都不知怎么办，哪还能顾得上流落海上的贝拉四世？德国皇帝根本就不理他。路易十九还是很有绅士风度的，给他回了一封信。信的内容只有几句祝福的话。贝拉四世差点没把信当场撕烂，然后把碎片丢下巨浪翻滚的大海里。

拔都在匈牙利住了整整一年。虽然他们天天凶相毕露，举着大刀在那里宣布，谁不服就砍谁。但匈牙利境内的反抗事件时刻都在发生。拔都杀得多了也烦起来。杀戮对于怕死的人来说，是很有效的，但对于不怕死的人来说，基本没用。后来，他抓到了贝拉四世身边的一个工作人员，得到贝拉四世的大印。于是他就搞了很多文件，盖上贝拉四世的大印，派已投降的匈牙利人把信送给那些不怕死的抵抗力量，说是国王回来了，要他们到某个地方集合。于是这些人都来到指定地点。但当他们满怀雄心壮志地来到时，等待他们的却是蒙古大刀。

贝拉四世还在这里作威作福时，这个大印没有什么号召力。可现在他逃到海上后，这个大印却有着强大的号召力。拔都发现这个大印这么有用，便又用他来骗那些良民。这些良民虽然没有操家伙跟他们干，但他们都把财物藏起来了，不管蒙古兵怎么找都找不到。于是，拔都就用大印骗他们，说是国王回来了，让他们把收藏的财物拿到指定的地点，交给国王拿去抗战。这些良民一看，原来是拿去打蒙古人的，就十分爽快地把这些东西全都手拉肩扛过来。最后当然是免费送给了蒙古人。

匈牙利周边的几个国家如法国和奥地利看到拔都在这里赖着不走，并在匈牙利建立了一套稳固的统治系统，就很担心他要将匈牙利当作征服欧洲的基地，蒙古人这个动作一开展，法国和奥地利肯定成为他们开刀的对象。现在欧洲除了法、德、奥、意大利以及几个边远的西欧国家没有被蒙古人进入之外，东欧的国家已经全部成为沦陷区。所以，他们都很怕，天天盯着边境，看看蒙古人来了没有。

然而蒙古人终究没有来。

他们不但没有到法国和奥地利去，而且还从匈牙利撤走了。

为什么？

因为蒙古国出了大事。

他们撤走之后，躲在深山里的匈牙利人出来，重返被烧焦了的家园。据有关部门统计，本来匈牙利人口两百万，经过蒙古军这一轮打击后，只剩下一百万了。

再后来，贝拉四世也回到首都，继续当他的国王。他当了国王之后，汲取教训，加强国防建设，以防蒙古人的再次进攻。

可是，蒙古人却不再打过来了。

第二章
窝阔台之死

不一样的大汗（上）

蒙古国的大事就是第二任大汗窝阔台驾崩！

窝阔台在铁木真的几个儿子中，是个性格比较温和的人，也能团结兄弟，因此最终被铁木真指定为法定继承人，虽然后来拖雷之死形成的那团历史迷雾，让大家对他很有看法。可是在权力之争面前，他又能怎样呢？一个掌握着军队，又当过监国的弟弟天天虎伺于侧，他也不好受。虽然都传说拖雷的人品很好，但谁又敢出来保证拖雷的人品能好到他死的那一天？

窝阔台虽然是铁木真的儿子，也跟着铁木真打过很多仗，取得过很多胜利，但他当了皇帝之后，很少御驾亲征。只有那次去打金国，而且是跟拖雷一起去的。班师之后，拖雷就死了。拖雷一死，他基本就在首都生活。我估计他是觉得只有拖雷可怕，这才跟着这位弟弟一起带兵，不想让这位老弟独掌枪杆子。拖雷死后，他觉得余人皆不足虑了，就放手让他们去干。

他有个特别的爱好，就是爱喝酒，而且喝得很严重，属于逢酒必喝逢喝必醉那类人。耶律楚材多次劝过他，说喝太多了，身体会吃不消的。其实他也知道。

但他仍然喝，越喝越猛。

他跟很多酒鬼一样，觉得身体还是很生猛的。其实，他此前已经重病过一次，医生都下了病危通知书。1241 年 2 月，他突然病重起来。大家请来医生。医生一把脉，说脉跳已绝。脉跳已绝基本就可以断定生命体征已经没有了。皇后脱列哥那急忙把耶律楚材叫来，问怎么办啊？耶律楚材说，近来朝廷任人不当的事干得太多了，买官卖官的事做得过火了，冤假错案也天天发生，老天有点生气了。所以，必须来个大赦。

脱列哥那说那赶快宣布啊。她马上安排大臣去宣布这个大赦。

耶律楚材说，这个不能由你或者由我来宣布的，只有大汗才有这个权力。

脱列哥那说大汗都已经没有脉跳了，还能大声宣布这个命令？哪知，她的话刚落，窝阔台居然又醒了过来。大家问他，耶律大人建议宣布大赦，大汗批准吧？窝阔台还是不能讲话，只是点了点头。于是，当场宣布大赦。夜里，窝阔台就好了起来。

窝阔台虽然到鬼门关走了一趟，但硬是不认真汲取教训，仍然猛喝。

为了证实他的身体还很生猛，他还经常跨着战马去打猎。

1241 年 11 月的一天，他又要出去打猎。耶律楚材算了一下，说今天不宜出猎。要知道，耶律楚材的术数水平是很厉害的，铁木真不管做什么事都要请他算一算，他要是说不可，铁木真基本都叫停。即使打仗也是如此。窝阔台也常请耶律楚材推算。以前，他基本都听耶律楚材的，但这次他决定不听了。不就是打个猎，都打几十年了，能有什么危险？还有什么不宜？

他身边的工作人员对耶律楚材也早就有意见了，都说：“大汗啊，咱是蒙古人，祖宗十八代都是骑马打猎过来的。要是不让骑马打猎了，这生活还有什么好玩的？”

于是，窝阔台带着一大队人马上猎场。果然打得很顺利，大家发挥正常，射的箭都是向前的，而且全部打中目标，没有哪支箭会转头来射猎手。这次打猎，一共打了四天。最后，野味吃得舌头发麻了，这才收兵。他回到乌特呼兰山，一个叫温都尔哈马的手下说，他那里有好酒。

窝阔台一听有好酒，就决定先在那里喝酒。

那酒果然是美酒，窝阔台抱着坛子一直喝，喝到深夜才散席。

大家都喝得很高兴，可高兴没多久，突然发现大汗好像不行了，急忙叫太医。太医进去一看，大汗的脸已经歪了，听到大家的呼喊，已经没有反应了。这是典型的中风症状啊。大家问太医还有没有办法？太医摇摇头，说他是没有办法了。

太医没有办法，窝阔台只得等死。

不一会儿，大家就眼睁睁地看着窝阔台死去。这年窝阔台五十六岁，寿命比他老爸还短。

他们这才知道，耶律楚材可不是乱说的。

《元史》的作者对他的评价是很不错的：“帝有宽宏之量，忠恕之心，量时度力，举无过事，华夏富庶，羊马成群，旅不赍粮，时称治平。”说他很宽厚，能够看清形势，办事能量体裁衣，从不乱来。在他当老大期间，没出现过什么重大失误。境内富足到去旅行时不必再带干粮。

其实，窝阔台的性格还是很复杂的。说他有宽宏之量，我看只是比起他的那几个兄弟和他的老爸来脾气好一点而已。而他残暴起来，只能用骇人听闻这个词了。在西征时大开杀戒，那是小菜一碟了——那时是他老爸当权，你可以说他是不得不为之。可他当皇帝八年后，也就是1237年六月，发生了一件听起来令人发指的事件。由于他不但好喝酒还爱美女，他身边的工作人员托欢知道他有这个爱好，就找了个机会对他说，现在皇宫的美女好像太少了，应该趁龙体康健，多找些美女进来。

窝阔台一听，立刻采纳，请有关部门尽快去实施。哪知，他虽然作了加急办理的批示，有关部门却一点动静都没有。他忍不住去追究，结果很快就出来了，原来是首席大臣耶律楚材扣压下来，根本没有发到有关部门。

窝阔台大怒，把耶律楚材找来，把他大骂一顿说他办事效率不高。

耶律楚材说："不是我办事效率不高，而是根本不想办这件事。"

窝阔台更加气愤："为什么不办理？"

耶律楚材说："近几年来，大汗已经连续选了二十八个美女进宫，这个数量不是少了，而是多了。现在又要选拔，民众正在议论。我正在对这件事进行调查，等查清楚了再告诉大汗。"

如果是别人说这番话，估计窝阔台早就叫人把这家伙拉下去就地正法了，但这话是耶律楚材说的。他和他老爸对耶律楚材的话向来是无条件听从的。他只是在那里尽最大的力量把愤怒强行消化，然后才说："可罢之。"

但这事没有完。不知是谁把他要选美女的事漏了出去，于是谣言就到处流传，而且越传越离谱。说是他已经下诏要求斡亦剌部的适龄少女都要集中起来，然后嫁给指定的人。

斡亦剌部的人听到后，都赶快把女儿嫁出去，免得被国家分配给某个男人。这事传到窝阔台那里后，他大怒起来。他可以放过耶律楚材，但他不能放过这些斡亦剌部的人。

他带着两万部队过去，然后下令把该部落七岁以上的女性全部集中起来，紧急嫁出去的美女，也统统从男方家追回来。大草原上，总共集中了四千个少女。他冷峻地巡视了一圈这后，叫士兵们当众糟蹋她们。在这个过程中，有两个少女当场死亡。其余的则叫她们排好队。他把其中一些带回后宫送给他身边的工作人员，有的则送到妓院等地。现在你们知道什么叫暴君了吧？

可在这样的统治下，能没有谣言吗？

当然，有时他也很仁慈。大草原上也流传着他的一些仁慈的故事。据说他虽然好色好酒，但很慷慨大方，手里有什么东西，经常分给身边的工作人员。有时外国给的礼物，有关部门还没有登记清楚，他看到谁顺眼，就直接扔给谁了。只要你到过他的御前，他总会送你一些东西。有一次，他外出打猎，半路上有人给他三个西瓜。他觉得自己是堂堂大汗，不能白要人家的西瓜，就想给那人一些钱。可一摸口袋，没钱。他就顺手从皇后的耳后一扯，扯出两颗珠子，送到那个瓜农手里。皇后大呼可惜，说：“大汗啊，那个人没有文化，没见过大世面，哪里知道珍珠是贵重物品？不如叫他明天到宫里来，给他一笔现金。”窝阔台说：“他是个穷人，看来生活困难得很，只怕等不到明天。我亲爱的皇后，别可惜这两颗珠子，我保证明天它们又会回到我的手里。”那个穷人呢，果然像皇后说的那样，得了那两颗珠子，高兴得当场要跳起舞来，然后拿着那两颗珠子去换钱，只换得一点小钱。那个买主是个识货的，看到这两颗珠子实在是不平常的，就把它们又献给了窝阔台。当这两颗珠子交上来的时候，窝阔台大笑，对正在身边的皇后说：“你看，我说的没错吧？”

看了这个故事，你觉得他大方了吧？

不但你觉得大方了，很多草原上的人都知道他有这个性格。于是，有事没事都过来打他的秋风。

不一样的大汗（下）

他为了表现他的大方，基本都满足人家的要求，甚至有时大家都觉得他大方得离谱。

有一次，他看到有一个人老远跪在地上，手里拿着两支箭。他就派身边的工作人员去问。那人说：“我想给大汗献上这两支箭。”

为什么？

那人说：“我是个造箭匠，可是现在我欠了一屁股债，请大汗开恩，帮我填平这个债务，我以后每年造一万支箭送给大汗。”当时，这个穷光蛋负债的数额是七十巴里失（一巴里失折合二两银子。一两银子放到现在，相当于四百五十元人民币左右）。这个数字在当时肯定算是很巨大了。窝阔台说：“如果只给他七十巴里失，他仍然穷得没有饭吃。干脆给他一百巴里失，让他还完债后还可以生活下去。”当工作人员把一百巴里失送过来时，这个穷光蛋居然搬不动这些现金。窝阔台叫来一辆车给他送过去。

如果你以为帮这个造箭匠免费用车接现金，就已经算是服务到位了，那你就大错特错了。告诉你，连友邦来的穷人，他送金钱之后，还派兵保护出国直达目的地。

有一次，窝阔台出巡，发现一个老人坐在大路上，一看就是拦皇帝上访的。他派人去把老头叫来，问他为什么坐在大路上。老人说："我现在又穷又老，还有十个女儿。可是因为我太穷，人家连我女儿都看不上。所以现在我的女儿一个都没有嫁出去。我想请大汗帮我解决这个问题。"任何人一听这个要求，就是个无理的要求。

窝阔台却认为一点不无理。

他对老人说："你为什么不给你的哈里发反映这个情况？让他给你点钱，然后帮你把女儿嫁出去。"

老人说："我反映了多次。可我们哈里发每次都给我几个钱，就把我打发走了。他给的钱太少了，连我的生活费都不够，哪够嫁女儿？"

窝阔台立刻下令从国库里拨出一千巴里失送给老人。

很多人一看，都眼红了，到大路上一坐，编个故事就拿一千巴里失，这也太容易了吧？

可老人仍然不高兴。他说："你们就不看看我的情况。我现在都这么老了，还能拿得动这么多钱吗？你们这是为难我，故意给这么一大堆，好让我拿不动。"

窝阔台下令再给老人马匹和车辆，帮他把现金全部搬到车上去。

仍然不行。

老人说："我回去路途遥远，而且大家知道，现在兵荒马乱，我这个年纪，带着一大车现金，路上能有多少安全保障？要是碰到哪个抢劫犯见财起意，我的老命就没有了。我要这钱还有什么意义？"

窝阔台当场派了两个肌肉发达的大兵，负责护送老人和现金，而且一定要把他送到他的老家。

哪知，才到半路，这个老人却死去了。两个蒙古兵又把现金带回来。老人都死了，任务就到此结束了。

窝阔台却说不行，老人死了，他的女儿还在啊，还在等着出嫁啊。你们把这一车现金送到他女儿手里，才算完成任务。

两个蒙古大兵心里叫苦不迭，碰上这样的领导，你还有什么话说？

还有一个债台高筑的家伙，直接给窝阔台写了一封信，说他欠了八百巴里失的债，现在债主天天派人来催债，他都被逼得要崩溃了，请大汗发个圣旨，叫那个债主放宽一下期限。窝阔台一看就说，我要是叫债主宽限他，债主会蒙受巨大损失。要是叫他一定要按期还债，他又会崩溃。这样吧，出个文件，那些有欠条的人都可以到国库里来取相应的现金，拿去还债。很多人便都不远千里来到首都，到国库里拿现金。欠债的人拿了，没有欠债的人也伪造一张欠条进来要钱。

其实，窝阔台也知道他是在办傻事，但他并没有向这些人露出他残暴的那一面来。

比如，有一个不花剌附近的商人，跟他借了一笔钱去做生意。还贷期到了之后，那家伙只把本钱还给他，却不给利息，而且当面说利息已经付了。他叫那人把收据拿来看看。那个家伙死活不给，问他要证人。他说那天只有咱俩在场，直接证人只有我。大家一看，这小子是在玩大汗啊，把他砍了吧。但窝阔台却说："算了吧，看得出他是在耍赖，我要是直接把他揭穿，人家最后就会笑话我。"窝阔台宁愿让人家认为他的智商低，也要保住这个大方的脸面。

其实他的智商还是很高的。他做傻事也不是无条件做的。如果在政治上骗他，那必死无疑。有一个讲阿拉伯语的宗教叛徒，很恨穆林斯，但自己拿穆斯林没有办法。他就去找窝阔台，让他出兵把穆斯林全部消灭光。他终于见到了窝阔台。窝阔台问他是不是欠债？他说他没有欠债，只是想过来向大汗汇报一个梦。

什么梦？

那个家伙说："我在梦中见到了成吉思汗。他对我说，你叫我的儿子去杀穆斯林吧。我问为什么？成吉思汗说，因为他们是魔鬼。"

窝阔台又问："你在梦中跟我老爸对话时，谁当你的翻译？"

那人骄傲地说："没人翻译，我亲自跟他进行了对话。"

窝阔台问："你会说蒙古语和突厥语吗？如果会，咱们可以用这两种语言交流一下。"

那人说："我不会说这两种语言。"

窝阔台大喝："我当然知道你不会。告诉你，我老爸除了蒙古语之外，不会说其他话。由此可知，你上面说的全是骗人的鬼话。在我面前说鬼话的下场是什么？你应该清楚。"

那人这才知道，窝阔台聪明得要命。这一番对话下来，全是圈套啊。原来以为自己会玩套路，哪知道窝阔台的套路更深。于是，这个人被当场处死。

现在你发现他聪明了吧？还有一件事，他做得也是相当聪明。

有一次，他的寝宫里发生一起盗窃案，是一只他经常用的杯子不见了。从这里你可以知道，当时蒙古帝国的宫殿是多么简陋，皇帝睡觉的地方，居然小偷也经常光顾。他叫大家去找，却找不见这只杯子。大家面面相觑，这案子怎么破啊。最后，还是窝阔台想到了破案的办法。他出了一张公告，说谁把这个杯子找到，就可以赏给他一件他最需要的东西。那个小偷居然把杯子送了过来。窝阔台大喝："你为什么偷杯子，难道你不怕死？"那小偷胆子大得要命，不慌不忙地说："我偷这个杯子，可不是为了偷啊。"

"那你是为什么？"

"我是想通过这次行动，警告一下大汗的安保部门，让他们在保卫大汗时，一定要小心谨慎、睁大眼睛。否则，大汗的安全就得不到保障了。如果我是为了偷东西而来，那里有那么多值钱的东西，我为何只偷这个杯子？"

旁边人的嘴里都要爆粗口了，偷了东西居然还能说出这么一番大道理来。这样的人，最好的办法不是跟他说话，而是直接砍头。

窝阔台看了看这个小偷，说："我已经出过公告，说过不治他的罪。"他硬是让那小偷到国库里取了一件他喜欢的东西。过了不久，窝阔台对身边的工作人员说："其实我更想把他打死，然后剖开他的肚皮，看看他的心肝到底是什么模样的，这么大胆又这么聪明。"当然，他没有杀死这个小偷，反而任命他当了个军官，带几千人到中原去打仗。

有时候，他还是能以人为本的。

他除了酒色之外，还有一个爱好，就是吃饱喝足之后，喜欢观看角力比赛。每征服一个地方，他总会从那个地方找一些选手来表演给他看。他听说伊朗和伊拉克的角力士很厉害，就叫人去那里进行选拔，最后找到了个叫菲剌的角力士。这个人不但长得猛而且长得帅，窝阔台很喜欢他，当场叫他参加比赛。他打败了所有的对手，夺得了冠军。窝阔台除了赏给他很多钱财之外，还把一个美女奖给他。角力士有个习惯，就是为了保存元气，必须禁欲，保住童子之身。所以，菲剌得到这个美女之后，只是让她做家务，而不跟她上床。窝阔台知道后，把菲剌叫了过来，大声问他："你这是怎么回事？"

菲剌说："大汗，我怕我的元气损耗了不能拿冠军，所以就不跟美女睡觉。"

窝阔台说："我把美女给你的目的不是让你永远争当冠军，而是让你们在一起，过上幸福的生活，然后生很多很多孩子啊。"

还有个故事。有一次，他抓到三个罪犯，下令把三个罪犯拉下去处决。可当他离开大殿时，碰到一个老女人。那个老女人在路上大声痛哭。他就过去问，你为什么哭？

老女人说："这三个要死的人中，一个是我的老公，一个是我的儿子，另一个是我的弟弟。我能不哭吗？"

窝阔台说："这样吧，你可以选任何一个人，让他活下来。"

老女人说："丈夫可以再找，儿子可以再生，但兄弟不能再有了。"

窝阔台听后，直接宣布赦免这三个罪犯。

对人如此，有时对动物也是如此。有一个牧羊人养了一千只羊。在一个寒冷的夜晚，一只狼冲进他的羊圈，把他的羊咬死一大半。牧羊人早上起来，看到自己的羊死了这么多，当场晕倒。他想去追狼，又觉得自己没这个本事。想来想去，觉得大汗应该有很多办法。于是，他把这只狼告到窝阔台那里，请窝阔台为他主持公道，把这头罪恶的狼捕获归案。窝阔台详细地问了狼的特征、逃跑的方向，说可以帮他。恰好这时有一群角力士抓到一只狼。他们把狼的脚和嘴巴都捆住。窝阔台问牧羊人，是不是这只狼？

牧羊人说："是啊，就是这只狼。"

窝阔台向那几个角力士说："我现在出价买你们的这只狼。"

那几个角力士当然高兴地跟他做交易。

窝阔台又对牧羊人说："现在这只狼已经抓获了，但你的羊已经死了，你再杀死它也要不回你的羊了。所以，我帮它赔你的羊，你就放过它吧。"他当场叫身边的工作人员给牧羊人送去一千只羊，然后把狼放走。可是那只狼虽然得以躲过人的屠杀，但它才跑了没几步，几只猎狗就追了上去，把它撕得稀巴烂。窝阔台很气愤，于是下令把参与撕咬狼的猎狗全部处以死刑。

虽然杀了猎狗，但他仍然觉得很郁闷，回到宫中后，还是觉得心情很堵，对大家说："我放过那头狼，是因为我觉得我的肠胃有些不舒服了。我当时觉得救一条生命，上帝就会原谅我，让我的身体好起来。现在狼又死了，虽然是猎狗造成的，但看来我也逃不过此劫了。"

你听到个话后，会觉得全是没有科学根据的。可是没几天，他真的就死了。

窝阔台活着的时候，做了很多事，不但按老爸的既定方针办，组织了灭金打宋的战争，还组织了第二次西征，都取得相当大的成绩。而且还重用耶律楚材，不断参照汉族的那一套，国家机构越来越中原化，为日后元朝的建立打下了坚实的基础。

耶律楚材也无奈了

窝阔台死后，大家就把他埋在起辇谷。

处理窝阔台的遗体很容易，但谁来接他的班却是个大问题。

窝阔台共生有六个儿子，分别是贵由、阔端、阔出、业里、哈失、合丹。本来他曾把阔出指定为法定继承人。哪知，阔出命不好，死在了前线。窝阔台后来指定阔出的儿子失烈门当皇太孙。

如果按这个既定方针办，那么失烈门肯定要在这个时候出来主持日常工作，等大家开个大会来走个形式，再正式宣布就任大汗。

大汗的权力虽然很大，可当你还没有被宣布成为大汗时，你的权力并不大。现在有权力宣布窝阔台遗命的就是他的皇后之一木格皇后。但后来获得胜利果实的却是脱列哥那皇后。

当时窝阔台有六个皇后，脱列哥那是第六后，因为长得很漂亮，深受窝阔台的喜爱。当然如果按规矩来办，在后宫中，排名在第六的皇后，基本没有什么发言权。说话分量最重的应该是大皇后。当年铁木真后宫的美女也不少，生的儿子也有几个，但他选择接班人时，人选就圈定大皇后的儿子，其他人的儿子连入围的资格都没有。但窝阔台却没有铁木真那么老辣，总以为自己大权在握，以大可汗之尊，说出的话，谁也不会有什么意见，再加上大皇后颜值越来越差，又没有个儿子，因此只是个挂名大皇后，在权力中心的影响力跟个老宫女没有什么差别。

窝阔台前期做得很优秀，但后期也有点玩心重起来，尤其是金国灭亡之后，他觉得自己的国土面积已经无限大，蒙古帝国家大业大，自己堂堂大汗，也该享受一下，不能老是那样艰苦朴素、勤俭持家，因此开始大兴土木，从太宗七年到九年之间，筑了和林城和瑘林城，修建了万安宫和格根察罕殿。有了这么多宫殿，后宫的编制就必须增加。当然，他也跟很多人一样，美女再多，最宠信的也只有一两个人，而其中之一就是脱列哥那。她原来是蔑儿乞惕部落老大的老婆。当年铁木真把蔑儿乞惕打败后，窝阔台发现她很漂亮，就把她要过去，当自己的老婆。因为有过当老大老婆的经历，她对政务就一直很关心，也很能揣摩窝阔台的心理，目光一刻也没有从权力中心移开过。因为她知道，这些皇后中她是有资本的——在大皇后没有儿子的情况下，她的儿子贵由是长子！手里握有这一张牌，她一定得好好地打。虽然后来，窝阔台很讨厌这个长子，但她深知，官场上一切皆有可能。机会永远是给有准备的人的。为此，脱列哥那老早就做好了准备，找了两个好帮手。第一个叫作法蒂玛，也是个女人，来自波斯。先是被窝阔台分配给脱列哥那当奴仆，后来脱列哥那觉得这个女人好用，就把她当成最信任的人。这个奴仆又帮脱列哥那物色到奥都剌合蛮。奥都剌合蛮是个商人，是窝阔台在西征时得到的俘虏。窝阔台觉得这个俘虏很聪明，善于揣摩自己的心意，而且这家伙特别会说话，一天到晚说的全是自己爱听的话。他甚至宁愿听奥都剌合蛮的话，也不愿听耶律楚材的话。奥都剌合蛮别的本事没有，却很会搞钱。他此前就给窝阔台出了个主意，说他有办法让国家的税收增长一倍。窝阔台问他用什么办法让财政大幅增收。他说就是由他本人搞个“扑买”，保证就可以。

扑买是什么？就是承包。也就是说，让他个人承包全国的税收。当然，多余的部分就进承包人的口袋里了。当他说出这个办法时，耶律楚材坚决反对，说这是典型的“竭泽而渔”啊！但这次敬爱的大汗没有听他的，而是跟奥都剌合蛮签订了承包合同。他承包了一年中原诸路的税收之后，窝阔台看到国家财政收入果然增长了百分之百，不由大喜，就让他当中原地区税收征管的最高行政长官——提领诸路课税所官。

奥都剌合蛮还有一个特长，陪酒功夫很好，只要他过来陪酒，窝阔台就喝得十分爽快。要是哪天奥都剌合蛮不能喝了，窝阔台就觉得酒喝得没有味道。后来，他跟法蒂玛认识后，法蒂玛又把他介绍给脱列哥那皇后，他又成了脱列哥那的红人。

这两个男女天天跟脱列哥那在一起，成为日后脱列哥那掌权的班底。这个班底，每天都把眼睛盯着窝阔台，盯着权力中心发生的一切，谁跟他们不合拍，他们都一一记在心底。

窝阔台对这些一点没有察觉，毫无警惕性。他继续喝酒泡妞打猎，玩得很爽。当然，他基本都带着木格皇后。铁木真死后，窝阔台在接过老爸的班的同时，也把这个美女接了过来，让他成为自己的皇后之一。木格皇后虽然比脱列哥那长得漂亮，但她有一个致命的缺点就是没有儿子。

据说窝阔台死的时候，就是木格皇后召集大家到她的家里来宣布这一特大消息的。如果这个美女有点心计，那么她完全可以借此机会把大权抓到手中，但她不是玩权术的料。而在这个短暂的过程中，脱列哥那却积极行动，给贵族王公们请客送礼，轻松地把木格皇后边缘化。

她牢牢地抓住了主动权。

抓了主动权的脱列哥那把首席大臣耶律楚材叫来，直接把主题挑明："丞相大人，现在大汗宾天了。你说谁来当下一任大汗？"

耶律楚材虽然是个大政治家，为蒙古帝国制定了一整套的政治体制，目前蒙古帝国就靠这个体制在运转，但他却对脱列哥那的心思把握得不到位，或者他已把握得到位了，但他仍然坚守自己的原则，没有顺着老美女的意思帮她把她想说的话讲出来，他直接就说："这是皇族的大事，我是外姓大臣，哪敢去插手。我只知道，一切应按先帝的遗诏办。"

脱列哥那一听，不由在心里冷笑，你既然只听先帝那一套，我就不听你的。现在不是先帝说了算，而是我说了算。当然，她也知道，窝阔台虽然已经死了，但他的话还是很有影响力的，不能直接就否定他的遗诏，宣布失烈门的太子身份无效，由贵由来当大汗。如此一来，估计很多人都接受不了，这个帝国就会陷于混乱状态。这个帝国一混乱，最后她那一伙将是最倒霉的。所以，她还是玩了个策略，说现在国内外形势太复杂，失烈门太小，估计镇不住。为了保持政治的连续性，还是先由她称制一段时间吧。等时机成熟了，再把权力交给下一任大汗。

耶律楚材一听，不由大吃一惊，他还想争辩几句，但脱列哥那能让他争辩吗？奥都剌合蛮站出来说："现在大汗长子还没有回来。皇孙年纪太小，太后称制是最好的选项，没有之一。"

耶律楚材还想驳斥。可脱列哥那却在那里说："我就暂时称制几天。"

耶律楚材看到奥都剌合蛮脸上的杀气越来越浓重，只得紧闭嘴巴。

耶律楚材都不敢说话了，其他人谁还敢多嘴？反正不管是贵由还是失烈门当可汗，都跟他们没有关系。

当然，脱列哥那还是知道的，耶律楚材虽然不同意她这么干，但因为人品好，而且手里没兵，对她基本没有什么威胁。对她有威胁的是那些手握兵权的人，比如拔都，还有主管南部事务的牙老瓦赤。牙老瓦赤目前主持原金夏两国的军政大事，手里很有实力，而且长期跟自己不对调，所以必须除去。还有一个是田镇海。不过，拔都是最可怕的，但她知道她动不了拔都。拔都是目前铁木真第三代里最有水平、最有资历、最有实力的人。她当然不敢动。那就动田镇海和牙老瓦赤吧。

小人得志

很多读者对这两个人不太熟悉。其实这两个人都是蒙古帝国的元老。

牙老瓦赤是花剌子模国人，很早就是铁木真的粉丝。在铁木真还没有西征时，他就从花剌子模国跑来跟随铁木真，后来带着蒙古国的商队到西域去做生意，很得铁木真的信任。铁木真西征，把花剌子模国灭了之后，就让他和他的儿子一起管理中亚一带的军政事务，权力很大。牙老瓦赤确实有水平，很快就让这个区域的经济得到恢复。1238 年，不花剌城又发生了一起重大的群体性暴动，暴动很快就被镇压。蒙古兵镇压这起群体性事件后，对该城进行大屠杀。牙老瓦赤赶紧向窝阔台请求别再屠城了，好不容易才恢复了点人口，而且也只是那几个人闹事而已，整个不花剌的群众还是好的。这时，窝阔台当了十年的皇帝，天天跟耶律楚材这样的大儒在一起，也受了些影响，收到牙老瓦赤的请求，他立刻叫停了这次大屠杀。牙老瓦赤又采取很多措施，引进人口，使得不花剌城很快就繁荣起来，成为西域一带的文化中心。

那时，坐镇那一带的宗王是察合台。察合台觉得牙老瓦赤辖区的一个州很好，就想划到自己的名下。牙老瓦赤知道后，抢在察合台的前面向窝阔台做了报告。窝阔台派人过去调查，察合台被迫认错。但牙老瓦赤很快就知道，人家俩兄弟原来是在演双簧。在察合台认错之后，窝阔台又以中央的名义搞了个行政区划调整，把那个州直接划给察合台。察合台仍然大怒，把牙老瓦赤叫来，狠狠地骂了一顿。

他立刻脸色刷白地请人过来帮他说话，要修复他跟察合台的关系。结果，察合台断然拒绝。牙老瓦赤只得郁闷地在那里小心地当着大官。幸亏后来窝阔台知道这样下去，好像也不利于和谐，就把他调离西域，当中州断事官，到燕京跟刘敏一起主管汉族的事务。

这个刘敏也是个牛人。他是原金国宣化人。当年蒙古攻打金国时，他跟他的老爸逃难到德兴一带。蒙古军又打到德兴，他老爸居然把他丢在了那里。当时他十二岁。他很幸运，被一个蒙古的将军收养了起来。有一次，铁木真举办了个宴会，那个蒙古将军带着刘敏去参加。铁木真觉得他很顺眼，就把他叫过去，跟他进行了亲切交谈，谈着谈着，就谈出了感情，干脆就把他留下当自己的警卫员。他虽然没上过学，但却很有语言天赋。当时蒙古阵营里的民族成分很复杂，讲什么话的人都有。刘敏跟这伙人混了不久，就学会了很多语言。

后来，铁木真西征，他也跟着去了。铁木真对他的水平还是很欣赏的，最后任命他为安抚使，可以“便宜行事”，还要兼管燕京路征收税课、漕运、盐场、僧道、司天等事。他当了这个官后，就放手做他的事。当时，燕京有很多契丹人。这些契丹人仗着耶律楚材是首席大臣就很牛，动不动就说自己是耶律丞相的亲戚。当然如果他们只是没事无聊吹牛时乱摆个谱，也就没有什么的，可这些人却硬是喜欢带着武器到处去小偷小摸，谁也不敢拿他们怎么样，搞得这些契丹人越来越嚣张。刘敏到任后，什么也不管，迅速把这伙人全部抓起来。那些人被抓后还嚣张地乱嚷自己是耶律丞相的亲戚。刘敏一听就火了，把这些人全部绑了起来，把带头的杀了，其他的都拿去游街示众。首都马上就安定下来。他虽然没上过学，但当了大官之后，比谁都知道读书的重要性，在燕京办了很多学校，而且到中原一带引进名师来授课。

铁木真死后，窝阔台继续重用他，让他主管朝廷的工程建设，负责宫殿的改造和修建。万安宫就是他主持修建的。窝阔台验收完万安殿后，特意举行了个隆重的宴会来表彰他。过了几年，又让他主管中原行省的事务，而且还在任命书后附了一道诏书：“卿之所行，有司不得与闻。”意思就是不管你做什么决策，有关部门都不得插手。

就在这个时候，牙老瓦赤过来跟他共事。当时蒙古帝国人虽然也重用汉人，但在他们的意识里，汉人的地位是比不过色目人的。所以，牙老瓦赤虽然被察合台骂了个狗血淋头，可当他来到燕京与刘敏共事时，他的优越感又油然而生。牙老瓦赤本来就性格暴躁，又有这个天生的优越感，就看不起刘敏，想把刘敏挤出权力中心。当然，硬挤是不行的。他就派几个人到处去散播谣言，说刘敏专断，听不得别人的意见，排斥外来人士等。他以为，只要这些谣言一出，朝廷肯定会把刘敏调走。哪知，朝廷还没有找刘敏，刘敏却先找到他，直接把窝阔台的诏书拿来，让牙老瓦赤认真学习。

牙老瓦赤这才停止了造谣工作。可是窝阔台有点生气了，下令免掉牙老瓦赤的职务。当然，不久窝阔台又让他官复原职。他虽然脾气暴躁，想独揽大权，但他是商人出身，搞经济有一套。花剌子模国被打成那个样子，他努力搞几年经济建设，那一带就迅速繁荣起来。

牙老瓦赤又得罪了奥都剌合蛮和法蒂玛。他得罪这两个人的原因也很简单，就是因为奥都剌合蛮"扑买"中原银课，把钱财全拿走了。他跟法蒂玛也不合。牙老瓦赤爱发牢骚，天天讲这两个人的坏话。这些话哪能不传进那两个人的耳朵里？要知道，这类奸臣的耳朵是最敏感的。只是当时听到这些话时，他们的官位还不高，还没有发脾气的资格。他们就只有暗中气愤，等着自己有权的那一天。

他俩得势的第一天，就派人去找牙老瓦赤，想把他带到和林，然后逮捕他。牙老瓦赤这次终于学乖了，在那里先搞了个欢迎仪式，然后每天大摆酒宴，每天换着菜谱名酒招待他们。牙老瓦赤就这样争取了三天的时间，配备好交通工具之后，突然就跑掉了，而且一口气跑到脱列哥那的反对党阔端那里避难。那些人等了大半天，还不见牙老瓦赤过来，便派人去找。

居然失联了。

那些人只得回到首都交差。

后来，蒙哥当了皇帝，他又复出，并参加了当年的忽里勒台大会。

奥都剌合蛮和法蒂玛以为抓不着牙老瓦赤，抓田镇海应该没什么难度，同样派人去把这个老家伙抓过来。

目前在蒙古帝国内部，真的没几个人可以跟田镇海排排坐了。他老早就投靠铁木真，跟随铁木真参加过统一草原的很多战争，参加了当年铁木真“同饮浑河水”的班朱尼河盟誓。之后，铁木真宣布开国，他名列首批功臣名单中被封百户，又跟铁木真打乃蛮、打西夏，被封为扯儿必，可以佩虎符，成为决策圈里的人物。再后来，率军攻打金国的抚州。当时蒙古军的士气有些疲软，他上前亲自指挥，被箭射中。他包扎之后，又出来大战。士气立刻提振上来，大破金兵。后来，他又在攻打中都中表现突出，铁木真叫他向四周射出四箭，然后宣布，箭头落下范围内所有的房屋田地，都赐给他。后来，铁木真西征，他负责东方事务。再后来，铁木真请丘处机去西域。丘处机经过他的地盘时，他带着部队护送丘处机到西域见到铁木真。铁木真高兴得要命，让他陪同丘处机，因为他还精通畏兀儿文字，所以铁木真就让他负责笔录大汗与丘处机的对话，成为首席扯儿必。

铁木真死后，窝阔台继续重用他。窝阔台受耶律楚材的影响，进行了一系列的官制改革，把原来的扯儿必改称中书省。当时中书省的三大巨头就是耶律楚材、粘合重山和田镇海。他们的官名也参照中原的称谓。田镇海的职务是中书右丞相。当时在中书省，耶律楚材负责汉字的文书，而畏兀儿文书的书写则由田镇海把关。但耶律楚材的文字也需要田镇海过目并用畏兀儿文字批示付某人之后才能生效。

蒙古和宋攻破蔡州，抢到金国的公主。窝阔台就把这个公主赐给田镇海。虽然是个亡国君主的驸马，但也足以让他很有脸面了。后来，窝阔台让他主持西域的事务，西域一带的那些苏丹全在他的掌管之下。不管闹什么纠纷，基本都由他说了算。那些西域地方官到朝廷述职时，都先找到他，一直让他满意之后，才去面见大汗。因为他们知道，他高兴了，大汗就高兴。所以，他成为西域官员们的大靠山、总后台。可以说，谁得到他的支持，谁就得到中央的支持。他又特别讲民族感情，谁跟他同一个民族，他就对谁特别好。有一个叫阔儿吉思的人，跟他同一个民族。当时，成帖木儿是玉龙杰赤的第一把手，而阔儿吉思是成帖木儿的副手兼卫兵老大。成帖木儿知道田镇海在朝廷中的分量，因此就派阔儿吉思当使者去朝廷述职，理由就是阔儿吉思跟田镇海同族，好沟通。

阔儿吉思江湖经验丰富得很，一到和林，连觉都不睡，就去找田镇海。田镇海立刻答应永远当他的靠山。后来，成帖木儿死后，诺撒尔继任。到诺撒尔该到朝廷述职的时候，窝阔台特别点名让阔儿吉思去述职。

阔儿吉思到了和林，当然首先去见靠山大人。田镇海就在窝阔台面前大力为阔儿吉思点赞。窝阔台一高兴，就立马下文让阔儿吉思当了呼罗珊的老大。阔儿吉思成了一方老大，立刻跟成帖木儿的儿子额古帖木儿闹了纠纷。两人最后闹到中央，请中央来裁决。窝阔台当然就叫田镇海负责这个案子。田镇海花了几个月来办这个案子，最后直接判阔儿吉思胜诉。额古帖木儿只得忍着不敢发作。而且窝阔台又下了一道命令，阿姆河以西所有的州都归阔儿吉思管。额古帖木儿这才知道，光有道理，没有靠山，你仍然是输的。

阔儿吉思对官场规则比谁都精通，他知道他这个靠山很强大，因此又找靠山帮他从中央那里得了个政策：窝阔台的圣旨或牌子，在所有前来朝廷述职的地方大员中，只发给他一个人，别人想学习圣旨，只能到他那里看。于是，他就成了这些地方老大的带头大哥，政治地位比人家高出很多。

从这个故事中你可以看出，田镇海手里的权不是一般的大，而是超级大，而且他也是个很会利用手中权力的人。这样的元老，肯定看不起法蒂玛和奥都剌合蛮。他是跟着铁木真打出来的，这两个人哪能进入他的视野？这两个人常在窝阔台身边服务，看到田镇海那个眼色，心里也生气。只是人家是国家一级公务员，连大汗都听他的话，所以，他们那时除了在心里生气之外，不能有别的反应。现在他们突然大权在握，最先想到的就是把这个老家伙收拾一下，看看他还敢不敢看他们不顺眼。哪知，田镇海阅历丰富，经验老到，自己这些年来所享受的特权，全是从窝阔台那里得到的，现在窝阔台死了，自己的靠山就倒了。当他知道现在是脱列哥那出来主持大局时，知道自己要是还在这里等着，就是在等死。他必须在那几个人向他动手之前就逃跑，同样是逃到阔端那里。

脱列哥那知道这两个人逃到阔端那里之后，就派人过去跟阔端交涉，命令阔端交出这两个家伙。可阔端却不交。他有他的理由：人家跑到我这里，肯定有他们的理由。忽里勒台大会不久就要召开，到时让大会来讨论决定他们的命运吧。

脱列哥那几次派人去催阔端，阔端就是不答应。最后，她也没有办法了。你可能觉得这个阔端也太大胆了吧？他当然大胆，因为他是脱列哥那的儿子，而且目前据守了西夏的故地，这个地盘已经延伸到了藏区。阔端还是很水平的，把藏族同胞管理得很好。脱列哥哪怕把他一动，那边就会乱起来。那边一乱，其他地方也会跟着乱。另外，如果儿子都乱了，别的人还听她的话吗？于是，牙老瓦赤和田镇海就在阔端的势力范围内，成功地保住了性命。

脱列哥那一计不成二计生，又做一个老臣的思想工作，让他捏造一套田镇海和牙老瓦赤的黑料。哪知，老人家却不干。脱列哥那大怒，就把这个老臣关了起来。

还有一个叫麻速忽毕的人看到这个情况，把整个局势以及脱列哥那、奥都剌合蛮、法蒂玛三人的人品拿来分析了一把，觉得自己也有些不妙起来，于是直接跑到拔都那里。目前在铁木真直系的后代中，拔都最有水平，也最有实力。拔都本来就跟贵由这一派合不过来，脱列哥那肯定不敢动他。

田镇海逃跑了，原来他死保的那个阔儿吉思就遭殃了。阔儿吉思以前看到田镇海权力很大，就去主动投靠，然后不断地得到提拔。哪知，现在靠山突然垮台，他原先的敌人就马上出手，说他是田镇海集团的骨干成员，必须抓起来。于是，他被阿儿浑抓住，然后关了起来。脱列哥那就让阿儿浑接过阔儿吉思的大印。

大家一看脱列哥那这个三人团，虽然手段很恶劣，抓住大权的双手还没有暖和，就搞清洗运动，但基本没有多大的政治智慧。他们虽然把一大批原来的旧臣打倒，但自己并没有多大的治国理政新办法。脱列哥那在称制期间，基本都把权力交给法蒂玛那个女人管。而法蒂玛则转让给奥都剌合蛮。

当时，窝阔台死后，整个蒙古帝国最该做的事就是开忽里勒台大会，推举新的最高领导人。

所有的人都知道，脱列哥那是想让自己的儿子贵由当选大汗。当时，她派人去把贵由赶快叫回来，也把窝阔台逝世的消息通知了拔都他们。拔都接到这个消息后，知道不能再打欧洲了，紧急从匈牙利撤军。欧洲人死也不会想到，窝阔台的死，是他们的福音。

这时候，在朝廷中唯一敢说话的只有耶律楚材了。他是个儒学大师，看到朝廷乱成这个样子，就很气愤。他虽然是契丹人，但读的全是汉人的经典。经过几十年的改造，蒙古帝国越来越像中原王朝了。现在脱列哥那一上台，把大权全交给奥都剌合蛮来处理。奥都剌合蛮是西域人士，用的人全是西域那边的，定的规矩也都参照西域那边的。耶律楚材很气愤，就不断地上去进谏，但他们能听吗？

他进谏了几次，脱列哥那就不爽了，干脆不理他。其实，这个太后还是看在他是两朝首辅的面子，才不理而已。否则，把他关起来都算优待他了。

脱列哥那虽然成功夺权，但她绝对不是个勤政的人。她才称制没几天，就觉得现行这一套办公方式太烦人了，什么文件都得到她这里来处理批示，于是干脆在很多白纸上先盖了大汗的大印，然后交给奥都剌合蛮，让他爱怎么处理就怎么处理。耶律楚材觉得这也太不像话了，就表示坚决反对。

脱列哥那虽然野蛮任性，但也知道朝廷还是要讲点规矩的，就收回了这道最高指示。但她又觉得这样让奥都剌合蛮太没有脸面了，于是又想到一个加强奥都剌合蛮权威的办法，直接下旨：从现在起，凡是奥都剌合蛮发表的意见，令史官都要一字不漏地记录下来。如果不记录，就砍手。

耶律楚材又表示坚决反对:“现在国家的事务都由我处理，跟令史从不搭界，怎么去处理令史？总之，如果他讲得对，大家照办。要是他讲得天理难容，我们坚决不理。我死都不怕，还怕什么砍手？”

脱列哥那本来想用一道强硬无比的命令来帮奥都剌合蛮挽回面子，哪知耶律楚材这么一说，她的脸色瞬间煞白，所有的人都看到她气得浑身发抖。大家都在心里想，耶律楚材看来要完了。跟一个女人和一个奸臣斗，你能干得过他们？

脱列哥那在那里气得说不出话来，奥都剌合蛮也是脸色铁青。

耶律楚材这时也豁出去了，大声说:“我跟随成吉思汗和太宗皇帝三十多年，从没做过什么对不起国家的事，难道太后真的要无罪杀我吗？”

脱列哥那一听，还真不敢再说什么了。

耶律楚材说过这话之后，也知道这个面皮已经撕到底了，自己在这里的工作也该到头了。于是，就提前进入退休模式，不再管事。

奥都剌合蛮好几次在脱列哥那面前说，这个老家伙，实在让人忍无可忍，把他干掉算了。

但脱列哥那不答应。毕竟他是两朝老臣，而且铁木真和窝阔台都曾对他言听计从。敬重他等于敬重成吉思汗和窝阔台啊，而且这个老人家德高望重，留着也许还有用呢。

果然过了不久，有人向脱列哥那报告:帖木格带着大军向和林来了。

她一听，不由大惊失色。

可能你已经忘记这个帖木格了，但脱列哥那不能忘记啊。他就是铁木真最小的弟弟。铁木真在这些兄弟中，最疼爱他。现在铁木真那一代中，几个兄弟都死了，就连几个儿子也都不在人世了，而这个比铁木真只小六岁的弟弟还健康地活着。铁木真生前也是个多疑的人，曾经怀疑过他的大弟弟合撒儿，差点把这个大弟弟弄死，但他对这个小弟弟却百分之百地信任。

铁木真在宣布立国之后，把几个兄弟都封在蒙古高原的东部，称为左手诸王。帖木格的封地位于大兴安岭西边、海拉尔河以南到哈拉河流域，这片土地辽阔，诸功臣中唯一被封国王的木华黎在名义上也受他的节制。帖木格这些年来一直在自己的领地里过着王爷的幸福生活，现在怎么突然领兵过来？

肯定是有动机的。

脱列哥那接报后，立刻把奥都剌合蛮和耶律楚材叫来，把这个情况跟他们通报了，说，“要是这个皇叔真打过来，我们怎么办？你们都是丞相，得拿出办法来。”

奥都剌合蛮说：“打不过他，不会逃出去？西域地皮那么大，还不够逃跑吗？”

脱列哥那说：“看来只能这样了，奥都剌合蛮你去做好准备吧。”

耶律楚材说：“千万不能迁都。首都是国家的根本所在，哪能说搬就搬？首都一搬，根本就会动摇，天下就会大乱。”

脱列哥那一听，知道他说的绝对正确，只得呆呆地望着他，那怎么办？

耶律楚材说：“我观天象，天下还没有到大乱的地步。何况我们现在还没有摸清帖木格的真正用意就急忙迁都，完全是自己搞乱自己的行为。我们最好派帖木格的儿子去问一下他，他带兵向首都开拔到底是什么意思？”

脱列哥那一听，难怪几代皇帝都听他的，还真有办法，便问：“他有儿子在这里吗？”

耶律楚材说：“有！”

脱列哥那一听，就满脸笑容地说：“那就请老丞相办这个事了。”

耶律楚材当时就去找帖木格的儿子，叫他去找他的老爸，并代表中央向他老爸发出警告，带兵到首都的后果是很严重的。

帖木格还在行军途中，听了儿子的话，接着又收到一个消息，就是贵由带着部队正向首都狂奔，知道再走下去，就会发生内战。贵由的部队都是刚参加第二次西征凯旋的部队，战斗力特别强悍，自己的这些兵好多年没上过前线，肯定干不过他。因此就叫停了前进的步伐，叫儿子回去对中央说：“我是来奔丧的，没有别的意思。”然后就带兵回去了。

贵由以最快的速度回到首都。他知道老妈已经成功夺权，知道大汗的宝座就等自己回去坐上去了，心里很高兴。

脱列哥那也想把权力交给儿子。哪知，奥都剌合蛮及法蒂玛却不愿意。他们只跟脱列哥那关系很好，但跟贵由却不怎么合得来，而且贵由还年轻，长期带兵打仗，不但自己有主见，而且也有一大堆铁杆。他要是当了大汗，他们这两位就会立马从权力中心卷起包袱走人，那可划不来。这两个家伙刚刚当权没有几天，觉得权力这个东西真好，哪肯就这么交出来？于是就对脱列哥那说："太后啊，现在局势不一般，还是先稳定下来再交权吧。至于忽里勒台大会，也得先等拔都回来再说。拔都正带兵在外，要是不尊重他，后果就难说了。"

脱列哥那认为很对，于是派人去催拔都回来。哪知，拔都对他们意见太大，怕他们有阴谋，就推说近来身体有点小病，先把身体养好再说。

朝廷越催，拔都就越不回来。奥都剌合蛮及法蒂玛一看，都高兴得要命。两个人继续玩权术。

贵由气得想爆粗口，但没有办法。

耶律楚材之死

耶律楚材更气愤。但他也没有办法，最后就气愤而死。

他当年被铁木真当成人才挖掘出来，之后就一直跟随在铁木真身边。铁木真没读过书，但打到金国后，通过跟那些投降过来的读书人打交道，对那些人都很佩服，天天愿跟他们在一起。尤其得到耶律楚材后，即使去西征也把他带在身边。不管做什么，基本都先请耶律楚材算一卦，只有老天答应了才去办。

据说他算的卦很准。当年铁木真去打西夏时，因为夏天突然降雪，而且一下就三尺厚，所有的人都认为是不祥之兆。铁木真也被吓得够呛，问耶律楚材，老天这是什么意思啊？咱不能去打了吗？耶律楚材说："夏天出现这样的水汽，是我们要打胜仗的预兆。别怕！"铁木真果断出征，果然取得了胜利。

后来，有一年冬天，雷声很大，铁木真又怕起来，急忙向耶律楚材请教。耶律楚材答：花剌子模国的老大将死在野外。后来还真的应验了。

大家看到他一个读书人，就凭他乱猜一通，猜对了是纯属巧合，算什么本事。有个从西夏投降过来的造箭匠常八斤，造箭技术十分了得，连铁木真也觉得他的箭很好用，常常当众夸他。他被夸得多了，内心也就膨胀起来，居然当着铁木真的面直接对耶律楚材说："现在国家天天打仗，我这样的兵器人才才是最有用的，你这个读书人有什么用？难道你到前线去翻几本书出来，敌人就自动倒下了？"

耶律楚材说："造弓都还需要一个弓匠，治理天下同样需要用治理天下的工匠啊。"当然他的原话很简洁："治弓尚须用弓匠，为天下者岂可不用治天下匠耶？"铁木真一听，当场表扬了耶律楚材。

西域那边的人还不服。他们跟耶律楚材打了几次仗。有几个懂得历法的人说，我敢打赌，五月十五那天晚上会出现月食。

耶律楚材抬头看了看天上，直接就说，你们的说法错误！

到了十五那晚，只看到月亮升上了天空，直到往西落去，全程圆满。西域天文专家在那里张口结舌，望着月亮无语了半天。过了几个月，耶律楚材又做了一个天气预报：某晚会有月食。那个西域天文学家说，不会有的，不信大家等着看。到了那天，果然出现月食。大家这才真的服了他，觉得他好像是天上下来的，把天上的事都弄清楚了。铁木真多次跟窝阔台说："此人，天赐我家。尔后军国庶政，当悉委之。"意思是，这个大人才是老天免费赠送给我们家的。以后全国的军政大事，你都可以放心地交给他处理。

有了铁木真的这句话，窝阔台还能不重用他吗？而且他确实也为窝阔台当上大汗立了大功。当时，讨论窝阔台正式就职的忽里勒台大会已经召开，可是大家讨论得太过热烈，四十天还没有讨论出结果。耶律楚材知道再这样讨论下去，估计一百年都讨论不出结果。其实每个人都知道，讨论不出结果的症结就在拖雷那里。但谁也不敢说出口。那时，拖雷是监国，在决定大汗之前，他就是最高领导人。最后，还是耶律楚材去做拖雷的思想工作，说这是国家的大事，请不要再拖下去了，再拖下去就会出乱子（此宗社大计，宜早定）。可拖雷却还想拖，说：“事情还没有结束，还是再选个好日子。”

耶律楚材说：“过了今天就没有吉日了。”

拖雷一听，也不好再拖了。于是，他同意让他的三哥当了大汗，自己宣布监国任务完成。

你想想，窝阔台不感激他感激谁？而更让窝阔台长脸的事还有。窝阔台虽然称汗，而不称皇帝，但耶律楚材还是参照中原规矩搞了一套朝见的礼仪。这套礼仪当然是严格按照儒家规矩的，也就是大家见了皇帝就要跪下，即使你是皇帝的长辈，见了皇帝也得跪倒。那些蒙古人都觉得这也太见外了吧？但耶律楚材硬是要施行。人活在这个社会，是必须有规矩的。他先去动员察合台。察合台是窝阔台的亲哥哥，平时批评小弟批评得习惯了，现在突然叫他下跪，可能就不大自然。幸亏察合台是窝阔台派的，本来就是他推举窝阔台当可汗的。因此当耶律楚材找到他对他说“你是大汗的哥哥，只要你带头跪拜了，其他人哪个敢不拜”时，察合台爽快地答应了。

窝阔台即位的那天，察合台带头做示范动作，大家果然都跟着跪拜下去。礼毕退班之后，窝阔台拉着耶律楚材的手，激动得热泪盈眶，说：“真社稷臣也。”

他太感激耶律楚材了，只要耶律楚材奏请的事，他都答应。

耶律楚材对中原人民最大的贡献是制止了蒙古帝国的滥杀。蒙古兵南下之后，基本都执行烧杀政策。虽有从金国那里投降过来的人劝过铁木真多次，但铁木真却不听。那些蒙古将领动不动就说：“汉人无补于国，可悉空其人以为牧地。”意思是，那些汉人对咱们一点用处都没有，要把他们全部杀光，让土地空置出来好做牧场。

窝阔台他们觉得这话太对了。可耶律楚材却说：“这话不正确。现在我们天天打仗，打仗需要很多军用物资。如果合理使用中原地区的田税、工商税以及酒、盐等税课，每年我们可以得到五十万两白银，还有八万匹绢、四十万石粮食。难道这些都没有用？难道我们只喝那点马奶就能征服全世界了？”

于是，准奏！由他具体负责。他立即搞了个政治体制改革，设立了燕京十路征收课税使，当然这些职务都由读书人担当。反正当时蒙古那些牛人都争着去杀人放火，觉得打仗才是他们的正当职业，还没有认识到这些职务是大大的肥缺。过了不久，十路送来的资金和物资就摆满了大院。

窝阔台去视察，这才发现天下原来有这么多的财富。他觉得耶律楚材真是太牛了，不但会算卦看天象，还会弄钱财，便任命他当中书令，也就是首席大臣。

耶律楚材的理财能力绝对很强悍。蒙古高层知道收税可以来钱之后，就搞人口普查，建议以成年男子作为征税的对象。这个建议好像很对。只有成年男子才有纳税能力啊。那些小孩就全免了，说起来很人性化。窝阔台差不多准奏了。可耶律楚材说：“不能这么做。”

不能这么做，难道按人口收？吃奶的小孩、生活不能自理的残疾人都收？这跟你天天讲的以人为本思想不一致啊。

耶律楚材说：“这是从国家的利益出发。如果按各位的建议去办，成年男子为了避税，就会逃走。他们逃走了，国家还能收到什么税？所以，必须按户收。”大家一听，这才知道，他上前线不行，但玩这个在场的人就比他嫩多了。

于是，耶律楚材大力在蒙古推行儒家思想，得到窝阔台毫无保留的支持。窝阔台觉得他得到了一个超级大牛人。当那些外国包括宋朝的使臣来访时，窝阔台都把耶律楚材隆重推出，然后问他们：“你们国家有这样的人才吗？”

那些人跟耶律楚材打交道后，都老老实实地说：“我们没有啊，他简直是从神仙地区来到这里的。”

窝阔台哈哈大笑，说：“你们这话太正确了。”

但皇帝的话有时也不能相信。窝阔台虽然多次表彰耶律楚材，但也有龙颜不悦的时候。比如耶律楚材一贯推行儒家治国新理念，就连选拔官员也要通过科举，也就是说，你不读圣贤书，就根本没有当官的资格。窝阔台全部准奏。耶律楚材下令，即使是俘虏、奴隶身份的，也可以参加考试，如果主人对有参加考试的奴隶隐瞒的，直接判处主人死罪。一下就让很多人直接从奴隶变成官老爷，为蒙古帝国提供了很多人才。可是很多人当官之后，就迅速转化为腐败分子被抓了个正着。

窝阔台大怒，把耶律楚材叫来，大声责骂："你不是说读书人读了那些书后，都会自动变成好人。为什么还会有这些腐败分子？"

耶律楚材说："君父教臣子，亦不欲令陷不义。三纲五常，圣人之名教，有国家者莫不由之，如天之有日月也。岂得缘一夫之失，使万世常行之道独见废于我朝乎。"

窝阔台只得作罢。

终于有一次，两个道士争当老大，谁都不服谁，到处网罗死党，扩大自己的势力范围，然后到处造对方的谣。一个道士就诬陷对方手下有两个死党是逃兵，然后还利用关系，跟窝阔台身边的工作人员以及通事杨惟忠结成团伙，把那两个死党抓起来杀掉。这事就闹到耶律楚材那里。耶律楚材当然大怒，立刻把杨惟忠抓起来。那个窝阔台身边的工作人员立刻感到大事不妙，便对窝阔台说："大汗啊，耶律楚材抓了杨惟忠，这是违反朝廷制度的啊。违反朝廷制度，就是在违反大汗的命令啊。"

窝阔台一听，立刻龙颜大怒，叫有关部门把敢于违反朝廷制度的耶律楚材逮捕。

幸亏窝阔台当时还算清醒，突然觉得不对头，耶律楚材这样的人能干这样的傻事吗？于是，又下令松绑。可耶律楚材也很有性格，大声说："不能松绑。我是现任丞相，所作所为，关系到国家的大政。陛下下令捆我，肯定是因为我有罪。所以，应该把百官都招来，当众宣布我的罪状，再按罪量刑。现在释放我，肯定是因为我无罪。我真不明白了，我现在到底是有罪还是无罪？堂堂朝廷这样做，跟小孩玩游戏有什么差别？"

窝阔台只得笑了笑，说："我错了，可以吧？你不是说过，人非圣贤，孰能无过？你现在讲的这些话，是不允许我犯错误了？"

耶律楚材这才同意去掉绳子，但他却趁机又提出十条措施。窝阔台当然只能答应了。

不过，有些建议窝阔台也没答应。典型的就是奥都剌合蛮要搞收税承包制。耶律楚材知道这个承包制一实施，光河南一带的赋税就会增加到二百二十万两白银。那时河南一带正兵荒马乱。他跟承包派在朝廷进行了前所未有的激辩，最后辩得哭出声来。

窝阔台说："我也知道你是在为老百姓哭。可现在我们需要经费，让他们试试看吧。"于是，宣布他的哭辩无效。他只得一声长叹："民之困穷，将自此始矣！"

当然，窝阔台有时也跟耶律楚材开点玩笑，老那么严肃人是很累的。

有一次，耶律楚材跟一个宗王喝酒被灌醉了，就跑到车上睡大觉。

窝阔台出来，跑到耶律楚材的住处看，见到丞相大人睡得不省人事，就爬到车中，硬是把耶律楚材折腾到醒。耶律楚材正睡得忘乎所以，无端被人骚扰，就气愤起来，喷着酒气大骂，谁这么没有礼貌？可对方却还在推他。他只得睁开眼睛，好像是大汗啊，再仔细一看，果然是敬爱的大汗，他急忙起来道歉。

窝阔台说："有酒独喝的人才不文明啊，你这是不想跟我喝酒吧？"然后就离开了。

耶律楚材赶紧骑马追过去，在行宫里跟窝阔台斗酒，一直喝得又大醉一场。

总而言之，耶律楚材与铁木真父子的共事还是很和谐的，基本能善始善终。如果窝阔台长寿点，那么耶律楚材也还会过得更好，甚至寿命也可能更长一点。

当然，脱列哥那慑于他的威望，在他活着时虽然不敢对他怎么样，但心里很恨他。他死后不久，就有人说耶律楚材当了几十年的首席大臣，为朝廷施政理财，其实收到的大部分税赋都落到他的手里，藏在耶律楚材的家中。脱列哥那一听，不气愤才怪，立刻命令有关部门去抄家。结果在他的家里，只发现"唯琴阮十余，及古今书画、金石、遗文数千卷"。

第三章
还是靠实力

终于扳倒了太后集团

贵由很郁闷。

当他刚接到老妈的通知时，心里很高兴。他快马加鞭拼命狂奔，到半路时，又听说他那个叔祖帖木格的大军已经向首都开来，因此就更急了。后来听说帖木格已经撤军，这才放心。但他也知道，老妈虽然已经拿了主动权，可以代表中央发布各项命令了，但没有一点实力，要是哪个牛人突然发难，老妈仍然挡不住。所以，他还是带着部队用最快的速度回来了。

他以为到了首都，他就会被任命为下一任大汗的唯一候选人，只等时机成熟，开个忽里勒台大会，由大家鼓掌通过，他就是全世界最有权力的领导人了。哪知，他老妈却不放权，仍然在那里当最高领导人。

当然，奥都剌合蛮和法蒂玛更开心。唯独他在那里当观众，看着这三个人眉开眼笑。

他开始以为，可能是老妈刚掌权，觉得不过瘾，这才拖延一下，过一年半载就会还政于子，就等吧，反正也等了这么多年。

他万万没有想到，这一等，就等了五年。

直到第五年，脱列哥那觉得再这样下去，只怕儿子也会恨自己了。于是，宣布召开忽里勒台大会，让大家确认贵由登上汗位。她只怕自己的儿子会生气，其实很多牛人早就生气了。而且，贵由不受窝阔台喜欢已经是大家都知道的事，所以他们也不喜欢贵由。这些人在参加忽里勒台大会之前，就已经讨论好，在大会上要把这对母子搞下来。

大家集中起来，商议如何在大会上搞事。可是突然下起大雨来，他们聚会的地方被水淹没一尺。这些人看到这个情况，都以为是老天爷不同意他们这样搞。他们可以不怕脱列哥那，不怕那两个男女，也不怕贵由，但他们都怕老天爷。既然老天爷都警告了，还是消停点吧。反正不让贵由当，也轮不到咱们这几个兄弟。况且，如果不同意贵由，脱列哥那就会继续称制下去。到头来，我们跟贵由是双输，只有脱列哥那三人团独赢。这是划不来的。

于是，大家都一致同意贵由接过大汗的大印。其实，大家都知道，这次大会是不能成为团结的大会的。因为这个大会已经埋下了一个历史性的隐患。

最有实力、最有威望的拔都同志继续生病，没有前来表决。

其他人不来表决，那等于自动放弃表决权。可能视拔都为自动放弃这个表决权吗？

更要命的是，脱列哥那目光短浅，根本没有看到这个隐患的存在。大家都说，等拔都吧。可她怕拔都到了会搅局，现在他主动不来，正中她下怀。正好趁着他不在，没有人投反对票，就没有麻烦了。结果，得票率自然是百分之百。当然，贵由也假装谦虚一下，大家不同意，当然也是假装。他假装又推荐另一个人，大家又都装着强烈不同意。于是，假装了几次之后，贵由就当了真的可汗。

贵由当选可汗后，以为他就真的是天下第一了。哪知，老妈却仍然不收手，到处指手画脚。

他这才知道老妈比自己对权力更上瘾。

不过，他虽然年纪小，但玩政治手腕却比老妈老练多了。

他知道指望老妈很懒，权力基本都靠那几个亲信。只要把那几个亲信搞定，老妈就没什么指望了。当然，要砍掉那几个亲信也是要有点策略的，否则老妈反对起来，自己的麻烦也是很大的。要除掉老妈那几个没有水平的死党，必须有拿人开刀的权力，而这个权力老妈是不会主动给的。

这个权力是争来的。不过，要争得艺术一点，不能一来就拿法蒂玛等人开刀。

他决定拿帖木格来开刀。虽然这个老人家是铁木真最爱的弟弟。

贵由后来想到了一个办法，对老妈说，小叔祖帖木格前些年突然以首都为目标跑过来，分明就是把矛头指向你，这个仇得报。否则，以后我们如何管理这个天下？

脱列哥那一听，自己早就想办他了，只是碍于他的身份。现在有儿子去办，就让儿子去搞吧。

贵由立马宣布，成立帖木格专案组。

组长是蒙哥！

贵由这一招儿很厉害。因为他知道，现在拖雷二代实力都十分雄厚，又跟拔都关系很铁，对窝阔台派系很有意见。如果由自己这个派系的人牵头办这个案子，就会让拔都他们抓到把柄，最后会联络帖木格力量向自己叫板，到时还没有扳倒帖木格，自己就先完了。现在让蒙哥来当带头人，就可以堵住拔都的嘴了。

贵由给专案组极大的权力。整个案件从审理到判决，都由蒙哥说了算，任何人不能说半个字。

于是，蒙哥的权力很大。贵由一点责任也没有。至于别人的指责自然也与他无关。

到了这个程度，蒙哥想推托也推托不了。而且，他还必须把这个案件做成铁案，否则，如何解释带兵奔向首都的事？而且是在刚刚宣布大汗驾崩的时刻？

蒙哥别无选择。

于是，所有情节都按贵由的设计进行。

帖木格终于成为军事政变的带头人，虽然是未遂的军事政变，但未遂的军事政变也是军事政变。

处理的结果是军事政变的几个头号人物被判处死刑，立即执行。当然，为了安抚人心，尽量减少打击面，没有再追究下去。帖木格做梦也没有想到，在铁木真时代，他是铁木真一人之下万人之上的人物，在铁木真出征时，他是大后方的第一把手，甚至可以用“皇太弟”的名义跟外国来访代表团开展外交活动。他好不容易混到七十几岁，最后居然被以谋反罪获得死刑。打出这个天下，他可是主要参与者啊。当然，也有人说，他是得以寿终的。贵由最后只处死了几个主要帮手，然后把他放了。但不管怎么样，这个案件确实是严肃处理了，而且并没有扩大化。

贵由的目的达到了。他得到了可以拿人开刀的权力，连帖木格这样的人他都敢抓起来问罪，还有谁他不敢抓？

他的老妈继续干政。只要觉得必要，她就可以发布命令，就可以从国库里拿出现金，奖励大臣。贵由一看，老妈还在收买人心。于是，他也不断地赏赐这个赏赐那个。母子俩就这样你争我抢，努力把国库里的钱财分发给大臣们。大臣们很高兴。他们终于体验到渔翁得利的幸福生活。

在他跟老妈抢夺权力抢得正忙时，各地的诸侯都利用这个时间，努力扩大自己手中的权力，不断在辖区里出台有利于自己的政策。他们发布什么政策时，居然还超规格发出敕令、颁发牌子。贵由很快就发现了这个问题，不由大怒，下令把这些敕令、金银牌统统收回，把这些人责骂一顿了事。

贵由接着又做了一件大事，为田镇海平反。说田镇海是“先朝旧臣”，先帝还在的时候，都说他忠心耿耿，脱列哥那也不好说什么了。于是，派人把田镇海找回来，让他当中书右丞相。田镇海复出之后，干的第一件事就是把法蒂玛杀了，罪名是谋害阔端，而且证据确凿。脱列哥那也没有话说。

解决完法蒂玛，贵由和田镇海的大刀当然就砍向了奥都剌合蛮。到了这时，脱列哥那已经没有能力保护这个死党了。他直接被贵由处死。

贵由虽然成功当选大汗，也成功把老妈的几个死党打死，然后让老妈从权力中心淡出，但他的身体却很差。他得了一个常见病：痛风。当时这个病属于稀有病。那时止痛药又没有，贵由大汗只得天天忍着剧痛，哭喊连天。你想想，这么大的国家，手下又有一大帮野心家，每天要处理多少国家大事？他这样的身体肯定应付不了。于是他也向老妈学习，把权力都交给田镇海等人，自己全力应付痛风的折腾。

这样的先天条件，注定贵由是个跛脚大汗。

按铁木真当时的设计，把整个蒙古分为四大汗国，连窝阔台都有一块封地，叫窝阔台汗国。这样的设计，注定了蒙古帝国更像是个联邦帝国，大汗其实就是四个汗国的共主。四大汗国的可汗完全可以高度自治，对联邦发布的号令完全可以选择性地听从，也就是说，对我有利的我就服从，对我不利的我就听不见。

窝阔台还活着的时候，由于铁木真的余威还在，再加上窝阔台自己也是打出来的，有察合台的坚决拥护，术赤已经死去，术赤的下一代还没有成气候，而后拖雷又被害死，所以，窝阔台的号令还是可以发出首都的。

窝阔台是个酒鬼，光顾喝酒快活，并没有给自己的接班人留下一个强有力的辅政班底。于是，自己定的接班人直接被废掉，大权轻松地落到第六皇后手里，然后经过几年的过渡，最后过渡到贵由的手中。

你想一想，贵由之前就跟拔都和蒙哥有了矛盾，权力根基十分浅薄，再加上贵由的气量很小，水平又不高，身边更没有什么高手。

更要命的是，目前他最大的反对派是拔都，拔都目前是蒙古四大汗国里国土面积最大，武装力量最雄厚，而且个人能力也是最强的。拔都现在跟拖雷系的带头大哥蒙哥的关系又非常铁。拔都对贵由的反对已经公开透明。

而贵由最坚定的支持者是察合台系。察合台生前跟窝阔台是同盟。但这个同盟的坚定性还是有一些杂质的。窝阔台死的时候，察合台还活着。当脱列哥那完全忽略窝阔台的遗命自己称制时，察合台并没有说一句话。

耶律楚材都知道这个遗命，察合台不可能不知道。

耶律楚材都出来说了几句公道话，但察合台却一声不吭。

如果察合台说一句，脱列哥那敢称制吗？

察合台的家事

察合台拿下了河中以及那些突厥斯坦地盘后，就专心去经营他的地皮。他仍然很暴躁很独断，搞了很多严厉的法律，把那一带的人民统治得服服帖帖。广大人民群众没有说话，但并不代表他们不在心里骂他，而他的手下也是如此。

当时他统治的地盘里，社会治安超级良好。

好到什么地步？

据说，一个颜值爆表的美女可以头顶一个黄金做成的器皿在光天化日之下，单独到处乱走，最后完全可以毫发不损地回到家里。

在这里，只要他说什么，整个势力范围内的人就得照他的话去做。他说，不得白天进入河里面洗澡，于是大家就都不敢洗澡。

于是，他很高兴，当老大真爽！

他觉得全国上下的人都怕了他，都服了他。

于是，他也跟窝阔台一样，玩得不亦乐乎。结果那个强壮的身体也被玩得越来越虚弱，最后他也虚弱得死掉了。

察合台当时把权力交给一个叫胡只儿的突厥人，以及一个叫麦术丁的医生。麦术丁原来是他的专用医生，后来察合台觉得这个医生的医术不错，就把一些事也让他处理。在察合台后期，政事基本都是由这两个人来处理的。他们的权力已经大得要命。

两人对察合台还是很忠心的，没有把自己变成篡党夺权的野心家。他们只是尽自己的能力帮察合台办事，让老大放心喝酒放心泡妞。

而真正的野心家却躲在黑暗的角落，耐心地等着察合台死去。

这个野心家不是别人，正是察合台的首席老婆也速伦。

察合台一死，她立刻大步走上历史舞台，全面接收察合台汗国的权力。

也速伦掌权的第一天，做的第一件事就是把原来察合台的那两个亲信连同他们的子女全部杀死，扫清一切障碍。

不过，她还留下了一个宰臣——阿迷的。她认为这个阿迷的很有水平，很忠于她。

察合台死的时候，儿子孙子已经有一大批。所以，继承可汗的人选有很多。本来他最喜欢的是长子，可是这个长子却在前线被一支箭射死了。

那个长子死时，恰好他的老婆生下一个儿子，这个儿子叫合剌。

所以铁木真和察合台都心疼他，一致决定让他成为察合台的继承人，而且窝阔台也坚决支持这个方案。

也速伦虽然拿了大权，但也还是按照这个既定方针办，让合剌接班当了察合台汗国的可汗。

合剌当了几年的可汗，好像很多大臣都拥护他，朝中也没有什么反对党，照此下去，他这个和平君主还是当得很不错的。

别人不反对他，不表示他的叔叔也速不反对他。

也速本来也没有什么资本和资格来反对他，但也速跟贵由的关系很铁。你是知道的，贵由是一个没什么政治大视野的人。

也速当然也知道，于是他私下找贵由说，“我真想当可汗。”

贵由说，“好！我帮你。”

他说帮就帮，而且很快就找到了一个理由，察合台可汗还有儿子在，为什么一定要孙子来继承？所以，合剌你就讲讲风格，让你的叔叔当可汗吧。你同不同意？

合剌敢说不同意吗？

于是，也速就坐上了可汗的位子，成了察合台汗国的第一把手。

也速也是个懒政的老大，而且还是个玩主，当了第一把手之后，并没有去认真履职，好好处理国家大事，而是天天从早喝到晚，从不间断。

也速当上可汗后，当然也不全是喝酒，还是做了一些巩固自己权力的事。

比如，他认为阿迷的是合剌的死党，必须除掉。

他以为自己大权在手，完全可以像他老爸那样，一声令下，就可以砍任何人的脑袋。

哪知，他不是察合台，而阿迷的更不是一般人。

阿迷的老早就跟着察合台，深得察合台的信任，成为察合台后期的大臣之一。他的生育力很旺盛，生了很多儿子。

他深知这个江湖到处是陷阱，哪天你站错了队，全家的脑袋就会集体被砍。他同样知道，所有的鸡蛋不能放在一个篮子的道理。于是，他老早就把儿子们都分配到察合台那些儿子的手下，察合台汗国每个王公，都有他一个儿子在那里当差。

这样一来，不管哪个王公得势，他家都不会倒台，实在是一个万全之计。

所以，当察合台死后，察合台那两个亲信全家被砍，他却还得以留下来，而且权力比过去更大。

也速是察合台的儿子，当然他身边也有一个阿迷的的儿子。

也速想干掉阿迷的的理由，是阿迷的是合剌的亲信，辅佐合剌几年了，所以该死。

当时，也速也有一个亲信，这个亲信叫哈巴丁。他的计划是，把阿迷的搞定之后，由哈巴丁顶上去。

他的这个计划很不错，可是他却忘记了他身边还暗藏着阿迷的的一个儿子——伊玛木巴哈丁。

伊玛木巴哈丁硬是用尽手段，不断地破坏也速的行动，搞得也速就是杀不了阿迷的。

阿迷的看到也速老是这么亡他之心不死，心里也气愤起来，决心找机会报复！

于是，双方都把对方看成是势不两立的敌人。

只是也速以及他的死党哈巴丁在明处磨刀霍霍，而阿迷的在暗处咬牙切齿，即使不能杀掉也速，也得把哈巴丁干掉。

这个集团目前是贵由的盟友。有这样的盟友，贵由的势力可想而知。

恐慌的欧洲

拔都在欧洲猛打猛杀之后，把大半个欧洲基本揉烂，在欧洲制造了大面积的恐慌。几乎所有的人都认为，蒙古军队下一个屠杀的对象就是法国和意大利了。如此一来，整个欧洲基本都被蒙古的马蹄踩了个遍。

由于蒙古骑兵来得太快，大家连个预感都来不及产生，很多人居然不懂得这些疯狂杀手是从哪个地方冒出的，最后都认为，肯定是上帝派来惩罚他们的。

既然是上帝派来的，又能够在短期内完成这么大规模的屠杀，肯定是人数众多，浩浩荡荡，如此一来，欧洲到处是谣言在飞，这个说蒙古的队伍在路上走，一直走二十天都走不完，那个说不光有这么多人，还有很多野马奔跑，而且这些东西全是从地狱里杀出来的，谁碰到他们谁就进地狱。

这些谣言里，他们都长得很凶恶，甚至还有些史学家把他们描写成喝人血的人。

你想想，天天面对这样的谣言，不觉得恐慌还是人吗？

不但民众恐惧，那些头面人物同样怕得要命。

神圣罗马帝国皇帝腓特烈二世怕得逃到意大利的西西里岛上，看看四面都是海水、蒙古骑兵难以杀过来之后，才大声号召大家要团结起来，共同抵抗残暴的敌人。

法国高层也全吓得要命。

当时法国的皇帝就是路易九世。

他的老妈一天到晚老是大叫：“路易，你现在在哪里啊。我的儿子！”

路易九世急忙问：“老妈啊，你有什么吩咐？不用这么大声叫喊。”

老太后一点不顾形象了，当场泪奔泪流，说：“路易，我亲爱的儿子啊，现在蒙古人都杀过来了，我们该怎么办哪？难道，难道，我就在这里等他们的屠杀？”

路易九世还能有什么办法？那么多国王都没有办法，当然不能指望他还有什么办法。他只得说：“老妈，上帝会保佑我们的。不管是他们杀到这里来，把我们统统屠杀，还是我们最后把他们杀了。我们的结果都是进天堂！所以，等他们来了，就跟他们拼一拼。”

这话听起来还有点胆气，但仔细一看，全是凶多吉少的话。

国王们怕得要命，平时老是给人们精神力量的教皇列高利九世也吓得浑身发抖。

他听多了谣言，也觉得还待在教廷那里，上帝也保不住他，就从罗马跑到法国的里昂。这里好像离蒙古兵更远一点。蒙古人要是真打进来，他还有个逃跑的时间。

哪知，传说中的蒙古兵突然全部撤回去，撤得似乎没有预兆没有理由。

其实没有预兆是真的，但没有理由是假的。

这个理由就是窝阔台死了，蒙古内部的争权夺利的时间到了。所以必须回去争权，能争多少算多少。

欧洲人并不知道他们突然离开的原因，虽然个个都觉得奇怪，但并没有让这一口气松下来，而是都认为他们退出之后，一定还会杀回来，所以必须想个办法，让他们别再来了。当然所有的人都知道，只有把他们彻底打败了，他们才不再来。但他们敢这么做吗？他们想都不敢想。

于是，只好用和平的方式了。

他们想了又想，便决定由新任教皇英诺森四世给蒙古皇帝写一封信，劝他不要再侵略欧洲了，否则上帝是不会饶恕他们的。

教皇的话说得很堂皇，好像上帝很听他的话一样。可是信写完了，谁也不愿去送。蒙古帝国里虽然有很多基督教徒，他们会很怕上帝，可是蒙古的皇帝却不信基督，上帝的威严对他无效啊。他要是生起气来，大刀砍下来，上帝能帮他们挡住这一刀吗？

最后，加宾尼说：“既然你们谁都不愿去，那我就去一趟吧，虽然我六十五岁了。”

大家热烈鼓掌欢送。

于是，加宾尼带着送信团踏上了万里的送信之路。

这个送信团只有两个人，一个是团长加宾尼本人，另一个叫劳伦斯。

其实，他也怕。他后来才说：“我们都很怕。第一是怕蒙古人把我们杀了；第二是怕半路上被饿死了；第三是怕半途碰到其他情况，直接把我们搞死了。”因为路途太远，他年纪也太大了。当时，人均寿命不是很高，这样的年纪其实就是在家等死的年纪了，可他还要去完成这样困难而艰巨的任务。他不怕才怪。

但他还是要去。

加宾尼和劳伦斯于1245年4月16日，揣着教皇的两封信出发。他们从法国出发，经过德国，再穿过波兰。这个路程，他们走了近一年。

1246年2月3日，他们终于来到基辅。

这已经是蒙古帝国钦察汗国的地皮，也就是拔都的势力范围。

当他们知道自己就要一脚踏进蒙古帝国的地界时，他们都很害怕，他们不知道迎接他们的是大刀还是什么。

他们很幸运。当他们碰到蒙古的哨兵时，这个哨兵虽然“以一种可怕的样子向他们冲来”，但没有拔出大刀，而是跟他们进行了对话，然后听了他们的解释之后，便把他们带到自己的长官那里。于是，这两个送信人被辗转送到了拔都的帐下。

他们一直走了两个月，才到拔都那里。

当他们准备见拔都时，他们突然看到蒙古人烧了两堆大火，然后把他们朝那两堆大火推过去。他们都不知道蒙古人要干什么，难道要把他们扔进大火里？

蒙古人见他们很害怕，就说：“你们要从两堆大火之间走过去。这火是驱邪用的。”

为什么？

很简单啊。如果你们身上带有邪气，或者带有毒药之类的，这火能够把这些有害的东西全部消除。

加宾尼一听，原来是过安检关，就说:“那好，反正我们除了带信之外，没有别的危险品，过就过了。”

两人按蒙古人的话从两堆火中间走了过去。

过了火之后，蒙古兵又过来，说得给点礼物，拔都大人才见他们。拔都大人有要礼品的爱好。两人出来时，教皇只给他们两封信，并没有什么礼物。现在人家要礼物，他们没有办法，只得拿出身上带的一些日用品送过去。

拔都也不嫌弃，直接笑纳，这才宣布接见他们。

拔都在他的大帐里接见了他们。

两个送信人发现拔都对所有的人态度很和蔼可亲，可所有的人都怕他。

拔都一看，原来是送信的老头。他自己不想处理这件事，就对他们说，我不是帝国的老大，你们这封信是送给我们大汗的。他住在和林那，你们继续赶路吧。

两个人没有办法，只得跟着拔都给他们配备的护送人员，继续走。而且他们听说贵由大汗正在做登基的准备工作，最好能赶在他的登基大典送到，那才有历史意义。他们只得拼命狂奔，每天要换五六匹马，很多天，他们只吃一顿饭。

这么没日没夜地赶，他们于1246年7月22日，终于来到了和林附近。

这是贵由的营地，他就在这里举行登基大典。

贵由虽然是全世界最大的可汗，可以看不起任何人，但仍然很要面子，听说欧洲地区的教皇都派人过来祝贺他登基，立刻好好地接待了一下，赐给他们一顶帐幕和很多食物。

加宾尼拿他们的待遇跟其他祝贺团一比，他们的待遇明显高出一个档次，觉得完成这个任务应该会很顺利的。

经过了一年多的奔波和每时每刻的恐惧，这个老人家终于有点放心了。

这时，贵由正忙着筹备登基大典，上上下下都忙得要命，没工夫跟加宾尼他们举行双边会谈。

不过，贵由在生活上对他们还是很优待的，很尊重他们的生活习惯。他们不习惯喝马奶，就让他们喝蜂蜜。

当时，前来祝贺的外国使团很多，共有四千多个使者。这个规模，不管放在哪个历史阶段，恐怕也都是最大的。

登基大典于1246年8月24日举行。

这时蒙古帝国受中原文化的影响已经很大，耶律楚材早就为窝阔台制定了一套登基仪式，现在贵由当然全盘照抄。其中一个最大的动作就是全体使者和大臣给新皇帝跪拜！

加宾尼是欧洲人，从没见过这样的场面，也不理解为什么人要跪拜，就说他们没有下跪的习惯，而且他们是欧洲人，不是大汗的臣民，所以不用下跪。

贵由居然也答应。好，你们可以不跪，但其他人都下跪。

于是，几千人一齐下跪的时候，只有两个欧洲人直挺挺地站着，在那里左顾右盼，好像在找什么人。

接着就是大碗喝酒大块吃肉。而且除了大官之外，很多人的肉是没有盐的。但每个人都吃得满嘴油光，吃得很过瘾，也没有别的餐具，全部用手抓着放进嘴里。

而且连着大吃大喝了很多天，好像他们来到这个世界上的任务就是这样猛吃猛喝。

最后，所有的人都吃得有点累了，贵由这才宣布结束。

于是，他开始接见这些外国代表团。

贵由没有亲自跟他们对话，接了他们的信后，于当年的十一月十一日，交给加宾尼一封信。这封信写得比教皇更牛更简洁：

在皇帝举行大会时，你提交的请求书，已从你的使者那里收到了。

如果你的使者返回你那里汇报，那么你，教皇，和所有的君主们一道，应该立刻亲自过来为我们效力。那时，我会详细告诉你一切规矩。

你又说，你曾向上天祈求和祷告，希望我接受洗礼，我不懂你的这个祷告。你还对我说了其他的话："你夺取了匈牙利人和基督徒的一切土地，使我十分惊讶。告诉我们，他们的过错是什么。"我也不懂你的这些话。永恒上天杀死并消灭了这些地方的人，是因为他们既不服从成吉思汗，也不服从窝阔台可汗，又不遵守长生天命令（成吉思汗和可汗都是奉派来传布永恒上天的命令的）。他们像你所说的话一样粗鲁无耻、傲慢自大。他们杀死了我们的使者。任何人，怎能违反永恒上天的命令，依照他自己的力量抓人或杀人呢？

虽然你又说，我应该成为一个虔诚的基督教徒，崇拜上天，并成为一个苦行修道者，但是你怎么知道永恒的上天要拯救谁、对谁真正表现出慈悲呢？你怎么知道你们的这些话是得到永恒上天批准的？从日出的地方，到日落的地方，一切土地都已被我征服了，谁能违反永恒上天的命令完成这样的事业？

现在你应该真心诚意地说："我愿意投降并为你效力。"你个人位居一切君主之上，应立即过来为我们效力并给我们进贡。那时你才会得救。

如果你不遵守永恒上天的命令，不理睬我的命令，我就把你当作敌人。同样，我会让你明白这话的意思。你不按照我的命令做，其后果只有永恒上天才知道了。

加宾尼跑了一年多，最后就得到这几句话。他只得拿着信回去向教皇复命。

贵由之死

贵由对教皇的驳斥气贯长虹、畅快淋漓，把世界皇帝的气场展现得很到位。但他对教皇并不十分愤怒，只是在书面上体现了一把天大的霸气。他也不把教皇当一回事，但他对拔都的感情就不一样了。

他还没有即位就已经把拔都当成内部最大的敌人。要知道，现在他们最大的敌人不是外部的敌人，而是内部的敌人。世界上没有一个外部势力可以把他们打败，但内部就不好说了。就像他的侄子，轻而易举就被他老妈搞定，几句话就让你当不成大汗，成为一个终生郁闷的人。

贵由的身体虽然不怎么样，常被痛风折磨得大喊大叫，但他的脑袋并不差，加宾尼对他的印象就是“十分聪明”，因此他也知道他的汗位有点来路不正，诸王对他是很有意见的。而拔都又是诸王中的带头大哥。按照擒贼擒王的道理，只要把拔都搞定，其他人就会心服口服。所以，他即位后最急于做的不是伐宋——宋朝现在有几个牛人，防守做得很好，一时难以打得下，而且即使打下宋朝，那也是拖雷汗国的属地，对他没有多大的好处，而且拖雷系又是拔都的盟友。

贵由一想到拔都就生气，一生气就想去打。他也许也想过打拔都的严重后果。

一来拔都目前的势力大得要命，个人事业如日中天，教皇之所以派人前来举行双边会谈，就是拔都猛打的结果。现在以贵由的势力能否打得过拔都？况且，拖雷系的蒙哥跟拔都关系很铁，蒙哥和他的弟弟忽必烈，也是响当当的角色，生猛得要命。而自己阵营中是什么形势？首先，因为抢这个皇位，他跟侄子已经全面翻脸，忽里勒台大会，很多人原来是要投反对票的。后来虽然嘴上同意了，但不表示他们心里不破口大骂。最亲密的盟友察合台系，虽然还跟自己保持传统友谊，可那边也为这个汗位矛盾重重，就差没有爆发。二来，双方真的打起来，不但又会酿成全世界一场更大的灾难，对蒙古帝国的打击也将是空前的。

贵由不会去想那么多，他只想去跟拔都打一场。

于是，他出发了。

当然，他还是讲究策略的，而且这个策略启动得很早。他即位后的第二年，就任命野里知吉为征西军的头号指挥官，说是要统一协调驻汉斯的军队，并负责经略鲁迷一带。

这是文件上写明的任务，其实他还带着贵由的另一个任务，就是找机会顺便清除拔都留在那一带的部下，让拔都的势力缩水。

你想想，他的这个动作，能瞒得过拔都吗？

拔都一看，便知道自己迟早要跟贵由大干一场了。

贵由看到野里知吉工作开展得很顺利，拔都一点反应都没有，觉得自己的策略成功了。于是，在第二年决定亲征，带着大军浩浩荡荡向西开去。

当然，他没有把这次行动叫西征，而是另起了个名称“西巡”。

不管西征还是西巡，只要带着这么多军队前去，拔都就会想到是去打他的。

贵由其实更想的是突然袭击。

可是他只把眼睛盯着拔都，却没有注意到另一双眼睛无时无刻不紧盯着他。

这对眼睛的主人叫唆鲁禾帖尼，是拖雷的大老婆。

她原来是王罕弟弟札合敢不的女儿。克烈部被灭之后，铁木真让她嫁给拖雷。

拖雷喝完神水死去之后，她成为拖雷系的实际领导人。

窝阔台把她叫来，对她说：“你还年轻，就嫁给贵由吧。”

窝阔台为什么这么做？因为窝阔台知道她很有水平，比自己那些老婆都有水平多了，想把她分配到自己的阵营中来，瓦解拖雷系。

她坚决反对，理由是，儿子们还小，需要她照顾。

窝阔台也没有办法，但他不想让拖雷系还这么强大，既然这个阴谋不成功，就下令把原来属于拖雷的三千户划分到阔端的名下。阔端是窝阔台的儿子。

拖雷系的那些部下都表示坚决不服，纷纷去找唆鲁禾帖尼，让她去找窝阔台讨还公道。

唆鲁禾帖尼当然也很恼火，她不相信老公是被神仙带走的，而是被窝阔台的阴谋害死的。因为拖雷临死的时候，曾留下了遗言：“我醉了，等我醒过来时，请合汗兄长好好照顾孤单年幼的侄儿们、寡居的弟媳吧！我还说什么呢？我醉了。”

她一听到这话，就知道拖雷是话中有话。后来，她也试过窝阔台一次。她向窝阔台提出某个要求，窝阔台不同意，她就哭闹着说：“我心爱的老公为谁做了牺牲，他是如何死的？”窝阔台一听，立刻就准奏了。

她就更加坚信了老公死于阴谋的猜想。她知道，既然窝阔台敢于下手，自己要是敢做出什么举动来，窝阔台同样可以把她们全家搞定。于是，她决定忍，继续装作不明真相的人。

所以，她对那些愤怒的部下说：“你们说的都有道理。不过，我们家现在的财富也不少了，没必要给合汗添这些麻烦。他现在是合汗，他有下任何命令的权力。他的命令就是真理。”

她爽快地跟阔端完成了交割手续，让阔端对她很有好感。最后，她把这个好感继续扩大，居然使阔端投入拖雷的阵营。从这方面来说，窝阔台办了一件自残的事——本来想压缩一下拖雷系的势力，最后却把自己的一个儿子推到对方的阵营里。

这当然不是因为窝阔台太笨，而是唆鲁禾帖尼的能力太出色了。

你想想，连窝阔台的儿子都能让她争取过来，拉拢其他大臣还在话下吗？而且她治理下的势力范围也很稳定。当时，由于脱列哥那把朝政搞得很乱，各地宗王就趁机扩大权力，甚至抢着享受皇帝的待遇，到处乱发牌符，强征强抢，搞得乌烟瘴气。但她严格要求拖雷二代照章办事，谁犯法就严惩谁，所以治下的老百姓很拥护她。

她每天都低调地过着，对窝阔台的话从没有过不适的反应，把一切都做得风平浪静。于是谁都对她有好感。

这些好感时间一久，就积累成巨大的政治资本。于是，拖雷系在不动声色中发展壮大。

她一面夹着尾巴做人，一面冷眼观察着形势。她始终相信，只要她做好准备，机会还是有的。

现在贵由带兵出征，她知道机会来了。

当然，她仍然不能跳到前台。

她不跳出来，自然会有人跳出来。

这个人就是拔都。

她在第一时间派人去告诉拔都，贵由汗要西巡了。

这几个字，信息量就已经够大够多了。

接下来，她要做的就是等。她有的是耐心。从拖雷死的那天起，她就一直等，等到窝阔台死去，等到脱列哥那被贵由挤出权力中心，现在她又等到贵由去跟拔都打。前几个事件，她知道，虽然有机会，但那些机会跟她无关，所以她一动不动当观众。

现在她仍然当观众，但她已经做好了进场的准备。

当时，大家对她的关注度很低，谁也没有料到她会在这个时候暗中出手。

贵由更是牛哄哄地出征。他只把目光盯着拔都，却没有想到他才一出征，就已经陷于被动，一旦开打，他就会受到拔都和蒙哥的内外夹攻。

当然，他还没有受到拔都和蒙哥的夹攻就先死掉了。

关于贵由的死，说法很多。

有的说他一到横相乙儿（今新疆青河东南）就重病而死。

但更多的人则认为他是被拔都搞死的。

有个后来出使过蒙古帝国的传教士鲁不鲁乞记录了一则传闻：“关于贵由之死，我未能获悉任何明确的说法。安德鲁修士说他是由于服用了给予他的某些药而死去的，一般都怀疑是拔都干的。但是，我听到的却是另一个故事：贵由曾经召拔都前来朝见，以对他表示臣服，拔都当即举行了盛大的仪式，启程出发。然而，拔都和他的部下非常害怕，因此派他的一个名叫思梯坎的兄弟先行。当思梯坎到达贵由那里，并且正要向他献盏时，发生了争吵，他们两人互相把对方杀死了。”

不管怎么样，贵由就在这个时候死了，而且死的都与拔都有关，又死在历史最为关键的时间节点，留给人们想象的空间也太大了。

贵由之死，使蒙古帝国一场空前的血战瞬间消失。如果这场大战如期开展，那将又是一场世界级的灾难。这个历史片段将十分精彩。当然这个精彩的代价是十分惨重的。

贵由一死，最有戏剧性的情节出现了。

蒙哥即位

别人都还目瞪口呆时，唆鲁禾帖尼和拔都就率先派出代表，对贵由大汗的突然逝世表示深切的哀悼，同时对贵由大汗的亲属表示亲切的问候。

任何人看到这个情节，都会去发挥一下想象力，都会觉得这两家是在作秀。这个作秀就增加了他们害死贵由的嫌疑。

贵由之死，虽然化解了一场大规模的血战，算是挽救了蒙古帝国，但蒙古帝国内部的争斗并没有结束。

战场上的决斗已经成功地避免，但权力争斗却刚刚开始。

拔都此前从不参与中央举办的活动，即使忽里勒台这样的大会，他都会生病，而且已经连续病了几次。但这一次，他终于没有病了。

他大步走上了历史舞台，以宗长的身份向大家发出邀请，要求大家都来开会，选举下一任的合汗。

开会的地点在阿剌脱忽剌兀。

这是拔都大军驻扎的地方。

窝阔台系和察合台系的那些宗王一看就不爽了，便都向拔都学习，一个都不来参加大会。他们做得更露骨，把通知单丢到一边，然后不去。

贵由的皇后海迷失只派大臣八剌作为代表去参加。一看海迷失的这个动作，就知道她一点水平没有。这样的大会，要么就派出最强组合去参加，争取夺取冠军，要么就不去参加。现在派一个大臣过去有什么用？这样的大会，只有宗王才有表决权，一个大臣基本是说不上话的。但他又是你派出的代表，这样的代表所产生的作用就是代表你去弃权。当然，还有贵由的儿子们，因为事先就跟着贵由出征，没有办法不参加了，但他们手里没有多少发言权。

唆鲁禾帖尼派蒙哥带着几个弟弟前去参加。

拔都一清点人数，应到会的除了察合台系没人到场之外，窝阔台系也有代表来了，心里很高兴。现在的决定权基本在他手里，他发出的话就是上天的话。

唆鲁禾帖尼却天天跟大家拉关系，不断地请客送礼。

恩威两块板子打下来，谁还抵挡得住？

于是，大会还没有召开，大家的思想都基本统一了。

拔都在开会时说，咱们蒙古帝国经过多年的打拼，现在是史无前例地家大业大。这样的事业就必须由一位能力突出、德才兼备的人来当最高领导人，领导我们把事业做得更强更大。否则，再这样乱下去，我们的事业就会失败，蒙古帝国就会衰落。

大家一听，当然不敢提出反对意见，都说："你现在是老大，你说了算。"

最后，大家还形成书面决议：坚决服从拔都的命令，他让谁当合汗谁就是合汗。

头天会议就这样结束，大家去大吃大喝。

第二天，会议继续。

拔都先罗列了当合汗的条件。比如，精通成吉思汗制定的法律、精于骑射、指挥过重大战役并取得胜利、黄金家族最纯正的血统等一大堆。

大家一听，在场的似乎除拔都完全符合条件外，别人基本不用想。

但拔都说，我不当合汗。

于是就把蒙哥隆重推出。

他当然只能推荐蒙哥。首先他是窝阔台系最坚定的反对党，与察合台系更是传统敌对关系。因此，他绝对不能让汗位落入这两个集团的手中。现在由他来发话，他就不好意思直接说自己来当了。于是，他唯有推举蒙哥出来。其次，他现在的钦察汗国是全世界地盘最大的，在那里当老大已经足够了，何必来抢这个没有多大实权的大汗？现在自己极力推举蒙哥，拖雷系就会成为自己的铁杆，以后还怕另外那两个集团吗？所以，对拔都而言，让蒙哥当大汗是他最佳的选择，没有之一。

这绝对不是风格，而是权谋！

拔都在大会上，把蒙哥包装了大半天，然后说：“只有蒙哥才有这样的条件和资格当合汗，他会带领我们从胜利走向胜利。现在我决定把帝国的权力交给他。反对的请举手。”

谁都不想提前死，所以没人举手。

当然，还有一个人举了手。

因为他是蒙哥。他假装谦虚地推托，大家又都假装或不假装地坚决不同意，要求他一定要少数服从多数。于是，一个人推托，一帮人不同意，居然又闹了几天。

最后，他的弟弟木哥大声说：“这是大会的决议，既然大家事先都已经签署了协议，每个人都必须坚决听从拔都老大的决定，现在你有什么资格不服从拔都老大的话？你再推托下去，国家要是因此发生什么事故，你必须承担全部责任。”

拔都说：“对，你说得太对了。”

于是，蒙哥只得假装出一副有点痛苦的表情，说：“为了不成为历史的罪人，那我就只好勉为其难了。”

其实，熟悉蒙古帝国传统的人都知道，即使这次大家都强烈要求蒙哥当大汗，蒙哥也不能称汗。这次大会只是提名大会，还需要开个忽里勒台大会来正式确认。

而在确认之前，他的身份就是唯一候选人，手中还没有一点权力。

按照惯例，仍然是贵由的老婆海迷失当过渡政府的老大，等到忽里勒台大会之后，蒙哥才能正式登基。

大会一致决定，一年之后，召开忽里勒台大会。

作为贵由的老婆，以及窝阔台系和察合台系的宗王们，集体缺席了这个提名大会，意味着他们坚决抵制这个大会的成果，不承认蒙哥的提名。

于是，斗争继续。

海迷失和她的集团迅速找到一个办法来对付拔都和蒙哥。

你还记得那个失烈门吧？他是窝阔台的孙子、阔出的儿子，当年窝阔台曾让他当过继承人，可是后来被脱列哥那废了。

现在窝阔台系为了对付拔都，便又把失烈门找来，这可是当年窝阔台大汗钦定的接班人啊。海迷失集团派人四处传达他们的决定，说失烈门才是合法的大汗，坚决不承认蒙哥的地位，而且还专门派人去通知拔都，这个决定是非法的，他们不认可。拔都虽然是宗长，可他的话比得上窝阔台的话有分量吗？

窝阔台的话当然很有分量，但他已经死了。

拔都和蒙哥当然不会罢休。拔都态度很坚决，他同样找到一个故事来进行驳斥：蒙哥还在很小的时候，窝阔台大汗就很喜欢他，让皇后抚养过他，算起来也是窝阔台大汗的儿子了。窝阔台大汗经常把他抱起来，说这个孩子可以成为天下之主。这难道不是说让蒙哥当大汗的话吗？况且，废掉失烈门可不是拔都干的，而是你们干的。窝阔台大汗的遗命，我们从来不敢违抗，但你们却违抗得脸不变色心不跳。现在你们居然还有脸拿窝阔台大汗的遗命来说事？现在大会已经决定，谁都无权更改，应该马上召开忽里勒台大会。

大家争来争去，本来该到忽里勒台大会召开的时间了，但却在窝阔台系和术赤系的抵制之下，无法召开。

一直拖了两年。海迷失在这两年内，花费所有精力去跟拔都他们论战，根本没有力气去管别的事情。宗王们又各行其是，不把她的话当话。更使她郁闷的是，连她的两个儿子忽察、脑忽也乘机开府办公当老大，在政治上不跟她保持一致。最后，天气也来跟她作对，连续艳阳高照几个月，到处是旱情严重的报告，她根本没有解决的办法。

这样一来，她的口碑就直线下跌。

拔都和蒙哥则天天催着开忽里勒台大会。

术赤系和窝阔台系的人还在拖，还在装病。其他人则在观望，准备看形势站队。

蒙哥和他的老妈不断展开政治攻势，对这些中间势力，先是好言劝说，没有效果之后，就威胁恐吓。

于是，那些中间派松动了，个个表示，一切行动听从蒙哥指挥，将以最快的速度去斡难河参加忽里勒台大会，手中那张票只填蒙哥的名字，不会另选他人。

这样，很多宗王都加入蒙哥的阵营，成为蒙哥的票仓。

海迷失一方也加紧活动，请自己的铁杆前来参加大会，力争票数比对方多。可是她的那两个儿子比谁来得都慢，海迷失气得想死的心都有了。可自己生出这样的儿子，她又有什么办法？

蒙哥的忍耐已经到了极限。再这样拖下去，只怕拖到他死的那一天，他都当不了这个现任大汗。他叫来萨满，让萨满把日子定了，说是上天定的日子，谁不来谁就是违反天意。

如此一来，大家才勉强陆陆续续来到大会现场。

拔都知道，如果此时手段不够强硬，只怕仍然会出现意外。

他没有去现场主持大会，叫他的弟弟别儿哥代他操办。

别儿哥派人向他请示，要是反对的人多了怎么办？

拔都说："此事只能成功，不能失败，你一定要让蒙哥当上大汗，谁反对，要毫不犹豫地砍掉他的脑袋。"

于是，在帐外几千士兵的站岗之下，大会一致同意蒙哥任蒙古帝国第四任大汗。

蒙古帝国进入蒙哥时代，同时最高权力也从窝阔台系转移到拖雷系手中。

跟所有的皇帝一样，蒙哥当上大汗做的第一件事就是巩固自己的权力、清除异己分子。他这个汗位来得很不容易，可以说是反复争夺的结果，反对党的力量很强大。

清除异己的行动需要足够的理由。哪怕这个理由很牵强，也得有。否则，就会发生乱子，而且这样的乱子往往会致命。

由于这些反对党既多又顽强，而且智商又比较低，所以要找起来还是不难的。

只要你想找，总可以找得到。

蒙哥很快就找到了这个可以大开杀戒的理由。

话说忽里勒台大会结束之后，按照传统，与会人员都放开肚皮大吃大喝几天。就在这场大吃大喝的活动中，有一个叫克薛来的人丢了一头骆驼。这可是他家里最重要的资产。他立刻到处寻找，他骑着马从近到远，一直找了三天三夜。

这天他看到那里有一群人。他并不知道那是失烈门和脑忽的军营。

他直接进去，问人家看到这样一只骆驼吗？那可是他的骆驼。

没有人回答他。他就在里面乱转。他没有看到他的骆驼，但他看到很多车辆，车上装满了食物。他们告诉他这是拿来朝贡的，主要是祝贺蒙哥就任大汗。

他一听，一点兴趣也没有。蒙哥当大汗虽然被大家极力渲染，但他觉得离他很遥远，现在他只想找到他的骆驼。他逢人就问，但没有人看到过。

他找得差点儿哭了起来，想哭的克薛杰来到一辆破车前。他看到破车那里没有骆驼，只有一个小伙子，所以他准备远远绕开。

小伙子全身被汗水湿透，看到他过来又走，就急忙叫他来帮忙。小伙子以为他也是这里的人。

原来小伙子正在修这辆破车，修了很长时间都没有修好，好不容易看到一个人过来，就请他帮忙。

他没有办法，只得骑马过去帮忙。他心里很恼火，找了三四天，连骆驼的毛都看不见，却被叫到这里来当义务修车工。

他在修车的过程中突然发现，车上装的全是兵器。他就问小伙子，你这车上全是兵器啊？

小伙子笑着说:“这有什么奇怪。所有的车上装的都是这些东西啊。”

克薛杰一听，突然有种不一般的感觉。这个寻找骆驼的骑士的政治敏感度还是很高的。他没有再问，跟着小伙子很快就修好了车。他不断地跟这些人套近乎，这些人虽然都是现役军人，可当时的军人并不像现在个个穿着军装，在军营里军容整齐地行动，而是跟其他人的装束没有什么差别。他们原来就是半牧半兵的，不打仗时，大家都在草原上放牧，一旦去打仗，他们直接骑马就跑，碰到敌人就砍。所以，谁也不怀疑克薛杰是混进来的异己分子。

克薛杰终于把这些秘密探听得很清楚，然后他断定这伙人是在做军事政变的准备工作。

他立刻放弃寻找骆驼，急奔首都，跑到蒙哥的大帐里，把情况向蒙哥进行了汇报。

蒙哥听到这个报告后，心里高兴的程度可想而知，但他并没有把笑容露到脸面上，只是不紧不慢地说，“不会吧？现在国泰民安，哪会有这样的事发生？我不信。你可能找骆驼找得眼花了。”

克薛杰说，“我没有眼花也没有看错。我看到的就是大量的兵器，全部被装到车上了。”

在场所有的人都清楚这次忽里勒台大会的背景，听了克薛杰的话，就知道这事的真实性是不容置疑的，因此都劝大汗赶快行动，在敌人行动之前先发制人，把这个反对势力彻底消灭。

蒙哥仍然摇头表示不相信。

大家一看，人家都杀过来了，大汗还在这里相信兄弟之情？

大家都纷纷要求对这事一定要彻查，宁可信其有不可信其无。

蒙哥最后说：“既然大家都这么说，那就查一下吧。再说，要是没有什么事，也算是给兄弟洗白一下。”

蒙哥立马让忙哥撒儿负责去调查。

大家一看，对大汗彻底表示服了。原来这个忙哥撒儿是拖雷的家臣，先前跟拖雷到处打仗，立过很多功劳。拖雷死后，继续在拖雷阵营里效力，又跟蒙哥西征，打得很猛。他对蒙哥忠心得要命，蒙哥多次重赏他，他都推辞掉。而且他在执法时，特别严厉，严厉到什么地步？就是唆鲁禾帖尼和其他后宫的美女犯了错误，他同样毫不客气地提出批评。他是拖雷家族最放心的下属，连唆鲁禾帖尼都让他到自己的领地当过达鲁花赤，也就是首席主官。

现在让他出来调查，失烈门和脑忽他们还有什么希望？

原来大汗早就作了准备，难怪那么不慌不忙。

忙哥撒儿带着一百多名骑兵直奔指定地点，进入失烈门和脑忽的军营，直接宣布："现在首都到处有你们要搞事的谣言在流传，而且已经传到了大汗的耳朵里。大汗认为那是谣言，所以请你们过去澄清一下。"

失烈门和脑忽一听，这个谣言怎么传得这么快啊，我们都还没有准备好啊。大部队还在很远的地方，短期内赶不过来啊。于是，只得跟着忙哥撒儿离开军营。

这几个家伙实在太嫩了。他们仍然以为自己干得很秘密，完全可以瞒住蒙哥。可当他们随忙哥撒儿快到首都地界时，就看到忙哥撒儿的脸色突然间冷峻下来。只听他一声喝令，一帮人立刻被解下武装，并分开拘留。他们这才知道，他们真的太傻太天真了。

蒙哥当然不会放过他们。他任命忙哥撒儿为大札鲁花赤，负责对失烈门他们进行审问。

失烈门和脑忽他们刚开始时，仍然死不承认，说是来进贡的，是来朝贺的，绝对没有别的目的。可是审了几次之后，他们就前言不对后语，越说越矛盾。

忙哥撒儿很快就抓到了破绽，这几个人这才知道，在这个老江湖面前，自己水平实在太差了，于是只得来个供认不讳。接下来就是中央采取断然措施，彻底粉碎了以海迷失、失烈门为首的武装暴动。

忙哥撒儿公布暴动核心分子的名单，第一批七十七人，还有一批骨干分子正在被抓的路上。主犯就是也孙脱、不里（察合台之孙）以及先后被拘捕的定宗皇后海迷失及其大臣合答、田镇海、八剌、畏兀儿亦都护等人。

对这些主犯的处理结果是：失烈门等诸王被流放到南方，没几天也被杀了；海迷失是整个暴动的策划人，是最大的野心家，所以被扔到河里淹死。名单上的其他人也都全部被砍。

最后，在忙哥撒儿的努力下，继续肃清海迷失集团，跟他们有瓜葛的，基本当作海迷失、失烈门的同伙，全部处死，共杀了三百多人。

这是蒙古帝国立国以来，规模最大的一场权斗，直接导致了蒙古帝国的分裂。

拔都全力把蒙哥推上大汗之位，蒙哥则许可拔都在钦察汗国高度自治。这个自治高度到什么地步？高度到中央完全不管，可以“自帝一方”的地步。

当然，还有察合台汗国和窝阔台汗国，虽然没有取得高度自治的权利，但基本都不听中央的号令了，独立的倾向越来越明显。

蒙哥政变好像是由贵由要西征拔都引起的，其实根源在铁木真时代就埋下了。

铁木真一世英雄，但面对自己家里的事，拿不出一套很好的方案来解决。最后，弄得两大洲的人民被他的家族杀得人头满地，而他的子孙也是自相残杀。

当初为了汗位的继承权，术赤与察合台就敢在老爸的面前动粗，最后是窝阔台受益；而后贵由要跟拔都血战，结果是蒙哥得利。

第四章
旭烈兀征西

前奏

蒙哥绝对是一个有远大理想的老大。

他永远记得自己是铁木真的孙子，是拖雷的儿子。铁木真一辈子都在征服世界，这个事业还没有顺利完成，地球上还有那么多地方没有被蒙古帝国征服。

他既然是以铁木真传人自居，就必须继续推进这一进程。

他消灭了一大批内部的反对党，巩固了自己的汗位，之后宣布要继续征服世界。

他要求他的几个兄弟都挂帅出征。附近的国家他去打，远一点的兄弟们去打。

根据他的部署，忽必烈负责打南边，也就是以南宋为主的中原地区。另外一个弟弟旭烈兀向西边远征，目标是可以直达叙利亚和埃及。

旭烈兀进攻的第一个目标就是木乃奚。

木乃奚势力有着悠久的恐怖活动历史。当年拖雷西征时，曾把他们打得跪地求饶。因为拖雷要赶时间去跟铁木真会师，这才不得不放他们一马。

木乃奚当年被拖雷打败之后，给拖雷送了很多钱财，算是花钱买了平安，第二年他们的最高领导人还派儿子到蒙古大营，正式称臣。

当时铁木真的头脑并不复杂，看到这个著名的恐怖组织在自己的面前服软认输，也就收了钱，不再为难他们。

哪知，铁木真回草原之后，木乃奚就觉得自己的好日子又来了。他们很恨蒙古人但又无法派刺客跑千万里去刺杀蒙古帝国的高层，就拿蒙古商队出气。他们抢完了商队之后，就手起刀落，把人全部杀掉，丢在野外。

他们天天找蒙古商队杀来抢去，居然没有人理会。

他们的胆子也就越来越大了。杀商队杀得久了，他们觉得不过瘾了，最后干脆连蒙古的军队也袭击一下。

最让蒙哥愤怒的是，在拔都率主力西征欧洲的时候，这个恐怖组织居然乘虚夺取了由蒙古人控制的塔密干城，对蒙古帝国造成的威胁越来越大。

你想想，连世界上最强大的蒙古帝国他们都欺负，当地的政府和小民们，他们还放在眼里吗？大家吃尽了他们的苦头，纷纷到大主教那里反映情况。

大主教可吉维尼也没有办法，只得亲自跑到蒙古的首都和林求见蒙古大汗，请蒙哥大汗为广大人民群众做主，出兵把这个邪教组织灭掉。

蒙哥接见他时，发现他穿着锁子甲，就问为什么。

大教主说："现在木乃奚太嚣张了。他们无时无刻不在杀人放火。我们那里的人为了防范刺客，都是二十四小时穿着这样的衣服啊。本来，我也知道来求见大汗不该穿这样的衣服，我是怕大汗身边也暗藏着木乃奚派来的恐怖分子，所以才把它穿上，请大汗不要见怪。我实在是太怕了。而且，木乃奚也有过刺杀国王的前科啊。"

蒙哥一听，当然很气愤，表示一定要征服这帮家伙。

本来，蒙哥这话里还有点安慰大教主的意思，并没有马上要出兵。可是木乃奚那边知道大教主去向蒙古帝国报告后，立刻凶相毕露，决定一不做二不休，干脆把蒙古大汗也干掉算了。

木乃奚老大对刺杀蒙哥的事信心很足，因为他们是这个行当的老大，当年就靠这个技术把周边的国王吓得全身发抖，从不敢对他们说半个不字。

为了保证这次行动的万无一失，他们派出了四百人的刺客团，一齐向和林狂奔，务必把蒙哥那颗脑袋取回来。

他们以为他们做得很绝。

哪知，蒙哥的情报工作实在做得太好了。四百名刺客才一出动，他就接到报告：木乃奚已派出四百名刺客准备化装进入首都，任务是刺杀蒙哥大汗。

听到这样的报告，蒙哥要是不暴跳如雷他还是蒙哥吗？

他命令他的弟弟旭烈兀："这一次西征，首先要打的就是这个恐怖组织，一定要灭掉它。对于敢顽抗的人，你一定要像我们的爷爷那样，毫不留情地消灭，扭断他们的脖子，让他们的妻子儿女都成为你的奴仆。"

当然蒙哥也知道，要彻底完成这个任务，必须给旭烈兀最强悍的部队。

为此，他召开了一个军事会议，决定把原驻守在伊朗的部队以及在克什米尔和印度附近的军队全部归旭烈兀指挥。当然，光有这些军队还是不够的。他又下了个文件，要求从成吉思汗原来分给各位宗王的所有军队中，每十个人抽出两人，交由旭烈兀带过去西征。

于是，旭烈兀手里的部队就达到十万之众，而且还配备了一支火器部队。这支火器兵主要包括炮手、火焰放射手、弩手。

为了保证旭烈兀部队的兵强马壮，蒙哥还下了一条禁令：从首都到阿姆河流域，凡是旭烈兀部队经过的地方，所有的草地和牧场全部划为禁区，任何人都不能在禁区里放牧，违者斩。这些草场和牧场只有旭烈兀的部队可以使用。沿途百姓和官员都得做好迎接大军的准备工作，要扫清道路、架好桥梁、准备好船只，而且还要准备粮草，确保士兵们吃饱喝足。

各路人马到和林集结之后，蒙哥为他的弟弟举行了一次送别仪式，吩咐他，灭了木乃奚之后，要把他们的城堡全部毁灭，不留下任何痕迹。扫清这些黑恶势力后，就向伊拉克进军。当然，要是伊拉克人服软，愿意服从领导，就可以对他们友好下去。如果他们态度嚣张，不愿服从指挥，那就只好把他们当作死敌，全部消灭光。当然，也不应该全部杀戮，要努力建设被摧毁的地区，让它们繁荣起来。这样以后你的领地才会强大富裕。

蒙哥这次发表的讲话要比以往的蒙古大汗人性化多了。铁木真时代和窝阔台时代，每次出征基本都是大声叫喊斩尽杀绝。这一次蒙古终于表示，如果别人臣服了，就跟他们友好，而且还要注重战后的重建工作，要记住发展必须靠人，没有人是不能发展的。

这次出征，还是按照铁木真的老套路，你打下的地盘以后由你做主。所以，旭烈兀这次出发之后，所有人都知道，西部将又会出现一个旭烈汗国。

旭烈兀终于率着大军出发，向西！

他遵照蒙哥大汗的指示，派怯的不花为先锋，拉开了蒙古帝国的第三次西征。

旭烈兀这一次出征，虽然带着蒙哥的满腔怒火，但他们并没有像以往那样一路狂奔，而是保持着不快的行军速度。

他在 1253 年 10 月 19 日从和林出发，沿途很悠闲地走着，根本不像去打仗，直到 1255 年 9 月才到达撒马尔罕。

撒马尔罕看到大汗的弟弟带着大军来了，当然热情接待，好酒好肉全摆出来。而且宴会全摆在肥美无比的草原上，让旭烈兀很兴奋。

他下令大军停下行军的脚步，让大家猛吃猛喝，让马也吃得很肥很壮之后才出发。反正敌人还在那里等着，不怕没仗打。

他这一停就停了四十天。

本来他是打算在这四十天里吃吃喝喝，玩得高高兴兴之后才冲上前线。哪知，还是发生了件不幸的事。

他出发的时候，蒙哥让他们最小的弟弟雪别台跟过来，上战场去建功立业。哪知，才到这个地方，连敌人的影子还没有看到，雪别台就突然死掉了。

小弟弟虽然死了，但仗还得打。

这时，伊朗各地的头面人物知道旭烈兀带着大军浩浩荡荡前来后，都跑过来跟他见面，表示从此以后永远听他的话。

看到这么多的人在自己的面前说这些养耳的话，旭烈兀一高兴，就又停留了一个月。

当然，他马上向这些伊朗高层发布命令：请尽快带领你们的军队前来跟我会师。如果按此命令办，你们的领地仍归你们。否则，等我消灭邪教组织后，就会来收拾你们。这个后果有多严重，你们都懂。

伊朗那些头面人物一听，这才知道蒙古人真不好蒙。他们把家里最值钱的东西都献给他了，仍然要他们出兵跟他去打仗，这也太霸道了吧。

不霸道，他们还是蒙古帝国吗？

没办法，只得按照指示办。于是，各路诸侯的军队都从四面八方赶来，使得旭烈兀的队伍更加浩浩荡荡了。

旭烈兀一路走来，走走停停，吃喝玩乐，但他还是没有忘记他的职责，没有忘记蒙哥的教导。当大军准备渡河时，他把沿河一带的船只全部征召过来，然后下令当地的船工以及其他居民，都来帮他架桥。他看到这些劳动群众干活很拼，一时高兴起来，当场赏了他们很多钱，同时宣布免除他们的船税。最后觉得光免除船税还不够，直接废除了船税这个税种。

这些地区的人到这时，终于看到蒙古帝国人性的一面，原来他们也是人啊。

大军渡过阿姆河，继续前进。

到了宿营地后，旭烈兀看到周边环境很好，不但有草原，还有森林。大风一吹，树摇草低。天空上，雄鹰飞翔，越看越觉得是个打猎的最佳时间和地点。于是，他带着几个骑士跨着大马向林中狂奔过去。

他们以为，这么保护完好的原始森林，只要冲进去，横冲直撞一番，肯定会有打不完的猎物。

大家跃马扬鞭，大喊大叫，狂冲过去，个个兴奋得像刚打了过量的鸡血一样。

林间的动物到处乱跑。

大家越来越兴奋。

动物们乱跑，哪知，战马也突然乱了起来，直往后退。

正在奇怪中，数声惊天动地的吼叫传来，旭烈兀他们一看，林中突然跃出一群老虎，直向他们迎来，难怪战马都倒退。

旭烈兀下令先回军营，叫士兵们去找发情的骆驼来。大家一下就找了几十头发情的骆驼。他叫大家都骑上这些骆驼，然后向虎群冲过去。

骆驼一发情，比母猪更疯狂，它们什么都不管不顾，看到老虎也猛冲过去。骆驼们看上去十分彪悍，数十头一齐冲锋，场面确实骇人。老虎们居然被这阵势吓晕，都掉头逃跑。

旭烈兀靠着发情骆驼的疯狂，居然抓捕到十头老虎。

大家一看，老大居然用骆驼就能抓到十头老虎，这简直是人间奇迹。当时阿拉伯地区有这么一句谚语："谁一举擒获八只狮子，凡人就不在他的话下。"

现在旭烈兀一下就抓到十只凶狠的老虎，凡人还在他的话下吗？

看来这次他会打得比以前更顺利，取得的战绩会更巨大。

大家都很高兴，旭烈兀更高兴。

哪知，草原上突然下起了多年不遇的暴风雪，而且一口气下了七天七夜。草原上一片雪白，天气骤然变冷。

在这样的严寒下，战马死了无数。

蒙古兵打仗靠的就是战马，战马是蒙古大军打胜仗的根本保证。现在下这么大的雪，战马死了这么多，旭烈兀当然很郁闷，而且四面八方都是大雪覆盖，他只得下令停止行军，等雪停了再走。

在雪地中扎营，除了受冻之外，谁也没有事干，数十万人一起无聊起来，实在是无聊到极点了。

旭烈兀无聊得都想哭起来。

这时，阿儿浑出来了。

阿儿浑也是蒙古草原部落出来的人，原来是窝阔台的家臣，很得窝阔台的信任，后来被派往呼罗珊，跟阔儿吉思共事。阔儿吉思跟他关系也很好。他治理社会也很有一套，深得那一带的民心。蒙哥上位后，也曾把他当成贵由的人，把他召到和林。调查清楚之后，发现他跟失烈门集团没有关联。因为他长期在呼罗珊一带当主官，旭烈兀出征时，蒙哥就让他跟过来。

他长期当窝阔台的家臣，最拿手的就是揣摸领导的心思，最能做迎合领导的事。他看到旭烈兀无聊得很，就立刻开动脑筋，找来一批能工巧匠，设计出了一个大帐篷，然后去找旭烈兀："老大，天这么冷，可以冷死战马，万万不能冷了老大啊。其他人可以无聊，但老大坚决不能无聊。我准备了一座细麻大帐，非常华丽。老大要是在里面办公，会很暖和的。"

旭烈兀叫他把大帐支好，果然华丽无比，而且里面还配置了很多金银器皿。在这个华丽的大帐里，吃喝拉撒可以全部得到解决，而且还可以在里面办公，摆长桌宴，几十人一起嗨都没有问题。

旭烈兀本来就是花花公子一个，向来玩心很重，这几天被大雪围困，白天黑夜都窝在小帐篷里喝闷酒，这时看到这个大帐，立刻兴奋起来，下令赶紧造出几顶这样的帐篷，然后把一批手下叫来，跟他喝酒打发时间。反正从首都走到现在，都走了几年，也不怕再停留这几天，就让那伙敌人多活几天。

旭烈兀在大帐里吃吃喝喝，觉得阿儿浑的这个发明创造对他贡献太大了。为了表彰他，旭烈兀把他派回草原，最终让他在中央政府里面当高级员工。旭烈兀还留下了阿儿浑的两个儿子跟自己去建功立业。后来，这两个儿子都成为地区老大。

旭烈兀在大帐里一直等到春天来临。

他把那颗头伸出帐外一看，冰雪早已消融，鲜花已经盛开，春光已经明媚。

好景色！

该结束这些盛大的宴会了。

春天来了，木乃奚的末日就要到了。

碰上硬骨头了

1256 年 4 月，旭烈兀的大军终于宣布启程，向木乃奚发起军事行动。

当时，木乃奚的地盘仍然是伊朗北部那片险峻的山区。他们在这些山区里修筑堡垒，这些堡垒共有三百多座，全是在连绵的群山中，易守难攻。而且他们在这一带经营了几代人，不断地在山头上修筑城墙，城墙已经把山头全部环绕，并且做好水利建设，种植大量水果和粮食，就是把这片山区全部包围几年，他们仍然有吃有喝。

旭烈兀一看，果然天险啊，难怪当年赛尔柱国拿他们没有办法。

但赛尔柱国可以认输，他不能认输。对于一个敢于向蒙古帝国派出杀手的邪教组织，他要是认输，蒙古帝国的脸就丢大了。

很多人都以为，木乃奚除了刺客之外，没有别的力量。其实他们也还有近十万人的军队。

其实，旭烈兀还没有出发时，他的先锋官怯的不花已经带着五千部队杀到木乃奚境内，连续拿下库希斯坦的几个城堡，而后进军到其要堡吉尔都苦。

怯的不花的名字虽然很拗口，但他绝对是个打仗的好手，而且坚决不蛮干，否则，旭烈兀能让他当先锋吗？

怯的不花知道对方不但士兵数量比自己多，而且地势还易守难攻，他这五千士兵要是硬攻过去，结果就是鸡蛋碰石头。他没有硬攻，而是采取围困的老办法。

木乃奚人打仗的经验并不丰富，看到怯的不花在堡垒外围困他们，他们居然什么动作也不做。

于是，怯的不花按照自己的计划，先挖出一条壕沟，然后在壕沟上修建一堵高大的围墙。工程宣布竣工之后，吉尔都苦堡就被包围得严严实实。

堡垒里的人刚开始看到怯的不花在外面进行围墙工程时，一点不在意，可是没多久，他们就发现，蒙古兵根本不用围他们几辈子，他们就受不住了。首先，他们吃喝没问题，物质还极大丰富。终于有一天，有人突然发现，其他东西都还很多，随便吃随便用，但盐却越来越少。他们这才知道，其他吃的可以种，可以自给自足，但盐却不能种。那就不吃盐吧。

可没多久另一件事更让他们受不住了。

那就是病。

没围城时，他们的病没那么多，所以城堡里药店的备货并不多。这时，全城人都关在一起，突然来了一场病，而且还是传染病——霍乱。

一个小城堡里突发这个瘟疫，传染之快，后果之严重，根本不用脑子也能想象得到。

他们永远不会想到，多少年没有遇到的传染，偏偏在这时发生。他们知道，要还坐在堡垒里等，那是真的在等死。

他们不能等了，得派人去向老大求救，再不救全城人都死光了。

当他们想到要去求救时才知道，堡垒外面围着个高高的围墙，而且是三百六十度全包围，没有一条缝隙。

没有缝也得冲过去。现在已经没有别的办法了，天天都有大量的人染病而死，再这么大量死下去，过几天就没人了。

他们并没有全部冲出来，而只是派了一队武士冲出来，任务并不是打破敌人的包围，而是冲出去把信息传给老大，请老大派部队过来跟他们对蒙古军内外夹攻。

怯的不花包围了城堡之后，觉得已经万事大吉了，自己已经没别的事干，反正一时半刻敌人也不会饿死，因此他只留下少量人马，把围墙看住，自己带着大部队到周边去打砸抢，根本没有想到，城堡里的人会冒死冲出来。

留守部队的负责人更是麻痹得要命。

城堡里送信小分队举刀直接砍过来，蒙古看墙部队被杀了个措手不及。那个留守处老大仓促带兵应战，竟然被人家杀死在围墙下面，跟着光荣牺牲的还有一百名蒙古子弟兵。

要是城堡里的人看到有这个机会，集体杀出来，怯的不花的结果会十分严重。

幸亏只是个送信小分队。

这时，木乃奚的带头大哥叫阿剌丁，居住在阿剌模忒堡。他虽然听说蒙古大兵杀了过来，但好像没有其他消息传来，仍然在那里过着腐败生活。反正在他的意识里，以前赛尔柱国没办法搞定他们，现在从大老远跑来的蒙古大兵又能把他们怎么样？到头来，硬碰硬玩不过，就派刺客，反正现在手下还有一大批排着队要上天堂的杀手。

直到吉尔都苦堡送信小分队狼狈不堪地跑过来向他求救时，他才知道那个堡垒原来已经被包围了。根据这几个送信人的描述，如果他不伸出援手，再过几天，他们全城的人都会死于霍乱。

虽然那几个人说这些话时，脸面全是痛不欲生的表情，但阿剌丁的表情却淡定得很，问这个病的特效药是什么？

没有人知道。

后来还是送信人提供了个线索。在大家都病的时候，城堡里又严重缺水。当时，城堡内的老大有个女儿，准备结婚，她在化妆时也像很多新娘一样，染了指甲。结婚典礼结束后，她去洗手，顺便把指甲花洗掉。由于缺水太过严重，她身边的人舍不得倒下这盆洗手水，拿来分着喝下去了。

奇怪的事发生了，很多人都染上了霍乱，而喝了这盆洗手水的人却什么事都没有。

大家一猜想，指甲花看来是防治霍乱的特效药。

于是，阿剌丁说，那就多带指甲花。

送信的人看到老大终于决定派出救援部队，而且还表示带盐和指甲花，都很高兴，看来城堡得救了。哪知，当他们看到救援部队的数量时，想直接死在当地的心情都有了。打死你都猜不出这支救援部队的人数。

告诉你，整整一百个。

以前派去刺杀蒙哥的刺客都有四百个，现在派去打仗的竟然只有一百人。

那伙送信人还有什么办法？现在是老大说了算。

救援部队的人稀稀拉拉冲出来，每个人身上带着一袋指甲花和一包盐，冲向蒙古兵。

怯的不花上次麻痹大意，被城堡派出的送信小分队打了个狼狈不堪，因此加强了防范。可是防范的重点只放在城堡里，坚决不让里面的人冲出来，一点没有想到城外会有一队人杀过来，又被打了个措手不及。这一百人也很生猛，把蒙古兵的围城部队杀得叫苦连天，然后顺利冲进了包围圈，把药和盐送了过去。

于是，吉尔都苦堡的信心又高涨起来，怯的不花只得继续包围。

又开杀戒

吉尔都苦堡坚固了起来，但住在阿剌模忒堡的阿剌丁却摊上了大事。

这个大事不是怯的不花造成的，更不是还在路上慢行军的旭烈兀造成的，而是阿剌丁的儿子忽儿沙一手造成的。

忽儿沙本来就是木乃奚下一任的合法继承人。但他觉得老爸活得也太久了，他早已成年，早已具备处理邪教组织的能力和雄心壮志，可老爸就是不死。

为了保证老爸死在自己前面，他决定拿出邪教组织惯用的绝活——也就是请杀手把老爸搞定。

作为未来木乃奚最高领导人的唯一人选，忽儿沙是十分精通恐怖活动这个业务的。他事先收买了一个叫哈桑的杀手。这个杀手现在的职务是阿剌丁的贴身警卫员。

他对这个侍卫说，只要你把我老爸变成死人，我就让你当大官。大官和警卫员这两个职位现在就摆在你面前，由你选择！

哈桑说想当大官，不想再干警卫员了。

情节发展到这里，只要是人，基本不用花脑子去进行多余的研究分析，就可以猜到忽儿沙的成功率会是百分之百。试想，阿剌丁可以防得了世界上任何人，但能防得了儿子加自己的贴身侍卫吗？

哈桑立即行动，趁着老当家熟睡时，一刀下去。阿剌丁当场死亡！

于是，忽儿沙顺利上位，成为邪教组织新的最高领导人。

哈桑得手之后，很高兴。以为只要忽儿沙一宣布就职，第一张委任状就是发给自己。

哪知，哈桑杀人的业务很牛，但玩政治那一套却嫩得要命。

老当家突然死掉，各种八卦就到处乱传。这些谣言的核心内容就是“谋杀”两个字。到底谁是这个谋杀案的主角，大家都在猜。

忽儿沙对舆情还是很关注的，他知道如果他不“破案”，给全国人民一个交代，他的日子也是不好过的。于是，他决定把哈桑抛出。

哈桑还在那儿等忽儿沙的提拔，正等得不耐烦，看到有个送信的来了。

这个送信的人真的是忽儿沙派来的，而且真的带着忽儿沙的亲笔信。

哈桑想都不想，直接打开信来就大声地读。

他还在大声地读信，那个送信的人已经用最快的速度，拔出大刀，对着哈桑白刀子进红刀子出。

哈桑被杀之后，忽儿沙大声宣布：“哈桑残忍地杀害了我们敬爱的领袖阿剌丁。我已经把哈桑处决了，为父亲报仇。”最后，他下令，把哈桑全家男女老少都抓起来，押到广场上，用火烧死。

哈桑加入邪教组织时，做梦都想靠杀人本领早日上天堂，后来跟忽儿沙签订协议之后，做梦都想当大官。可他怎么也没有想到，他会是这个下场。

忽儿沙干完这些事后，木乃奚的局势却越来越危险了。

旭烈兀的大军已经开到。

旭烈兀仍然保持着淡定的休闲状态，不像以前蒙古的作风，一到指定地点，总是先猛打一顿再说别的，而是让部队先停下来，派人过去做那些堡主的思想工作。

旭烈兀在开展这方面工作时，还是很用心的。经过精心策划，他决定把昔剌丁当作第一个争取的对象。

昔剌丁是塔黑忒堡垒的老大。他为什么把这个堡主当第一个劝说的对象？因为这个堡主年纪已经很大，一副老迈的样子，身上没什么锐气，更没多少骨气了。

昔剌丁被旭烈兀派来的人一吓，再把形势拿来一分析，很快就得出结论，他们根本不是蒙古人的对手，要是坚持抵抗到底的策略，他们必死无疑。于是，他就带着全家的人出来，向旭烈兀投降。

旭烈兀一看，你既然出来投降了，怎么只带这么多人？我可是让你全堡垒的人都投降啊，并不是只让你投降。

昔剌丁说："老大有所不知，人民只听伟大领袖一个人的话，我说不动他们。"

旭烈兀差点笑不出声来，堂堂一个堡主，居然连一个人都指挥不动，而他精心组织的劝降活动，最后只有一家人出来投降。这个堡主做得很失败，而他的这个劝降好像也很失败。

但旭烈兀不认为他是失败的。他同样按照他的承诺，让昔剌丁去当屯城的老大，让全体木乃奚的人都知道，只要投降，他都会优待。如果不投降，那就只好亮出蒙古人的手段了。蒙古人的手段是什么，你懂的！

旭烈兀把一个投降派树立起来后，就决定向木乃奚的首都进攻，直接跟忽儿沙叫板。只要把这个邪教组织的老大搞定，其他城堡那是小菜一碟了。

哪知，他的计划很不错，但身体却不舒服起来。他虽然打仗很猛，但休闲得习惯了，身体稍微一出现状况，就不想再累下去。因此，他就宣布先休息，暂时不跟忽儿沙拼命，而是派手下两员大将去扫荡周边的城堡，让忽儿沙天天听到失败的消息，也是不错的。

事实证明，在蒙古铁骑面前，恐怖组织实在经不起打。两员大将仅用几天的时间，就把木乃奚首都周边的势力全部扫清。现在就只剩下几个大城市了。

这时，旭烈兀的身体也恢复了。

他凶相毕露地宣布，向沙黑里思丹城进军，誓言一定要把这座城市扫平。

蒙古大军到达城下后，马上展开攻击。他们以最快的速度架起了多门石炮。

旭烈兀一声令下，石头乱飞，全砸到城里。城里的人从没见过这样的场面，一时都吓蒙了。

旭烈兀不停地轰了半天，城墙被击破，城里的士气也迅速瓦解。蒙古大军冲进城里，举起大刀乱砍，城内的军民都缩在那里束手无策，任由蒙古兵大砍大杀。

这个城市就这样被占领了。

旭烈兀接着宣布：按照帝国的传统，除了会技术活的工匠外，其他的人全部杀掉！一个也不留，让你们知道被屠杀的滋味也是不好受的。

谁才是忽悠大王

旭烈兀的这一招儿，果然很有效。

蒙古大军屠城的消息马上到处传播，在木乃奚境内造成极大的恐慌。原来都是他们给别人制造恐慌，现在他们终于尝到了恐惧的滋味。

就连忽儿沙身边的人都感到十分恐惧。他们都害怕蒙古军突然杀进来，不由分说地把他们砍死。

心里恐惧感积累得多了，他们就去劝忽儿沙："老大，还是投降吧。那么多国都打不过蒙古，我们投降也不丢脸啊。"

有的干脆直接下最后通牒："老大要是不投降，我们就不当你的支持者了。"

话都说到这个份上了，忽儿沙知道城内的人心真的浮动了，在蒙古兵血腥的屠杀面前，那些歪理邪说已经对这些人无效了。

他只得说，既然民意要求投降，那我们就投降吧。

当然，他是不会真正投降的，他的这个表态，只是想忽悠一下身边这些投降派，让他们的情绪暂时稳定下来，然后再顺便忽悠一下旭烈兀。

他派他的弟弟撒罕沙当使者，去向旭烈兀转达他想投降的意愿。

旭烈兀直接对撒罕沙说："既然如此，请你们马上把所有的城堡都毁掉，然后带上你们的军队出来投降，接受改编。"

忽儿沙一听，气得差点自杀，为什么蒙古人能想出这样缺德的办法来？但他还有什么办法？

他咬了咬牙，在城里进行一场大规模的动员之后，拆毁了五座大门和城墙。其实，这些城墙早已没什么用处，老早就该拆了，现在正好拿来忽悠一下旭烈兀。做完这些之后，他派人对旭烈兀说："现在他手里还有很多事没有处理好，等处理完这些旧事后，立马过来办理投降手续，处理这些事需要一年的时间。"

旭烈兀大怒之下，迅速集结全部的兵力，于1256年9月2日分三路杀进木乃奚的腹地。

大军过处，"世界变成漆黑"。

大怒的旭烈兀仍然采取政治攻势，一面进军，一面派人去给忽儿沙下最后通牒：我们已经大军压境，但还没有展开全面攻击。如果你愿意投降，出来迎接大军，那么你从前的种种罪恶，我们都可以既往不咎，接受你的投降。

旭烈兀的这个行为，在蒙古帝国征战以来是很少有的。可见他对战争的认识比他的前人进步了很多。

可是，忽儿沙却仍然抱着幻想，派他的首席大臣来见旭烈兀，说："我们表示坚决投降。不过，还是有个请求，就是不要毁坏他们最古老的城堡阿剌堡和柳木别雪儿堡，然后投降的期限延迟一年。当然，他还派人过去，命令吉尔都苦堡和塔黑塔沙木堡先投降。"

旭烈兀能满意吗？蒙古打到现在，灭掉的国家数都数不过来，哪个国家在投降前会讲这样那样的条件？

旭烈兀下令继续进军。

进军过程中，怯的不花又攻下一个城堡。

旭烈兀又派人去对忽儿沙说，战斗刚刚开始，现在亲自出来投降还来得及。

忽儿沙看到对方的大军真的开了过来，只得再次派出他的首席大臣，表示要投降了，接着一面派出他的儿子去当人质，三百人当签军，一面答应马上强拆城堡。

其实，忽儿沙压根儿不想投降。他只是想着把时间拖下去，拖到冬天来到，天下起大雪来，蒙古兵自然会撤的。到时再来个反攻倒算，说不定还能扳回胜局。

他的理想果然很丰满。

于是，继续玩。

旭烈兀也叫停了进军的脚步，并命令所有的部队都停止军事行动，在那里等着忽儿沙前来兑现他的诺言。

1256 年 10 月 8 日，忽儿沙果然派出三百人的队伍来到旭烈兀大营中。其中真有一个小孩子，大家都说是忽儿沙的儿子。

那个小孩子只有八九岁。

旭烈兀抱着小孩子，跟他玩着，一副舍不得的样子。

最后，他还是把孩子放回去，说：“我不忍心让一个小可爱来当人质，让忽儿沙的弟弟来吧。”

其实，他压根儿不相信这个小孩子是忽儿沙的儿子。他是老江湖了，如果连这点儿也看不出来，还敢带兵出国打仗吗？

忽儿沙看到假冒的儿子被旭烈兀很友好地退回来，知道这一回合又是白玩了，只得把自己的弟弟失栾沙叫来：“老弟，不是哥哥为难你，而是敌人太厉害了。你再带三百个人去吧，你当人质，其他人都是签军。”

旭烈兀一看，这个弟弟是真的，就相信他投降的诚意了。

忽儿沙一看，终于松了口气，忽悠到这个时候，都差不多弄假成真了才忽悠住，可见忽悠也是要本事的。他坐在那里等着时间一天天地过去。

但旭烈兀却不等了。他装着上了忽儿沙的当，却偷偷地下令进军，把忽儿沙往死里打。

忽儿沙突然接到报告："老大，蒙古兵已经杀进来了。"

"什么？蒙古兵杀进来了？从哪个方向杀来的？"

"四面八方全有。"

忽儿沙大叫："不可能吧？旭烈兀怎么又派兵过来？"

他急忙派人去见蒙古兵的前线指挥官，"我们已经投降了啊，你们怎么还要杀过来？这是破坏和平的行动啊。"

蒙古的前线指挥官一脸的坏笑，"既然你们已经投降，你们的土地就是我们的牧场。现在我们来牧场放牧，怎么算是破坏和平？"

先锋官的这个话，明显带着旭烈兀的风格。

是的，这就是旭烈兀的风格。

没几天，也就是 1256 年 11 月 8 日，旭烈兀也来到麦门底斯。

几路大军也都云集山下，把堡垒围了个水泄不通。

旭烈兀围着麦门底斯走了一圈。发现这座堡垒的地势果然十分险峻。当时有一首诗这样描写这里的地势：

人们不能攀登它的巅峰，鸟也不能
哪怕秃鹫和老鹰也办不到
探索者对它不抱希望
他的狗仅向着星星而叫

这座城堡是阿剌丁时代修建的。当时忽儿沙的老爸阿剌丁觉得住在这里缺乏足够的安全感，就决定修这座城堡，他在开工仪式上说："现在我们要修一座直接抵达天空大路的楼阁。"

他的手下花了整整十二年的时间，把国内很多地方都走遍了，才在这个山区里找到这个地方，修建了这座堡垒。山顶上有三股泉水，山腰上还有一条小河，堡垒内的水资源十分丰富。而且这里群山交错，连雄鹰都不敢从山上飞过，猛兽也不敢从山里跑过。这样的地形，谁也攻不下来。

忽儿沙躲在堡垒里，大声对他的手下说：“你们看看，洪水从我们的脚下奔流，飞鸟还飞不过我高啊。他们要是攻下这样的地形，算他们狠！”

大家跟着旭烈兀围城堡转一圈过后，所有人的感觉跟忽儿沙说的一个样。大多数人得出的结论就是，打不下，咱就不打了。而且现在是冬天，太冷了，马都越来越瘦了，粮草也是个问题，还是先回去做好准备，明年再来。

但有几个人坚决反对，一个是不花帖木儿，一个是赛甫丁，还有一个是那个先锋官怯的不花。既然都打到这个份上了，为什么要回去？跟他们打交道到现在，难道还看不出这帮人的狡诈本质吗？如果现在回去，明年就等于一切都从头再来，到时只有比现在更困难。

旭烈兀说：“那就再坚持一下吧。”他再派一个使者进去，劝忽儿沙投降。如果再不投降，那就只好打了。

忽儿沙玩到现在，地皮越玩越小，心理压力越来越大。

他开了个会，问大家下一步怎么走？

可与会人员都低头看自己的脚尖，谁也不出声。我们还能说什么？

既然不表态，那就干到底吧。

于是，双方都坚定了自己的决心。一方死守到底，另一方不破楼兰终不还。

旭烈兀下令把投石机搬到山顶架好，然后没头没脑地往城堡里砸。城里的人没有想到蒙古人说干就干，一时被砸得手足无措，死伤了很多人。忽儿沙也叫士兵们往城外射箭、扔石头。哪知，蒙古人的投石机和其他士兵都在有效射程之外，一通箭猛射出去之后，基本都落在地面上。偶有几个勉强射到对方的阵地上，但根本射不死人。

木乃奚以恐怖活动立国，历来只注重刺杀手段，玩暗杀天下无双，从不重视国防建设，更不理远程武器。因此，他们的武器装备十分落后，跟蒙古国武器一比，更是被远远甩出几条街。

忽儿沙也急了，派人出来对旭烈兀说明天他一定出城投降。

旭烈兀觉得这个忽儿沙打一次忽悠投降一次，但没有哪次投降是真的。既然他爱玩，那就陪他玩，便又下令停火，让他明天安全出城。

这不是蒙古帝国的风格，但这是旭烈兀的风格！

第二天到了，忽儿沙却只派一个代表团出来。这个代表团交给旭烈兀一封信说，请再耐心等待一下。

旭烈兀看完信之后，懒洋洋地对使者说："投降的事以后再说吧。"

使者回到忽儿沙那里，把这个话向忽儿沙一字不漏地复述了一遍。忽儿沙只听得差点跳起舞来，关键时刻还是得靠忽悠。

哪知，他高兴的心情还没有回落，城里的哭叫之声就冲天而起。他急忙出去看，只见雨点般的石头从空中落下。

他这才知道，他根本没有忽悠人家的资本。旭烈兀这段时间以来，好像不断地接受他的忽悠，原来也是忽悠他的。旭烈兀这么装着被他忽悠的根本原因是，旭烈兀觉得自己还没有做好足够的准备，而且也靠打打停停来不断增加城里人的心理压力。

他这么一想才深刻地认识到，旭烈兀才是大忽悠啊。

旭烈兀不愿多打，其实是不愿给城里的居民造成更大的伤害。这么做，是标准的攻城为下，攻心为上。

忽儿沙终于决定投降了。他派出以他儿子为代表的投降先遣团，带着大量的金银财宝，到旭烈兀的大营表示无条件投降。

旭烈兀知道，这次忽儿沙是真的投降了，他望着前面一堆堆的金银财宝，笑而不语，继续那么懒洋洋。最后，他说，你们回去叫忽儿沙来吧。

1256 年 11 月 30 日，忽儿沙带着他的首席大臣，走出曾经坚不可摧的城堡，来到旭烈兀的大营，举行隆重的投降仪式。

办理完投降手续之后，旭烈兀立刻下令大军开进城堡。他们仍然按照铁木真的传统，进城之后，干的第一件事就是强拆城防工事，以及其他建筑物。

但里面仍然有部分人在抵抗。旭烈兀叫忽儿沙派人去传达他的放弃抵抗的命令。

于是，一百多个城堡都放下武器，宣布与老大保持高度一致。

但忽儿沙的使者到阿剌模忒堡宣读老大的命令时，那里的守将却表示，他们不想投降。

不想投降，只有打。

旭烈兀派八剌海带着部队开过去，同时也把忽儿沙带到城下。蒙古兵把阿剌模忒堡重重包围之后，派忽儿沙来到城外，让他给城里的主官喊话，让他们投降。

那个守将却要抵抗到底。

既然想顽抗，那就打。于是蒙古军二话不说，立刻开展攻击，大块石头和利箭齐往城头城中砸去，在城上顽抗的士兵都被砸得血肉模糊，连城里的人也经常被空中落下的石头砸中。接受一轮打击之后，这个守将派人去找他的老大忽儿沙，说他现在愿意投降了。

忽儿沙马上去找旭烈兀，帮这个手下求情。

旭烈兀说，知道厉害就好，让他过来投降吧。

于是，木乃奚最大的城堡就这样和平解决。蒙古兵冲上去，把城墙拆了，然后一把火烧得干干净净。

不过，还有两个堡垒没有出降，就是最先被包围的吉尔都苦堡垒和柳木别雪儿堡垒。吉尔都苦堡的人实在太坚强了，此前已经被包围了几年，里面缺盐缺药，而且还发生了霍乱，到处是死人，但他们仍然坚定信念，抵抗到底。那个柳木别雪儿堡也是如此，不管用什么手段，他们就一个信念——死不投降。直到一年后，这个城堡里也发生了霍乱，他们看到城里的军民大量死掉，这才出来投降。而吉尔都苦堡却坚持了整整二十年。没有人能想象得出，在这二十年里，他们靠什么来生活，靠什么来抵抗。

投降了的忽儿沙被带到可疾云。旭烈兀还是不错的，没有追究忽儿沙，仍然让他自由地生活着。忽儿沙最拿手的就是吃喝玩乐。他后来看上了一个蒙古美女，就向旭烈兀打报告，请老大把这个美女分配给他。旭烈兀依然懒洋洋地答应了。

他大喜过望。

忽儿沙除了喜欢美女外，还爱玩宠物。只是他的宠物不像很多人的宠物。人家基本上都是猫狗之类的，他却爱玩斗骆驼，一有时间就跟别人分享他斗骆驼的心得。他又向旭烈兀讨要骆驼来玩。旭烈兀同样满足他的要求，一口气给了他一百头母骆驼。

他一看就不高兴了，说他不要母骆驼，等它们生育了公骆驼才能玩斗骆驼，他没时间等了，让旭烈兀直接给他三十头公骆驼。

旭烈兀听了这话，心里说：你对别的事从没有精准预测过，但这次你预测对了，你真的没多少时间了。

旭烈兀自从扫荡这个邪教组织后，基本都在做善后工作。他之所以没有直接把忽儿沙砍掉，就是利用他来招揽那些顽固的恐怖分子。

此时，旭烈兀觉得忽儿沙的利用价值已经到头了，决定把他干掉。他找了个借口，懒洋洋地问忽儿沙，你不是常说想去见我们大汗吗？

忽儿沙说："当然想啊，做梦也想。"

旭烈兀说："那好，现在我就安排你过去。"

1257 年 3 月 9 日，旭烈兀派人把忽儿沙一行九人送往和林。

旭烈兀看上去，对木乃奚这个邪教组织成员还很客气，一副爱理不理的样子。

蒙哥对这个曾派四百人去对他进行暗杀活动的邪教老大气愤得要命。他知道旭烈兀把木乃奚全部搞定之后，立即下令，把所有木乃奚人，哪怕是一个还在摇篮中的婴儿都要全部杀死。

于是，旭烈兀开始部署有计划地屠杀木乃奚人。

最先被屠杀的就是忽儿沙的家人。

此刻忽儿沙已到了和林。

但蒙哥对木乃奚愤恨的程度实在太深了，坚决不让忽儿沙见到他。对木乃奚人，他的态度永远没有变化。他给忽儿沙下了个诏书：你是木乃奚的老大，当初你为什么那么嚣张？看到我们的大军杀过去了，你硬是不拆毁堡垒，跟我们对抗？就是现在，你为什么还没有完全拆掉那些抵抗的堡垒？等那些堡垒都拆毁之后，你再来跟我见面。

这个诏书下达之后，他的另一个命令也接着下达。

另一个命令就是把忽儿沙打死！

你想想，连一般教徒都不放过，蒙哥能让这个木乃奚的老大活下去吗？

忽儿沙只看到第一个诏书。他看完这个诏书之后，只得往回走，想回去斗自己的骆驼。

可忽儿沙才走到杭爱山中时，一群士兵过来，向他大声宣读蒙哥处决他的命令。

这些士兵读完诏书之后，先把这几个原恐怖分子的老大痛打了一顿，把他们打得半死不活之后，再把他们砍死在荒山野岭中，然后扬长而去。

木乃奚的国民当然也都变成屠刀下的野鬼。曾经令人闻风丧胆的恐怖组织，彻底退出历史舞台，只能成为人们的传说了。

以前赛尔柱国的综合国力和军事实力远比木乃奚强大得多了，但就是没法打进去，不是被险峻的地形难住，就是被人家吓得不敢动弹。

旭烈兀对木乃奚的这两个强项都想出了对付的办法。

最后，忽儿沙的蠢笨懦弱、贪生怕死而又自以为是，则加速了他的灭亡。

巴格达城里的君臣

彻底打垮了木乃奚这个极端恐怖组织后，旭烈兀把目标指向了伊朗西部的伊拉克。

当时，统治伊拉克的是阿拉伯帝国。

阿拉伯帝国也是个老牌帝国，曾经是个超级大国，势力范围扩张到过中国边境。更要命的是，在旭烈兀猛打邪教组织时，伊拉克境内还发生了一场史无前例的大水灾。首都巴格达城被全部淹没，持续了五十天。

这时阿拉伯帝国的哈里发叫穆斯台绥木。这家伙名字念起来很复杂，可他的脑袋却很简单，而且平庸得要命，除了吃喝玩乐这些业务很精通外，朝政从不去理睬。最高领导不管事，手下的人就会抢着管，大家一抢就乱。

本来，国家遭受到这么大的洪水灾害，最高领导人就应该带领大家走上抗洪前线，即使不能直接救人于水火，也能振奋人心，对提高形象还是有巨大作用的。

可是这个高层一班人马面对滔天洪水，却各有各的打算。

那些恶棍等洪水退走之后，就跑上来横行霸道，努力开展打砸抢工作，社会治安迅速恶化。

穆斯台绥木仍然爱理不理，把政事基本都交给书记官爱伯处理。

爱伯绝对是个野心家。

他看到这么多流氓跑到街上，到处杀人放火，知道社会矛盾就要爆发了，心里很高兴。他不但不去镇压，反而偷偷地把这些人都拉拢过来，当成自己的力量。

爱伯有了这些势力支持后，胆子就更大，用心就更险恶了。他拉拢这么多的流氓街仔，想把穆斯台绥木拉下马，然后自己当合法的国家最高领导人。

爱伯把几个高层集中起来，开了个会，把当前国内外形势通报了一遍，然后换上那副忧国忧民的面孔说，“我们的哈里发实在太不像话了。国家都乱成这个样子，他仍然在那里不闻不问，还算是一个国家的领导人吗？他已经严重失职了。咱们是不是考虑换一个领导人？”

所有的人一听这话，就知道爱伯想换一个听他摆布的人上来当哈里发了。这是所有权臣必走的套路。

当时，有个宰相叫阿勒合迷。他虽然官居宰相，但也没有多少发言权，听说爱伯的事情后，就跑过去找穆斯台绥木，把这个消息全盘告诉了他，然后建议：“老大啊，已经到必须采取果断措施来对付他们的时候了。”

穆斯台绥木打了个哈欠，拉长声调说：“那就对付他们吧。”

老宰相前脚一走，他就派人去把爱伯找来，说：“宰相告诉我，你们想图谋不轨……”

爱伯一听，吓得脸都黄了……

穆斯台绥木笑着说：“你放心好啦，我对于这种没有证据的谗言是不会相信的。现在我出于对你的信任，把他的话转告给你，希望你做个明白人，永远忠于我。”

爱伯的脸这才恢复本色，拍着胸脯说自己肯定忠于穆斯台绥木。

穆斯台绥木说：“好啊，我就喜欢你这样的人。”

现在你知道了吧？有什么样的老大，就会有什么样的臣子。

爱伯看到穆斯台绥木无条件地相信了自己，终于松了一口气。他还不忘诬陷阿勒合迷一下。

他对穆斯台绥木说：“其实真正的野心家是宰相啊。现在的形势你肯定比我更清楚吧？”

穆斯台绥木笑着说：“我看得很清楚。”

爱伯说：“现在蒙古大军不是在咱们国家周边到处打吗？”

穆斯台绥木说：“他们好像是在打，听说很嚣张呢，但他们不敢打我国啊。”

爱伯说：“那是因为老大英明，我们也努力工作，把国家打造得国富民强，他们才不敢动手，可是宰相却在暗中跟他们勾结。据我所知，他老早就派人跟旭烈兀偷偷往来，想跟蒙古人里应外合，颠覆我们伟大的祖国。”

穆斯台绥木一听，也没有多大的反应，只是说：“你提供的这个情报很有用。以后呢，我们要加倍警惕。”

爱伯一听，有这样的老大，看来大事可成了。

他很高傲地走出王宫，然后把几个流氓团伙的老大找来，要大家扩张力量，等力量足够了，就把穆斯台绥木拉下马，然后他当老大，让他们成为国家栋梁。

这家伙太过嚣张，最后穆斯台绥木也知道了。穆斯台绥木虽然很老实，但也知道要是被人家推翻，那可会受苦。于是，赶忙集结军队，要对付书记官。

两人的矛盾就这样闹到不可调和。

其他大臣都在边上当观众。

民众老早就对朝廷有意见，天天嚷着要推翻这个腐败的政府。

穆斯台绥木一看，国内形势原来如此糟糕，左思右想之后，决定跟爱伯和平解决问题。于是，他派财政大臣去跟爱伯沟通之后，向全国人民下了一个诏书，说人们对书记官爱伯所说的话，全是诬蔑诽谤的话，我坚决不相信。他现在受到我的保护，谁也动不了他。

爱伯一看，伟大的哈里发终于服软认输了，而且他也知道，以现在自己的力量跟他硬来，也讨不到多少便宜，也就见好即收。

他的权力就这样迅速扩大，成为哈里发最亲密的战友。全国人民在祈祷时，念完哈里发的名字后，就必须跟着念他的名字。

他的名字没有排在第一位，但他的权力却已经上升到第一位。

爱伯觉得很爽。

但最爽的还是旭烈兀。

这么乱的国家，他要打起来，麻烦就少了很多啊。

这可是个天大的机遇。国内一个昏君再加一个奸臣，然后刚刚又发生一场洪涝灾害，民不聊生，综合国力基本降到负数，去打的话还能有多少抵抗力？

1257 年 9 月 10 日，旭烈兀向穆斯台绥木派了一个使者，去劝他投降：如果你服从我的命令，当我的跟班，那么国土、军队、臣民仍将留下给你。如果你不听我们的劝告，想反抗我们，和我们敌对，那就部署军队，指定战场吧，一旦我动了怒，率领军队开进巴格达，哪怕你躲到天上，我也要把你的城市、国土付诸一炬。

旭烈兀写完之后，觉得很爽，但穆斯台绥木就超级不爽了。他虽然可以划于昏君的名单里，但并没有弱智，而且当了很多年老大，也知道自己的这个王朝曾经是个超级大国，哪受得这份气？

他终于挺了一下腰杆，派人去对旭烈兀大声说：“你放马过来吧，你将在这里一无所获。你想打败我，简直就像大蛇吞象。从东方到西方，凡是信仰伊斯兰教的人都是我的子弟兵。我们这么强大，而没有到处去侵略别人，那是因我们爱好和平。所以，我也劝你一句话：踏上友谊之路，回伊朗去吧。如果你一定要打，那就来吧。迄今为止，企图侵犯阿拔思家族和世界之城巴格达的一切君主的结局都是非常不幸的。任何对阿拔思家族怀有恶意的人是不会有好结果的。”

他把信交给使者带走的时候，就在那里想象着旭烈兀看完信后，肯定会软倒在地。

哪知，他还在那里兴奋着，使者却叫苦连天。

原来这个使者才出城，就被一群老百姓包围，也不知道这些人民群众是如何知道真相的。他们认为，要是激怒了蒙古人，被蒙古人打进来，整个国家就会遭到毁灭式的打击，而民众更是会受到灭顶之灾。他们没法挡住蒙古兵，就挡住使者，不让使者把这封信送到蒙古人那里。

人民群众平时不明真相，看上去很老实，可是他们一旦知道了真相，动作幅度也是很大的。他们把使者拉下马来，然后集体冲上来，一阵拳打脚踢。

使者们还想解释，但群众都往他们脸上、身上吐口水。在口水雨中，他们根本张不了嘴。最后，他们中有人逃出去，向宰相报告。政府方面派出一百名士兵，这才把一群已明真相的老百姓赶走。

你想一想，国家都到这个地步了，还能打得过人家吗？

那封信终于还是送到了旭烈兀的手里。

可以想象得出旭烈兀愤怒的程度。他愤怒之后，立刻派人再去找穆斯台绥木，对他进行再一次威胁。

穆斯台绥木一听，便慌了起来。连爱伯都收拾不了的人，哪敢面对旭烈兀这样的牛人？他也知道蒙古人要是杀进来，那是无恶不作、无人不杀的。他虽然没跟蒙古人打过交道，但蒙古帝国的故事听得已经很多了。

他不敢再跟旭烈兀玩文字游戏了，就找来宰相问：“怎么才能把这个无比强大的敌人打败？”

这个宰相也是个投降派，他看到老大发问，直接就把投降的套路说出来：“赶紧花钱买平安。我们应当准备三十万公斤的珍宝，用一千头骆驼和一千匹阿拉伯马来运载，去送给旭烈兀王子和他的手下，向他们请罪，并在节日祈祷，用旭烈兀的名字铸造金币！”

这简直是海量财富啊。要是平时你跟穆斯台绥木说这个，他肯定把你拉下去砍了。但这次他只是一呆，然后软弱无力地说：“那你就去办这个事吧。”

宰相正要出去，爱伯又出来说话了：“这个使不得。宰相的这个主意，全是为自己着想的。他带这么多的财富过去，可以讨好旭烈兀。可我们的战士就受苦受累，白白流汗流血了。老大你好好想一想。”

穆斯台绥木本来听到那个海量财富时，心里已经很舍不得了，这时听到爱伯的话，便又有理由反悔了，当场说：“好啊，其实我们跟蒙古帝国从没有发生过什么摩擦，到目前为止一直处于友好的双边关系，他们为什么要打我们？肯定是这些使者说了假话，故意制造恐慌。我们跟他们是对等的双边关系，哪能送这么多东西给他们？如果他们一定要打，我们也不用怕他们。到时，我发出号召，就会有无数大军前来。”

他说过这话之后，便什么都不做，好像旭烈兀从来没有威胁过他一样。

那些将军劝老大，既然把话说到这个份上了，咱们就应该做好打仗的一切准备。

大将速来蛮沙甚至说：“我们应该迅速把附近的军队召集起来，让我带着去夜袭蒙古军，把他们赶跑。如果打不过他们，那我心甘情愿地牺牲在战场上。”

这个建议虽然没有多少新意，但从目前情况来说，这也是最好的做法。

穆斯台绥木说，“你这个说法太对了，现在我命令你们，赶快去把军队召集过来。”

没多久，军队都召集了过来。

军队都是人，是需要军费来养的。这些军队来到首都后，突然发现好像伙食都有问题了。他们便派代表去找宰相，宰相只得去找穆斯台绥木，说老大，军队也需要吃喝拉撒啊。

穆斯台绥木一听就头大了，养这么多人得需要多少钱啊？

他一想到钱就心疼，就在那里傻笑着说别的事。结果跟宰相交谈了大半天，也没有谈到发军饷的事。

宰相也是个没有性格的人，虽然心里很着急，但也只得硬着头皮听着穆斯台绥木说着无聊的故事。

那些军人一听，都丢下兵器走了。

于是，穆斯台绥木最后的机会就这样丧失了。

攻克巴格达

旭烈兀准备出发了。

他也跟他的爷爷一样，出征之前，先请个大师来帮他算一卦，看看这一仗能不能打赢。

以前铁木真都请耶律楚材算的。旭烈兀则请一个叫忽撒马丁的星象家。

旭烈兀看到忽撒马丁的脸色有点难看，就说："你不要怕，看到什么就说什么。"

忽撒马丁说："那我就实话实说了。这次去打巴格达将导致十分不幸的后果。到昨天为止，世界上任何一个老大都没有成功打败过阿拔思王朝。每个侵犯过巴格达的老大结果都很惨。现在进攻巴格达，将会产生如下这些情况：马倒毙，士兵得病；太阳不升起；雨水不降；将刮起一场寒风，世界将毁于地震；植物不会从地面上长出；大王将会于当年死去。"

旭烈兀听了一会儿，摸着脑袋，慢吞吞地说："真有这么严重？"

忽撒马丁说："只有更严重。"

旭烈兀说："那好，请把你说的这些都用文字记好保存下来，看看以后是不是一一得到印证。"

旭烈兀又问身边的几个手下："你们怎么看？"

几个手下都说："我们认为出征是吉利的，哪有那么严重。"

后来，旭烈兀又把另一个谋士徒昔叫来，问是不是有那样的后果？

徒昔毫不犹豫地说：“绝对不会发生那些事。”

旭烈兀说：“不会发生那些事，那会发生什么事？”

徒昔说：“将发生的事是由旭烈兀替代哈里发。”

旭烈兀一听，好啊。这才对了。

他接着下令进军。

当蒙古大军进入伊拉克境内时，旭烈兀又派使者去见穆斯台绥木，让他赶快出来向自己投降，否则，等大战一开，就没有机会了。

穆斯台绥木没有来，只是派了个大臣出来做旭烈兀的思想工作，让他先撤军，以后他们再向旭烈兀进贡，并请旭烈兀放心，他们进贡的东西会很多的。

旭烈兀知道这是忽悠他的话，不过，他没有发火，只是懒洋洋地说：“既然我都来了，咱们就见见面吧。”

他一面说着，一面下令部队四处掳掠。

穆斯台绥木知道不打是不行了，只得派部队出去抵抗，但被旭烈兀打了个大败，连先锋官合列都被生擒。

旭烈兀没有为难这个成了战俘的先锋官，把他放了出来。

合列很感激旭烈兀，坚决要求立功赎罪，主动把巴格达城里的情况向旭烈兀进行了详细的报告。

旭烈兀一听，很好啊！合列，现在任命你为我们蒙古巡哨队的老大，你以后就负责侦察工作了。

于是，继续进军。

旭烈兀的一个先锋官是突厥人，而穆斯台绥木方面的先锋官也是突厥人。双方一碰面，突然觉得亲切起来，都自觉地把打仗的事放到一边，先交流几句突厥话再动手也不迟嘛。两人聊着，蒙古突厥人就利用这个机会做对方的思想工作，让他投降。

蒙古突厥人以为自己这么一诱惑，对方肯定会干脆放下武器，脱掉阿拉伯军队的服装，跟自己成为同一个战壕里的战友。

哪知，这个巴格达突厥人思想却很坚定，听完敌人老乡的话后，当场大义凛然地反驳了一通。

这个事很快就传到旭烈兀的耳朵里，他传令继续进攻。

当时，旭烈兀的部队分三路大军，他自己率中路大军，怯的不花率南路大军，另一路由长期驻扎波斯的首席军事主官拜住率领，由三个不同的方向直奔巴格达。

此时，拜住率的大军已经渡过底格里斯河，在离巴格达城九十里的地方，与巴格达城的部队相遇。

而对方的军事统帅正是书记官爱伯。他为了拿到军权，果断地率军出来打仗。他十分需要打一场胜仗。否则，以后他把穆斯台绥木搞定后，人家会说他只会搞政变不会打胜仗，只会当奸臣不会当统帅。

哈里发虽然表现得很不像话，但他的部队看起来还是很有精神的。他们知道蒙古大军杀过来之后，都气势汹汹地出来迎战，光看阵势还是很可怕的。

旭烈兀虽然年纪不大，但早已是老江湖了。他对敌人的情况已经掌握得跟敌人的将帅差不多。

拜住看到敌人冲过来，并没有直接迎上去跟他们硬碰硬，而是突然隐蔽了起来，看看敌人的动静。

阿拉伯军气势磅礴地冲过来之后，突然不见了敌人的影子，他们找不到敌人决战，就大大咧咧地扎下营寨先休整。

拜住一看，不由大喜，因为敌人扎营的地方是一片低洼地。而低洼地的边上是什么？是汹涌澎湃的底格里斯河啊。

拜住立刻派兵连夜挖河放水。

阿拉伯部队做梦也没有想到蒙古军居然会用这样的方式来对待他们。当滔天洪水泛滥时，他们才从梦中惊醒。全军一下就被洪水泡住，蒙古兵冲过来大砍大杀，一口气砍下一万二千多颗脑袋，那些淹死在水里的就更没法算了。

爱伯的命还是不错的，他大概觉得在这个地方睡觉有点水土不服，提前离开了。否则，他要么被蒙古兵砍得身首异处，要么就变成水族的快餐。

这一仗对阿拉伯军造成的心理打击是很沉重的。他们不再气势汹汹地出来找蒙古军决战了，而是关起城门来高挂免战牌。

此时，怯的不花等人的军队也开到。

跟往常一样，大军先把整个城市全部包围，然后找到城防的最薄弱处进行攻打。

1258 年 1 月 29 日，旭烈兀下令总攻。

也跟往常一样，一轮生猛的石炮拉开总攻的序幕。

巨大的石头从蒙古军的阵地上向城头抛过去。城头上的士兵从未见过这样的攻城武器，还在发呆的过程中，一大群战友就已经被飞来的石头砸中，血肉横飞地倒在城头上，阿札木城楼被石头砸出一个巨大的窟窿来。他们吓得四散而逃。

城内的人觉得整个城墙也被砸得要倒下来了。

穆斯台绥木也吓得腿软，急忙派人出来见旭烈兀，说："老大啊，我记得你曾经说过，派宰相过来跟你见面，你就可以原谅我们。现在这个来见你的就是我们的宰相，你见了我们的宰相就请撤军吧。打仗太可怕了。"

旭烈兀说："我也记得我说过这话。我说这句话时，世界还一片和平。现在我们都打到这里来了，世界已经不平静。时代不同了，条件也不一样了。现在你必须派出三个人：一个是宰相，一个是书记官，还有一个是元帅。"

穆斯台绥木比忽儿沙老实多了，听到这个话后，立马照办，把三个人派了出来。要是旭烈兀把这三个人砍了，完全可以再提拔三个人上来啊。

哪知，旭烈兀这次什么都不说，不但不退兵，反而下令部队继续攻城。

他写了一封信，让士兵们射到城里，信的主要内容就是：我们只饶恕伊斯兰教的法官、学者、教士以及那些从不抵抗我们的人。

穆斯台绥木很恐慌，旭烈兀也有点郁闷。

虽然阿拉伯军队不敢出来跟他对打，任由他向城里砸石头，可是这个地方是个平原，石头严重稀缺，打了几下，到处报告没有石头了。他只得下令砍下大片棕榈树，然后锯成一个个炮弹打过去。棕榈炮弹的威力比石头差得太多了，但总比没有好，而且城里的军队已经被打怕了，只要还有东西往里面砸，他们的胆量就越来越小。

连续加班轰了两天，阿札木城楼被全部摧毁。蒙古军从缺口冲了进来，杀了城头的守兵。

由于巴格达城横跨底格里斯河，为了防止城中的人从水路逃跑，旭烈兀下令在城里的上下游河道架起两座浮桥，还在河里准备了很多船，所有的船只上都安装石炮，河岸边上还布置了一万部队，谁下船逃走等于找死。

但是那个书记官仍然想坐船逃跑。他派出三只大船，想突破蒙古兵的包围，但他能冲得出去吗？三只船还没有划出几米远，船上的士兵就被蒙古的石炮打得没有一个活下来，只有书记官拼了老命逃回城里，向老大报告，水路也行不通了。

书记官绝望了。

穆斯台绥木也绝望了。

更绝望的消息接着传来。

2 月 4 日，蒙古兵宣布攻占巴格达城楼。

至此，巴格达城已经彻底陷落。

绝望的穆斯台绥木终于在第二天派人去找旭烈兀，那个使者还带着一点礼物过去，向旭烈兀表示愿意归顺。

穆斯台绥木是个彻头彻尾的守财奴，他叫使者带的那点礼物连他都觉得上不了台面，但他仍然向旭烈兀进行辩解：“我不能送太多的礼物，因为送太多的礼物，就是我胆小害怕的证明，敌人就会更大胆嚣张。”

旭烈兀听到这样的话，根本就不理睬这个使者。使者把话说完之后，自己回去向奇葩老大报告。

穆斯台绥木看到旭烈兀不理睬他，以为他派出的使者没有分量，就派他的次子和几个大臣出马，同时也加大了礼物的分量。哪知，仍然是不理睬的待遇。穆斯台绥木更急了，只得加重使者的分量，派大儿子出来当求和代表团的团长。

这一次，旭烈兀发话了："如果敬爱的哈里发真心实意想和平，就让他的书记官和元帅速来蛮沙出城吧。我们站在这个城楼上看他们出城。他们不出城，我们就不下楼。"

阿拉伯高层在一起商量之后，觉得只有照办了。现在他们已经彻底没有讨价还价的资格了。

1258 年 2 月 7 日，穆斯台绥木的书记官和元帅出城来，拜见旭烈兀。

这两个人是巴格达城里的两个核心，一个是最高行政长官，另一个是最高军事统帅。

旭烈兀仍然很和蔼地对他们说，你们来了就好。不过，还想请你们做一件事。

一件事？一万件事，我们也会做的。

旭烈兀说："回到城里去，把你们的部属都带出城。"

为什么？

旭烈兀很有耐心地解释："我们接下来就是去攻打叙利亚，请你们的军队出城接受改编后跟我们一起去战斗。"

原来如此。虽然又上前线，而且是为蒙古人上前线，但总比在这里被蒙古人消灭好。

两人回到城里，宣布了旭烈兀的政策，士兵们一听，大多数都愿意跟着两个老大出城。他们以为，出了城就成了蒙古军的自己人，就能够活下去了。

然而，他们根本不了解蒙古人。

旭烈兀看到阿拉伯军都到城外后，便对他们进行改编，十人、百人、千人一组地分配到蒙古人的军中。当这些人被分解完毕之后，旭烈兀一声令下，蒙古军突然凶相毕露，举起大砍刀把这些已经手无寸铁、正满怀活命希望的士兵全部砍死，一个不剩。

巴格达城里的武装全部被消灭，而旭烈兀的部队基本保持着零伤亡的纪录！

旭烈兀下令对巴格达城发起最后攻击。

巴格达城里的人只得到处逃跑，而蒙古人则是到处追杀。曾经繁华无比的街头成了蒙古军疯狂的屠宰场。

城里的大臣们跑了出来，求旭烈兀宽恕城里的人民。他们已经表示完全服从老大的命令了。他们还表示，哈里发接着会派他的儿子出来投降。

旭烈兀正想答应他们，哪知，突然一支冷箭飞来，正好射中旭烈兀手下一个大将必阇赤的眼睛。

也许这个放冷箭的士兵看到射中了敌人一个高级军官的眼睛后，会觉得很爽，但他万万没有想到，由于他射出的这一箭，导致了蒙古人的一场大屠杀。

悲催的国王

旭烈兀当场大怒，原来你们一边求和，一边要射死我们？你这是想以打促谈对吧？好，那就试试看。

于是，他着手清算巴格达人。

最先被处理的就是巴格达的那个书记官爱伯。爱伯这些年来，靠当奸臣取得哈里发的信任，然后拿着哈里发给他的权力，从事推翻哈里发的工作。哪知，他的工作还没有开展到位，旭烈兀就打过来了。哈里发还没有被抓，他却先被旭烈兀杀了。

接下来是首席大将速来蛮沙和他的七百个族人也被带上来。

旭烈兀对他说："听说你不但是个军事家，还是个星象专家，能通过天象看出天下大势。你为什么没有算出自己的命运？也不劝一下你们老大顺应天下大势向我们投降？"

速来蛮沙说："哈里发刚愎自用，他能听我们的劝告吗？"

是的，他不听劝告。但你们仍然当他的手下一起打我们，所以你们也该死。于是，把速来蛮沙以及他的族人全部杀掉。

这些大砍大杀的消息很快就传到穆斯台绥木的耳朵里。他近来不得不放弃吃喝玩乐的本职业务，天天开动脑筋如何把投降的成本降低一点，这样即使投降了，自己还有很多钱，却从没有很好地评估过，那颗脑袋到底值多少两银子。

当他听到这些屠杀的消息时，吓得问宰相：“他们真的敢杀人。我们该怎么办？”

宰相能有什么办法？当宰相有办法时，你不听，现在宰相没有办法了，你才对他投入无穷的信任，但这个信任已经彻底过期。

宰相只是长叹一声：“大家都把前途看得太乐观了，其实等待咱们的都是屠刀啊！”

穆斯台绥木明知屠刀在高举，也只得硬着头皮决定投降了。

1258 年 2 月 10 日，穆斯台绥木带着三个儿子和三千大臣以及贵族出城，来到旭烈兀的帐前排列，等待旭烈兀的处理。

穆斯台绥木向旭烈兀看过去，他脸色和善得很，一点没有凶相。

旭烈兀只是亲切地问他身体还不错吧？你继续向你的人民发出命令吧，命令他们都出城来，我们要统计一下人口。

当看到这个情节时，你已经知道接下来旭烈兀要干什么了。

但穆斯台绥木却不知道——即使他知道，他也不得不发这个命令。

城里的老百姓接到哈里发的命令后，都放下准备拿来抵抗的武器，然后成群结队地出城到指定地点集合。

所有百姓出来后，旭烈兀一挥手，蒙古士兵立刻冲上去，大刀横劈竖砍，刚才还拿着武器的一群人都成片倒下。

穆斯台绥木看着这个画面，在那里长叹：“我们全部落进敌人的套路了。”

接着蒙古兵进入城内，展开大规模的烧杀，所有能烧的房屋全部烧掉。

旭烈兀来到穆斯台绥木的宫殿后，命人把这个末代哈里发叫来，对他说：“敬爱的哈里发，这是你的家。你要告诉我财物藏在什么地方。”

穆斯台绥木虽然爱财爱得要死，为了这些财物宁死不屈，但现在他也知道这些财物已不是自己的了。他花了大半辈子搜括来的金银财宝，不舍得拿来做军饷，不舍得去换和平，可到头来却全被旭烈兀拿去了，但他还有什么办法？

他打开仓库时，连旭烈兀也想不通了，居然有两千套衣服，当然，珠宝就更不计其数了。

旭烈兀看了看这些财物，脸上并没有多少兴奋。他虽然是花花公子，天天吃喝玩乐，但对财物的态度却传承了窝阔台和贵由的传统，当场就把这些穆斯台绥木拼死也不肯外流一点的财物全部分给身边的人了。

穆斯台绥木看到大家在分着这些东西，心痛得要命。

旭烈兀又说："敬爱的哈里发，我看啊，这里只是一部分财宝。你这么有水平，肯定还会把最珍贵的东西埋在某个地方吧？"

穆斯台绥木这时老实得很，说宫里的水池下有一个藏金洞。

旭烈兀立即命人去挖。

穆斯台绥木在心里长叹："我们阿拔思王朝五百年的积蓄全交给蒙古人了。我们干了五百年，原来都在帮蒙古人积累财富。"

接着，旭烈兀下令对穆斯台绥木宫中的人口进行统计，共有七百名美女，一千个工作人员。

穆斯台绥木一看，估计这些人都会被旭烈兀没收过去，就向旭烈兀求道："能不能把几个美女留给我？"他到现在还没有想到，其实旭烈兀还没有下达过对他的处理决定啊，自己的生死都还没有弄清楚，却还在考虑着要美女的问题。

旭烈兀慢吞吞地转过头来看着他，说："那好吧，你从中选一百个人，哪个漂亮你选哪个。"

穆斯台绥木不由大喜，想不到这么一个心狠手毒的小子，居然也有亲切的一面啊。他满脸笑容地把一百个颜值最高的女人带走了。

穆斯台绥木很高兴，旭烈兀更高兴。他从城里出来，回到自己的大帐里，派孙札黑把所有的金银财宝都押送出来，堆放在自己的营帐周围。大家看到他营帐前，金子银子堆得像连绵的群山。阿拔思王朝近六百年积累起来的财富，现在全部转换成旭烈兀的财产了。

城里的蒙古兵继续开展烧杀活动。

居民们受不住了，派了几个德高望重的人出来找旭烈兀，求他别再杀下去了，大家都怕了。旭烈兀便下令停止砍杀，说：“现在这座城市已经是我们的了。从现在起，所有的人都可以在原地从事原来的工作。”

巴格达城里那些剩下的人才保住了性命。

这次屠杀，造成八十万人死于非命。

你是知道旭烈兀的性格的，他虽然满口答应穆斯台绥木的请求，让他带走一百个美女，但他并没有说过要放过这个末代哈里发。穆斯台绥木也有点不妙的感觉，他急忙找来他的宰相，再次问：“旭烈兀要杀我了，你说我该怎么办？”

宰相只是淡淡地说：“我的胡子长。”

你不知道这句话的意思吧？告诉你，这话其实就是“头发长见识短”的阿拉伯语版。

原来，当初那个书记官当奸臣时，每当宰相提出什么建议，穆斯台绥木准备接受的时候，爱伯总是说：“宰相胡子长，别听他的。”于是，穆斯台绥木就不把宰相的话当话。这时他再向宰相请教时，宰相就重复了这句话。

穆斯台绥木听完这句话，终于明白这个世界上胡子最长的不是宰相，而是他自己。

穆斯台绥木终于接到旭烈兀处决他的判决书了。他对旭烈兀提出最后的要求，按他的信仰，死前洗好身体总可以吧？

旭烈兀同意了，但他派了五个士兵跟他过去。穆斯台绥木不愿意，但现在他还有愿意的权利吗？

他痛苦地吟了一首诗：

早晨我们有乐园般的家
晚上我们却没有了家

仿佛我们昨天没有如此富有

这不是他的作品，而是《古兰经》里的一首劝善诗。他当了一辈子的哈里发，手里有过全世界最大的权力。可他却没有做过一件好事，贪财好色、刚愎自用、听信谗言，昏君有的特征他都具备。

1258 年 2 月 20 日，旭烈兀将这位临死时才想到善字的哈里发处死在巴格达城附近的一个村子——瓦黑甫村，当然连他的长子等人一起。不过，旭烈兀还留下了他最小的儿子以及一个女儿。这个女儿被送到帝国的首都给蒙哥为奴。

阿拔思王朝就此宣布结束。这个王朝从建国到灭亡，共有五百多年，前后共三十七个哈里发，末代哈里发穆斯台绥木在位十七年，如果跟中国这么多朝代比，恐怕只有周王朝可以比得过他。但周王朝却没有他那么大的实力。哈里发不仅是国王，还是穆罕默德的继承人、所有穆斯林的精神领袖，而巴格达是当时世界上最繁华的大城市之一、阿拉伯世界的文明中心。所以当巴格达陷落和哈里发遇害的消息传出后，整个伊斯兰世界陷入恐惧之中。

第五章
兄弟之争

就不给你投降

旭烈兀打伊拉克时很顺手，但他派兀鲁黑秃去攻打亦儿必勒城时，就不那么顺手了。

这是个很坚固的城堡。

兀鲁黑秃的大军刚到城堡下时，城里的居民表现得很害怕，城里的主官撒来牙已跑过来迎接蒙古大军，向兀鲁黑秃表示了投降的良好愿望。

可兀鲁黑秃却说:“投降的真正标志是把你的城堡全部拆掉。”

撒来牙很害怕，只得回去，向士兵们做思想工作，说蒙古人太厉害了，咱们打不过，还是放下武器吧。

哪知士兵们坚决不同意，拦住去路，不让他进城。

撒来牙只得苦着脸又来到兀鲁黑秃的大帐前，摇摇头说，士兵们太厉害了，我说不动他们。

兀鲁黑秃冷冷一笑，你说不动那就把他们打死，然后把撒来牙送到旭烈兀那里。旭烈兀派人审了一次，然后判处死刑。撒来牙实在是个倒霉鬼，一个好好的城主，连个抵抗都没有就出来投降，最后等于送死。

兀鲁黑秃想，连城主都没有了，拿下这个群龙无首的城大概没有什么难度。哪知，城中的抵抗却十分坚强。一群自觉拿起武器来保卫家乡的士兵，其激发出来的斗志是十分可怕的。

兀鲁黑秃不信就打不进去。可事实是，他多次进攻，全部失败。

他也觉得有点难办了，只得向另一个大将鲁鲁请求援助。

鲁鲁很快带兵前来。

两人还没有商量好如何进兵，城堡里的守军却突然搞了个夜袭战。他们一点没有防备，居然被打了个大败。这支夜袭部队不但杀了很多人，还烧了一大批石炮。

石炮是蒙古兵攻城的法宝，这个武器一完蛋，他们基本就没有办法了。

两人在一起商量，鲁鲁说：“现在不好办，还是等到夏天后，他们到山上避暑再打他们。现在不但城墙牢固，而且城里粮草也丰富，再怎么硬打都打不下来的。”

兀鲁黑秃也觉得不好打了，就把攻打这座城的任务交给鲁鲁。

鲁鲁等到夏天后再出兵，果然一战就拿下了。打仗还真是要看时机。

而此时，旭烈兀却还忙着清点他的战利品。这次拿到的战利品实在太多了。

他怕保管不好，就派人在尔米亚湖边建了一座壮丽的建筑，然后把那些战利品都堆放到那里。当然，他没有忘记他的大汗哥哥，派人从战利品里拿出最好的珠宝，送到和林蒙哥那里，顺便向他报告了胜利的消息，然后说：“现在我准备攻打叙利亚了。”

当时的叙利亚包括今天的叙利亚和巴勒斯坦地区，地盘还是比较大的，局势也跟今天一样，基本是个火药桶，而且也分成两个势力。西边靠近地中海的地皮由法兰克人控制，是个基督教政权。东边大部分地皮则被阿尤布王朝控制，是个伊斯兰教政权。

两个势力在一块地皮上，本来就势同水火，现在又是两个不同信仰的王朝紧密相连，就更是时刻在举刀互砍，从不消停。当然，由于法兰克人地处偏僻，力量比较薄弱，目前处于下风。

叙利亚的国王叫纳昔尔。

大家对他的印象只有四个字：胆小懦弱。

旭烈兀拿下巴格达之后，声威大震，在那一带造成的恐慌丝毫也不比当年拔都在欧洲逊色。附近的大国小国都怕成为他下一个目标，尤其是那些小国，根本不用去想自己能跟蒙古人打多久，就主动走出来，跑到帖必力思（今大不里士）求见旭烈兀，事先投降了事。

这些小国天天排着队来投降，让旭烈兀很有成就感。

但很多国王都知道蒙古人的脾气，有时你投降了，他也不会放过你。这样的例子实在太多了。有个叫亦咱丁的国王，因为当年不知天高地厚，曾经跟拜住对抗过，而且拜住居然只打败他而没有打死他或者降伏他，让他又当了这么久的国王。因为他有过跟蒙古人打仗的前科，所以就到处打听旭烈兀对他的看法。结果他听说，旭烈兀对他很生气，心里就发毛起来，他深知，如果自己也跟别的国王那样老老实实地投降，恐怕仍然逃不过旭烈兀的屠刀。他花了大量的时间来开动脑筋，最终想出一个办法，就是请来全国最好的画工，把自己的像画好，然后再请人来做了一对工艺超级好的靴子，把自己的画像贴在靴子底下。最后他把这对靴子送给旭烈兀，对旭烈兀说：“老大，从今天起，你高贵的脚每天都踩在奴才的头上，以此来抬举奴才的头。”

你看到过这样的投降吗？

旭烈兀也是第一次看到这么有创意的投降，看到亦咱丁在自己面前不敢抬头，全身还在颤抖，气真的消了大半，就原谅了他。

亦咱丁这才松了一口气，汗水哗哗地流了一身，庆幸自己脑子好用，这才保住性命。

叙利亚的国王纳昔尔也被吓得睡不着觉，看到周边势力正大量投降旭烈兀，觉得自己的国家虽然是地区大国，但凭自己这个水平，跟旭烈兀来对抗，结果就是鸡蛋碰石头的下场。因此也急忙派儿子去见旭烈兀，要求投降。

他想，旭烈兀既然连亦咱丁那样抗拒过蒙古兵的人都可以接受，凭什么不同意自己的投降。哪知，旭烈兀批准了亦咱丁的投降，却不同意他的投降。

旭烈兀直接对纳昔尔的儿子说，“我现在没有接受投降的心情了，你们准备战斗吧。”

当然，对外不能说是凭着心情就可以发兵侵略别人的，还得找个理由。

旭烈兀很快就找到了个正当的出兵理由。叙利亚国内有个小诸侯，这个诸侯叫卡米勒，是个穆斯林。旭烈兀是信萨满的，而且蒙古自从铁木真以来，宗教信仰政策一直很宽松，他们也很少以宗教信仰作为打别人的理由。但这个卡米勒必须打。

为什么？

因为卡米勒曾经把一个持有蒙古人颁发的过境证的基督教牧师钉死在十字架上。你如果只钉死一个基督教的牧师，我们蒙古人可以不管，但你钉死了一个持有我们蒙古帝国牌照的牧师，那你就只有等死了。

旭烈兀一声令下，几个刚刚投奔过来的小国立马出兵，跟蒙古组成了一个多国部队，去打卡米勒。卡米勒虽然很牛，可是面对多国部队的打击，他虽然拼死抵抗，首都仍然被攻陷了。

卡米勒自然也逃不出去——试想，在这个形势下，谁敢收留他？

于是，这个卡米勒被蒙古兵活捉。

旭烈兀下令把卡米勒的肉一块一块地割下，然后塞进卡米勒的嘴里。卡米勒只得咬着自己的肉被蒙古刽子手折磨至死。卡米勒死后，旭烈兀仍不消停，让人家把他的头插在一根长杆上，举着在叙利亚各大城市游行。引人来围观。

大家一看都吓得要命。

但旭烈兀却告诉大家，这只是序幕，只是全面进攻叙利亚的热身活动。

血洗合列卜城

1259年，旭烈兀兵分三路，向叙利亚开进。

仍然是怯的不花当先锋，拜住独当一面，旭烈兀率领中军。

揭幕战是攻打合列卜城。

旭烈兀先派部队把合列卜周边的小据点全部扫荡一遍，对合列卜城城造成一系列的恐慌氛围。

旭烈兀以为，这样一来，合列卜城的军民一定会吓得脚软手软心发慌。

哪知，因为他凭着想打仗的心情不批准纳昔尔投降，叙利亚的人不得不坚定抵抗的决心，与他们死磕到底。

于是，全城军民都高度团结，誓死保卫家乡。而且这个合列卜城也很坚固，有四座城门。合列卜人给四座城门取的名字也很有创意：靠哪边有大城市，就取那个城市或地方的名字。比如，朝伊拉克方向，就取名安梯奥希亚门，朝大马士革方向，就取名大马士革门，朝耶路撒冷方向，就取名犹大门，朝伊朗鲁木方向，就取名鲁木门。

旭烈兀当然不管他们如何给城门取名字。他只想夺取这个城市，过过打硬仗的瘾。

蒙古大军迅速地把这座城重重包围。

旭烈兀分配了任务：兀鲁黑秃负责围困犹大门；怯的不花负责鲁木门；孙札黑负责大马士革门，他自己负责安梯奥希亚门。

他们先把石炮架起——这向来是蒙古军攻城前的动作，然后为了防止城内的人逃跑，还围绕着城堡筑起木栏。

一切准备就绪，双方开打。

开始时，旭烈兀以为这仗不用打多久的。他以为纳昔尔这么怕死，国内又这么乱，他一放马过去，乱砍一阵就可以取得胜利。哪知，如此一来，把人家的后路都堵死了，人家不拼命才怪。

蒙古人往城头抛石头、射箭，城上的军民也往城下砸石头和放箭。双方越打越有激情，你来我往，居然打了一个多月。这是旭烈兀这次出征以来，打得最惨烈的一战，多个高级将领被箭射伤，有两个大将还被射伤了脸，弄得血流满面。最后，蒙古兵依靠优势兵力和先进武器，终于把安梯奥希亚门攻破。

1259 年 12 月，合列卜城的军民迎来了一个有史以来最悲惨的时刻。

旭烈兀下令对这个敢于顽抗的城堡进行全面屠杀，结果全城人只有一个亚美尼亚的金匠幸免于难。

合列卜城陷于血腥之中。

这就是敢于抵抗的结果，也是旭烈兀生气的结果。

旭烈兀可不管你们，他继续进军，带大军向第二站狂奔。

打到了埃及边境

1260 年 1 月 18 日，他们渡过幼发拉底河，开始围攻叙利亚北方重镇阿勒颇城。

阿勒颇城是叙利亚的第二大城，距离首都大马士革三百多公里。在历史上是地中海通往阿拉伯半岛、伊朗等地的交通要站，是中东最大的商业中心之一。

这里驻扎着叙利亚的十万大军，由王公木阿匝木突兰沙据守。

跟蒙古军打过仗的人都知道，十万大军在蒙古人的眼里根本不是“大军”。

叙利亚高层肯定知道阿勒颇城是大马士革的北方门户，一旦它落入敌手，大马士革基本就没有保障了。也就是说，失掉阿勒颇城的下一步就是失掉首都。但他们只知道这个重要性，却没有想办法去增加这里的防御力量。他们仍然把大量的军队放在大马士革，只想着保卫首都，这就意味着其他城市已经被放弃了。

虽然纳昔尔已经放弃了这座城市，但这里的守将却不轻言放弃。

城里的军事主官木阿匝木突兰沙觉得自己手里有十万大军，也不用这么怕蒙古军。于是就决定采取御敌于国门之外的策略，把部队开到城外，要在城外把敌人打败。

木阿匝木突兰沙刚刚把部队开出，就看到蒙古部队旋风般地杀到，而且人数超级多，又全是骑兵，旌旗蔽空、骑尘漫天而来，胆气马上收缩，带着部队退回城里，把城门关好，而且严令所有军民，一个也不能出城打仗。

很多军民自发组织起来，拿着武器走到城外，首先占领了东北的高地。他们抢占了这个高地后，旭烈兀大军开了过来。

占领了高地的叙利亚人一看，蒙古兵全暴露在他们的眼皮底下，于是，他们居高临下，攻打蒙古军。

旭烈兀还是第一次受到这样的待遇，还没有架好石炮就被人家猛烈打了一顿。他大怒起来，命令大军反击。高地上的叙利亚人虽然信心满满，但打仗固然靠信心，更靠实力。

旭烈兀指挥部队一阵反击，高地上的叙利亚兵就被打得眼睛睁不开，急忙撤下来，逃回城里。这才知道，木阿匝木突兰沙的胆小是有理由的。

旭烈兀把那伙想居高临下打他的军民打败后，发现这城的防御系统也是很坚固的，硬攻会付出很大的代价。上次打合列卜城就打得很艰苦，损失很大。这次他不想再付出那么大代价了。他派人进城去，宣布只要他们放下武器，有话都好商量。

可是蒙古人的这些话，人家听多了。信蒙古人者死，不信蒙古人者也是死，那还不如不信。

因此木阿匝木突兰沙代表全城人民坚定地表示：不投降。

虽然他很硬气，但城墙却一点不硬气。

旭烈兀把二十门石炮一架，一齐猛轰，城墙就被砸出一个巨大的缺口。

蒙古大军从缺口处冲进去。但城里的军民仍然不放下武器。巷战永远是蒙古兵的弱项。他们虽然靠优势兵力把大部分城里的守军打死，但城市中心的阿勒颇城堡却一直在顽强地抵抗。蒙古军于1月24日进城，而阿勒颇城堡的抵抗却坚持到2月25日，整整打了一个月。

为什么他们能坚持这么久呢？除了他们的拼死精神外，阿勒颇城堡的坚固是最重要的原因。阿勒颇城堡是一座大型中世纪城堡，位于阿勒颇古城中心，俯瞰全城，被认为是世界上最古老、最大的城堡之一。

这个城堡修在一座小山顶上，看上去雄伟壮观，地势也很险要。你想从正门进去，必须穿过一座方形塔楼和吊桥，先到城堡入口，从城堡入口处要经过瞭望塔楼才能达到城墙的正门。城墙的入口处有三道大铁门：第一道门因门上雕有两条互相盘旋的巨蛇而被称为“蛇门”。第二道门雕有一对狮子，盘坐守卫大门。第三道门也雕有一对狮子，一只是笑狮，一只是哭狮，神态逼真，栩栩如生，因此被称为哭狮门和笑狮门。从第一道门至第三道门之间的通道大约长二十米，通道的顶端布满堞眼和监视孔。把大门关闭，通道也就成了陷阱。守门的士兵可以从这些孔洞向外射箭、投石或进行火攻，置敌人于死地。城堡的防御布局严密巧妙，独具匠心。打这样的城堡，蒙古兵还真没有经验。

当然，不管你设计得如何严密巧妙，如何独具匠心，最后同样被无敌的蒙古兵打了下来。

旭烈兀心里装满了愤怒，宣布对这座城市进行彻底而系统的大屠杀。

这场屠杀活动持续了六天多。

但旭烈兀没有把所有的人全部杀光。十多万妇女儿童，他没有杀。这次他突然表现出少有的经济头脑，居然把这些战俘当成商品出卖赚外快：“或售之小阿美利国，售之欧洲人领地”，然后“堕阿勒颇城，毁其教堂，破坏其园林”。

本来叙利亚全国上下就已经很恐慌了，现在阿勒颇城一失，这些恐慌就更强烈了。他们知道，不管他们如何拼命抵抗，都拼不过蒙古人——大量的事实已经雄辩地证明，蒙古军队太无敌了。

于是，投降或者归顺就成了大家的第一选项。

虽然旭烈兀曾经趾高气扬地宣布过，不接受叙利亚的投降，他想把这个国家征服，以满足他的征服欲望。但仍然有很多大臣、贵族跑过去，请求旭烈兀允许他们归顺，而且这些人不是空手来投降的，他们带着各自的礼物，甚至几个王公还拿出几把钥匙交给旭烈兀，弄得他也有些不理解了。

大马士革有城门钥匙！

这些投降派还真的投出了新高度、降出了新创意。

旭烈兀看到人家都做到这个份上了，也不好意思不同意了，而且不但全部同意，还很优待这些主动投降的贵族。

有一个过气王公还在这场投降中交上了好运。这家伙当王公时，由于坏事做绝，引起领地内广大人民群众的愤怒，起来推翻他的统治，使他从现任王公变成前王公。像这样的王公，基本不用去投降了。可这家伙为了说明自己仍然是王公，于是也举着白旗到旭烈兀那里办理投降手续，然后还夸张地说，自己因为拥护蒙古帝国，深受国内反蒙派的陷害，以致丢了王公的爵位。

旭烈兀就派部队护送他回去，让他捡了个大大的便宜。

连国内那些头面人物都排着队举着白旗去求人家批准投降了，其他人还有什么信心？于是，许多城市都放弃抵抗，大量土地都划入旭烈兀的版图。

当然还有人不投降。

这个人就是纳昔尔。你当然知道，他不投降并不是他不想投降，而是因为他已经投降，旭烈兀不同意他投降。现在看到人家都跑出城投降，他急得在那里团团乱转。他的家人都急起来，问他怎么办？后来，他想到了一个办法，就是派人去开罗，请埃及人来救他。他以为，埃及人也应当懂得“唇亡齿寒”这个大道理。哪知，埃及人很懂得这个道理，但他们的国内比这里更乱，他们都还想找人帮忙解决，哪有精力去援助纳昔尔？

纳昔尔就更绝望了，这个世界到底怎么了？为什么都集中到这个时候乱？

他派人把宰相找来，哪知，宰相是有办法，可他认为这个办法不合实际。宰相又连续提供了几个办法，都被他否决。

这个宰相也是个很有脾气的人，就跟他吵起来，两人打了起来，纳昔尔差点丢了性命。

他最后一咬牙，既然这个地方已经成为绝望的地方，为什么一定要待在这里？

逃往哪里？当然是埃及。因为埃及最近，又是传统盟友。

于是，他带着他的全家，默默地卷起包袱，告别大马士革，向埃及逃去。

蒙军都还在行军路上，可国家头面人物，能投降的都投降了，连城门钥匙都被送到蒙军的办公桌上了，现在国王一家人又逃得影都不见了。大马士革里乱成一团。

旭烈兀哈哈大笑，他现在面对的是一座已经丧失抵抗能力的城市。他派怯的不花拿着城门的钥匙去接收这座城市。

然而，令所有的人都没有想到的是，怯的不花进城很容易，但城中心的堡垒里居然还有三万人拒不投降。他想不通，人家都投降了，他们为什么不投降？他们有什么理由不投降？

没有理由。

怯的不花架起石炮猛攻。

他从3月21日开始进攻，一直到4月6日才把城堡里的守军打出来缴械投降。于是，大马士革这座伟大的城市就被完全占领。

这确实是个伟大的城市。

据说它已经有接近四千年的历史，完全可以说是地球上最古老的城市之一，而且城市内外水道纵横，一直被称为“天国里的城市”。阿拉伯古书中曾这样写道：“人间若有天堂，大马士革必在其中；天堂若在太空，大马士革与它齐名。”

有个传说，在很久很久以前的一天，先知穆罕默德来到大马士革郊外，从卡秀山上眺望全城，感动于这城市的绚丽多彩，但他静静欣赏了一阵子后并没有进城，而是转身就走。随从问为什么，穆罕默德说：“人生只能进天堂一次，大马士革是人间天堂，如果我现在进了这个天堂，身后怎能再进天上的天堂呢？”

穆罕默德不敢进城，但蒙古人却敢杀进去，完成了对叙利亚的全面征服。

怯的不花派兵向南边的巴勒斯坦方向进攻。同样没有受到抵抗。这片国土的抵抗基因已经全部流失。于是，大军直抵埃及边境。

在这里，纳昔尔被抓住。他虽然提前逃跑，但最后并没有跑到埃及，而是在边境的怯列克堡那里躲着。怯的不花知道后，立刻对这个城堡进行围攻。纳昔尔不敢抵抗，从城堡里出来，当了怯的不花的俘虏。怯的不花把他送到旭烈兀面前。他以为，这次死定了。可是现在旭烈兀的心情不错，不但没有打骂他，更没有杀他，还对他说：“你来了就好，等我打败了埃及，你就再当叙利亚的第一把手。”

旭烈兀占领叙利亚后没有闲着，他不会闲着。他的下一个目标就是埃及。

他也听说现在埃及很乱，比叙利亚还乱。

这是个大好机会，他必须抓住。

然而当他抓到这个机会时，突然从和林传来一个十分不幸的消息——蒙古大汗死了。

这可是个大事。

怯的不花的失误

旭烈兀知道，这次权力重组动作的幅度很大，他的两个兄弟忽必烈和阿里不哥已经做好了准备，要把对方打倒，把汗位抢到自己的手里。现在他必须回去调停，要在矛盾总爆发之前，把这个事搞定。否则，蒙古帝国这个大摊子立马变成烂摊子。

旭烈兀决定立刻启程。他当然知道，这种调停仅靠嘴皮是不行的，而是要靠军队作后盾的。

但他仍然不想放过埃及。他率主力回去时，还把怯的不花留下，让怯的不花去收拾埃及。在他看来，埃及已经很乱了，只要怯的不花的大军一压境，埃及就是第二个叙利亚。

旭烈兀把统治叙利亚和进攻埃及的任务交给怯的不花，好像很正确——因为怯的不花打仗很牛。这几年来，每次大战，都是他在前面冲锋陷阵，从没失手过。旭烈兀对他很放心。可是他只想到了怯的不花的军事能力很牛，却没有考虑到怯的不花的政治素质很差。他们只迷信军事手段，却忽略了政治的作用。这一点，他们比铁木真和窝阔台差了不止一截。铁木真虽然也更迷信暴力，但他进入中原地区之后，立马认识到文官的重要性，他在后来的大汗生涯中，身边最重要的人就是耶律楚材，而窝阔台更是把全部的信任交给了耶律楚材。

而旭烈兀打了这么多年，却没有找到一个治理国家的人才。这时自己一走了之，把这个大摊子交给一个没有文化的将军来管理，后果是很严重的。

怯的不花当然没有意识到他的后果很严重。

中东一带历史上最大的矛盾，不是资源的矛盾，而是宗教之间的冲突。旭烈兀还在的时候，他的宗教政策还不错，也还能镇得住双方。

可他一走，情况就不一样了。

怯的不花是信仰基督的，他就听任基督教徒欺负穆斯林教徒。

照理而言，他的这个明显偏向的政策，应该获得基督教的全面拥护才对。刚开始时，基督教徒们对怯的不花很好，他进入大马士革时，基督教徒们都组织大家前来夹道欢迎。怯的不花对基督徒们的要求都能够满足。他们四处欺负穆斯林教徒，这样一来，穆斯林教徒对怯的不花就恨得要命，把他当成恶魔再世。

但怯的不花不在乎，他还有一大批基督教徒跟着。

哪知，不久，这些基督教徒也烦他了。因为他们觉得怯的不花太野蛮了，太没有文化了，做事没有一点规矩，就开始看他不顺眼，看不顺眼之后，就开始翻脸。

他们觉得跟这个没有文化的人合作，倒不如跟有文化的穆斯林教徒相处。于是他们带头反抗怯的不花的统治。

旭烈兀离开叙利亚去伊朗后，他们采取恐怖活动，把怯的不花的一个侄儿杀掉。

怯的不花愤怒了。他派出部队，只要是基督教城市，都给烧掉。蒙古大兵们烧杀得很过瘾，但矛盾已经激化到不可调和的地步了。

因为，此前蒙古人征服各地，基本是以攻占土地为目的，而现在却是以宗教为目标，性质已经完全改变。

跟基督教徒闹成不共戴天的敌我关系，然后又去打埃及。因为埃及是穆斯林最后的堡垒啊。如此一来，中东一带的人基本都得罪完毕。

怯的不花根本没有去考虑这个问题。因为他不懂政治，而这是政治范畴！

埃及只有拼命了

现在在埃及当权的是马穆鲁克王朝。

“马穆鲁克”这几个字看上去好像很不错，其实是“奴隶”的意思。明明是一群统治者，怎么可能是“马穆鲁克”？告诉你，他们的前辈是哈里发的奴隶兵，天天用生命来保卫哈里发的安全，平时顺便把很多生活工作也做完。后来，统治埃及和叙利亚的阿尤布王朝，大量引入这些奴隶兵，以补充穆斯林军队的兵源，久而久之，这些奴隶成为阿尤布军队的主体，经过发展壮大后逐渐成为强大的军事统治集团。1250 年，埃及的马穆鲁克军推翻了阿尤布王朝的统治，推举自己的首领作为埃及的苏丹。

现在怯的不花面对的就是这个王朝。

旭烈兀老早就把打埃及放进他的征服计划里面了，他回到伊朗之后，仍然没有忘记这件事。他派人给埃及现任国王忽都斯写了一封信，大意就是要他们归顺蒙古。

这封信其实跟以前他威吓别国老大的信没多少差别。

但埃及国王接到这封信时，情绪实在难以稳定。

忽都斯本来不是埃及的国王。因为前一段时间国王突然死去，国王的儿子马合谋继承了王位。这个马合谋还是个小孩，你跟他谈军国大事，他跟你又哭又闹。大家就给他找了个摄政王忽都斯。可没几天，这个马合谋又死掉了。于是，忽都斯就成了国王。

尽管有些人觉得马合谋之死有点可疑，但忽都斯还是很会笼络人心的。

当蒙古大军四处大打出手时，那些被亡国的人都跑来埃及，尤其是那些士兵，他都好好接纳，让他们成为埃及的子弟兵。所以，他很快就争取到了民心。

忽都斯看完这封信后，就把大家召集起来，开了个大会，说："现在国内外形势很严峻，埃及已到垂死挣扎的危险时刻。旭烈兀一直念念不忘要灭我们。可以说，如果蒙哥不死，按旭烈兀的风格，他早就出兵打我们了。现在我们埃及可能已经像叙利亚那样亡国了，但他仍然留下怯的不花在叙利亚，最终目的就是要打我们。怯的不花打仗绝对是个狠角色，如果哪天他一发脾气，带兵打过来，恐怕我们都不行。大家看看，该怎么应对他？今天大家必须想出办法来。"

大将乞里木首先发言："如果现在我们到他们那里去求得庇护，并不算耻辱。但是，旭烈兀经常在缔结条约之后，杀掉别人，比如木剌夷的忽儿沙。如果我们前去见他，他大概也会以同样的方法对付我们。"

他这一番话道出了蒙古军凶残无信用的本质，所以最好的办法就是抵抗到底死不屈服。如果旭烈兀听到这些话，估计也会很后悔。一个以屠杀为第一征服手段的王朝，从来没有信用可言，都是靠铁血加谎言去获得屠杀的快感。当他们的信用彻底透支之后，人们不再相信他们了。

忽都斯说："你说得太对了。现在从伊拉克到叙利亚到处充满了哭声，从巴格达到巴勒斯坦全部荒废了，无人耕作。如果我们不奋起抵抗，埃及也会像其他地区那样遭到蹂躏。对于蒙古人，我们可以有三种办法，或战，或和，或者逃走。逃往别国很难，我们只能逃往马格里布，可我们到那里路途遥远，逃走不是办法。”

乞里木说：“讲和同样不靠谱，你能跟一个从不讲信用的人谈判吗？”

逃跑不能，投降也不能，那就只有死磕了。这全是逼出来的，是蒙古人逼出来的。

最后，埃及首席大将拜巴尔大声说：“为了表示我们抵抗的决心，我们把使者杀了，把我们的后路彻底断了，然后去迎战怯的不花。即使我们战死了，人们也都会尊敬我们。”

大家都同意。他们虽然也懂得两国交兵不斩来使的规则，但跟蒙古人还有什么规则可讲？他们连最起码的信用都不讲，我们为什么一定要遵守这个国际外交规则？

于是，忽都斯向各国各地发出“圣战”的号召，然后从北非那里征集到十二万穆斯林联军。他们已经决心跟怯的不花死磕到底，所以，他们不再像前面那些国家那样，坐在那里提心吊胆地等着蒙古兵杀来再应战，而是主动开往巴勒斯坦地区。他们也懂得，最好的防御就是积极进攻。以前那些国家之所以败给蒙古兵，就是因为太过害怕，个个严防死守，而且兵力分散，最后在蒙古兵的强有力打击下，被各个击破。现在他们把全国的兵力都开往第一线，生死存亡一战而定。

面对埃及的高调出兵，怯的不花当然勃然大怒，他立刻组织自己的军队。他现在手下只有两万人，外加几千签军，力量明显薄弱。但蒙古军向来有以少胜多的传统，所以，他对埃及的十二万人根本不怕。

如果是以往，怯的不花仍然有胜算，可现在旭烈兀已经回去，而且是带着主力回去的。怯的不花留下的只是一支偏师，作战能力已经大打折扣。更要命的是，由于他宗教政策的混乱，以及个人的任性，叙利亚全境的人基本都成了他的反对派，个个希望他被埃及人打倒。于是，他面对的就不止埃及人这支力量了。

他已经完全孤立无援，必须靠这支力量砍杀出胜利来。

这是何等的艰难！

但怯的不花并不知道。这就是他可悲的地方。

他带着他的优越感，带着他的怒火，率领所有的部队向埃及旋风般地直奔而去。

他们很快就狭路相逢。也许在怯的不花看来，这又是一场最平常不过的战斗，然而后来的事实证明，这一场大战对世界文明的影响是深远的。

1260 年 7 月，忽都斯亲率前锋与怯的不花的先锋拜答尔对阵。由于力量太过悬殊，拜答尔被打败，并被赶过了阿西河。

不管如何，这一仗，蒙古兵被打败了。如果这个败仗能引起怯的不花的重视，也许后果会是另一个模样。

可是怯的不花闻报后，英雄气概猛然发作起来，大喝：“你在原地等我。”

他带着仅有的二万多人狂奔而去，向忽都斯的十二万人发起进攻。

他们相遇的地点叫阿音扎鲁特，是巴勒斯坦境内的一个山谷。

时间是 1260 年 9 月 3 日。

他什么都不管，只管冲杀。

但忽都斯却花了大量的心思来打这一场战斗。

这场战斗关系到他们的生死。

忽都斯没有把全部兵力用在一线，而是玩了个阴谋。其实这个阴谋在战争史上可算是老一套——设下埋伏，然后诱敌深入，最后围而歼之。熟读中国古代战争史的，基本都知道这个计策，但却不断有人上当。

怯的不花这些年来打了无数仗，基本都是猛冲猛打，最多的就是假装撤退，然后反身猛扑，很少玩别的花招，他觉得这些已经足够用了。

忽都斯正是利用了他的这个心态，第一线的部队跟怯的不花接触之后，稍作抵抗，回头便跑。

这对于怯的不花来说，实在是太常见了。敌人如果不转身而逃，他才觉得奇怪。

他下令全军追击，一定要狠狠地打。

他们确实杀了很多埃及兵。

最后，他们终于杀进了忽都斯的埋伏圈。

征西的最后一战

蒙古兵正杀得眼红，突然看到埃及兵从四面八方冲杀过来，声势十分浩大，知道中了埋伏。他们也有些慌乱起来。但怯的不花没有慌乱。他大喝一声，这有什么可怕。他们集中在这里正好，免得我们还去找他们。

但敌人越砍越多，怯的不花知道再这样砍下去，结果是自己的部队被砍光，于是他决定突围。因为此时，叙利亚那些签军已经开始逃跑了。这对军心造成的影响是十分恶劣的。

怯的不花虽然民族政策乱得要命，但绝对是战场上的好手。他对敌我双方战场上的态势迅速做出了判断，便把部队分成两个队，由亚美尼亚铁甲骑兵为先锋，向埃及人阵营薄弱的右翼突击；怯的不花亲率一个万人队，向埃及人阵营的左翼冲锋。

蒙古兵深知要是不能冲出这个重围，他们就必死无疑。

尽管埃及人的箭射得像雨一样，但他们依然不管不顾，朝着埃及人的阵地全力冲锋。虽然冲在前头的士兵们已经成片倒下，但后面的士兵依然舍生忘死地冲。很多人身上已经中了几箭，血流满身，但在倒下之前，他们仍然举刀跃马，冲向敌人。

战场上杀声如雷，蒙古铁骑在重围之中，狂呼而前，如狼似虎。埃及人一看，都有点怕了，很多人的手都在发抖。他们这才知道，蒙古兵能取得这么大的胜利，实在不是侥幸得来的，而是靠拼杀过来的。尤其是铁甲骑兵实在是太有冲击力了，人与马都穿着铁甲，有效地挡着箭雨，轻骑兵则跟在后面，不断地向埃及人放箭，一下就冲到了埃及人的前面。

轮到埃及人恐惧起来了。他们从没有看到过这么疯狂的军队。

他们长期活在蒙古军无敌的传说里，对蒙古军早就存在畏惧心理。这时看到他们果然厉害，刚刚生出的那点信心就又熄灭了。

面对重骑兵的那一翼是由拜巴尔组织的埃及部队，情况还稍好一点。而直接面对怯的不花这一面的埃及兵就难受了，开始向后退，这是溃败的前奏。

其他方面的埃及兵看到这个情况，信心全面动摇，个个都做后退的打算。

忽都斯一看，再这样下去，他们就大事不妙了。

他看着大家都在后退，蒙古兵越杀越勇，心里瞬间充满了绝望的情绪。

然而，忽都斯绝望过后，突然血往心头一涌——反正也是死，不如上前去拼。他突然气急败坏地脱下帽子，往地面上用力一扔，拔出大刀，迎着蒙古兵冲过去。忽都斯虽然是国王，但也传承了突厥人的基因，武力指数确实很高，居然一口气连续砍翻了十几个蒙古士兵。

他这么一奋不顾身，埃及全体士兵都看在眼里，于是，都提起精神来，抡刀便砍。这些士兵基本都是突厥人，一旦拼起命来，情况就不一样了。埃及兵突然猛醒过来似的，集体士气瞬间高涨，也像蒙古骑兵一样，疯狂起来，爆发出无与伦比的战斗力。

忽都斯真正起到了力挽狂澜的作用。

当然，蒙古兵的士气也没有跌落下来一点。

双方从黎明激战到中午，蒙古兵终于顶不住了，他们虽然比以往更拼命，但他们的人数实在太少了，这样比消耗，他们比不起。于是，一些蒙古兵开始逃跑。

大家劝怯的不花也逃跑，反正败局已定，不如留下性命，以后再报复。

但怯的不花坚决拒绝逃跑。

他大声说："人到头都是一死，与其可耻地从战场上逃跑，不如当个光荣的战士。你们回去之后，一定要向老大报告，我怯的不花不愿可耻地回去见他。怯的不花已经决定去牺牲自己，希望老大不要为这个损失而悲伤。"

他的蒙古兄弟们看着他举着蒙古弯刀高喊着口号向前杀去。

在深秋中午的阳光下，他带着他的亲兵冲进敌群。

最后，他身边的战士越打越少，但他仍然奋战不停。最后，他的马累了，在地上摔了一跤。

怯的不花终于被埃及士兵活捉。当时，有一千多蒙古士兵藏在离他不远的芦苇中，也被忽都斯发现。忽都斯下令对那片芦苇放火。

大火熊熊之中，蒙古兵惨叫声起，惊天动地。最后，这一千名士兵全部被烧死。

怯的不花被带到忽都斯面前。

忽都斯打量着这个蒙古汉子。他已经浑身血迹斑斑，绳子深深地绑进他的肉里，他咬着牙，怒目而视，仍然凛然生威。

那令人望而生畏的胆气仍在。

忽都斯搓了搓眼皮，这才喝道："你终于被生擒了。你们这些奸诈凶残的人，杀了成千上万的无辜民众，现在我要为他们报仇。"

怯的不花大怒，喝道："如果我死在你手里，那是天意，而不是在于你！一旦我的消息传到旭烈兀那里，他的愤怒将像沸腾的大海，从阿塞拜疆到埃及的一切都将被蒙古马蹄踏平，连埃及的沙子都会被装进马囊中带走！旭烈兀那里像我这样的人有三十万，我是微不足道的。你抓住我，没什么神气的，赶快把我杀了吧。"

于是，旭烈兀手下第一大将，为他西征立下最大功劳也打到最边远地区的怯的不花就这样失败了。

这不仅是怯的不花的失败，也是蒙古西征失败的标志。

当然，不管蒙古有多强大，最后他们的衰落都是必然的。

但忽都斯这一战的胜利，对伊斯兰世界却具有无比重大的意义。不但打破了蒙古军队不可战胜的神话，而且拯救了面临覆亡的伊斯兰世界。

美国历史学家斯塔夫里阿诺斯认为，阿音扎鲁特战役"挽救了伊斯兰教世界，标志着蒙古帝国衰亡的开端"。

只是忽都斯虽然挽救了伊斯兰世界，但却挽救不了他自己的命运。

他取得了这场大胜之后，率兵北上，彻底清除叙利亚境内的蒙古兵。怯的不花的家人全部被杀。忽都斯意气风发地开进大马士革。这个世界还有什么事比打败蒙古军更让人感到自豪？他没有理由不意气风发。

他在那里尽情享受他的胜利果实。

他以为他打败了蒙古军，创造了奇迹，创造了神话，他将是这个世界最伟大的人。然而他那个首席大将拜巴尔也是个野心家，趁着他不注意的时候，突然发动一场流血政变，把他给砍了，然后自己当上了埃及国王。

历史情节就是这样，你拯救了这个世界，但这个世界没人来救你。

怯的不花失败的消息很快就传到旭烈兀那里。

旭烈兀的反应当然是勃然大怒，誓要为这个最铁的部下报仇。

他很快就听说埃及又出现了政变。这当然是发兵报仇的最佳时机。对于抓机会的高手来说，旭烈兀当然不会放过这个机会。

然而，机会是有了，但他已经没有足够的力量了。

抓机会也是需要实力的。

因为现在蒙古内部也出现了更加尖锐的矛盾。

别儿哥又插上一脚

蒙古内部除了忽必烈兄弟之间的矛盾外，还出现了旭烈兀跟别儿哥的新矛盾。这个别儿哥就是拔都的继承人，是现在术赤系的首领。术赤系跟拖雷系原来是铁板一块的，双方精诚合作，成功地把权力转移到拖雷系来——在助蒙哥夺汗位的活动中，拔都不惜让他的弟弟带着三万人马到斡难河那里坐镇，其武力夺权的意味十分明显，最终蒙哥顺利登上汗位。按说这样的友谊完全可以用“牢不可破”这四个字来形容了。

拔都绝对是个很有大局观的人，但他却活得不够久，在蒙哥派旭烈兀西征的那一年，就死去了，终年四十八岁。

拔都死后，蒙哥把拔都的长子撒里答叫来，派他回去继承汗位。哪知，这个撒里答更倒霉，在归途中去世了。蒙哥又做拔都几个儿子的思想工作，劝他们让乌剌黑赤当老大。本来乌剌黑赤身体很强壮，也很年轻，什么事也没有，可还没当几天可汗，就又死了。

于是，就轮到别儿哥上来了。他是拔都的弟弟，当年就是他带着三万武装力量当蒙哥的坚强后盾，使得蒙哥在抢汗位时，底气爆棚，最后抢得理直气壮。

很多人说，如果是撒里答继续活着，那么蒙古帝国在西部的形势将是另一个样子了。因为两人虽然是一家人，但信仰却不同，撒里答是基督教徒，而别儿哥是穆斯林教徒。

当然，他们两人谁信什么教对他们来说已经无关紧要，因为撒里答已经死了。但跟旭烈兀就有关了，因为旭烈兀在西征时，对穆斯林毫不留情，这让穆斯林教徒别儿哥受不了了。于是，他就不断地派人去谴责旭烈兀的行为。如此一来，牢不可破的关系就出现了裂痕。

其实让这对堂兄弟的关系真正闹得不可开交的应该是利益问题。

旭烈兀西征之后，迅速占领了拜占，扩大了自己的领地，但别儿哥就不高兴了。因为这个外高加索地区是别儿哥领导的金帐汗国唯一一条通向南方地中海、黑海地区的通道。因此，别儿哥就公开透明地向旭烈兀索要这块土地，声称拜占自古以来就是金帐汗国的领土，现在请旭烈兀把它还给金帐汗国。

旭烈兀当然不干。他老早就看别儿哥不顺眼。当年别儿哥在大草原主持忽里勒台大会时，仗着手中的武装力量，有事没事都来指挥他一下。更让旭烈兀气愤的是，后来别儿哥还留了下来，成为蒙哥的得力助手。蒙哥因为他的拥戴，交给他很大的权力。只要有条件，他就对大家发号施令。即使旭烈兀已带兵西征，他还时不时从和林给旭烈兀发个指示，口气狂妄得要命，让旭烈兀气得想破口大骂。只因他对自己的哥哥有恩，又是自己的堂哥，旭烈兀只得忍住不发作。

于是，帝国几大势力又进入重组阶段。在忽必烈与阿里不哥争夺汗位时，别儿哥坚定地站在阿里不哥那一边，而旭烈兀在观望几天之后选择了忽必烈。

就这样，双方已到矛盾爆发的紧要关头了。

更要命的是，别儿哥居然还派人与刚刚通过流血政变当上国王的拜巴尔取得联系，说他们一定要团结起来，对于敢于与我们为敌的人坚决打击。

在这样的情况下，旭烈兀还有什么办法？他手里虽然还有精兵，但他不得不留下来防备他的这位堂兄。这位堂兄才是他最大的对手。

但他对埃及实在太愤怒了，如果不派兵惩罚一下，他还算是蒙古汉子吗？

于是，他派额里该带兵出征叙利亚，然而他现在只能抽调六千部队了。

这六千人居然成功收复叙利亚。可他们在向埃及前进的路上，又被拜巴尔的大军打败，被迫撤退。蒙古大军西征的故事基本就进入了尾声。

但他们的内部斗争却全面展开。

这个内部斗争分两部分，一部分在东边，唱主角的是忽必烈和阿里不哥。另一部分在西边，唱主角的就是旭烈兀和别儿哥。

在旭烈兀宣布他不再尊重别儿哥这个堂哥之后，别儿哥也把脸皮撕破了。

他派大将那海带三万部队向旭烈兀的势力范围进军。

旭烈兀听到这个消息后，哪会坐等老兄的部队打过来？

于是，他也宣布整军而出。

一场兄弟之战已经不可避免。

1262 年 8 月，旭烈兀在他的势力范围内调集各路兵马，派失烈门为先锋迎接别儿哥的大军。

当年的 12 月，失烈门与敌人遭遇，双方打了一架。失烈门失败。不久，阿八台率军赶到，把那海打得大败，算是挽回局面。兄弟相残，各胜一局，谁都没有丢脸。

旭烈兀下令继续前进，兵临打耳班。双方又在打耳班展开激战，那海再次败走。

那海在退走的时候，以为大家虽然打到这个份上，但到底还是自家兄弟，打过了就打过了，不会搞打砸抢这些动作，因此撤退的时候，只带着部队撤离，那些豪华帐篷、马牛羊之类等财产都留下了。

旭烈兀的大军就这样挺进了钦察大草原。大草原上的居民们都已经吓得逃跑了，只留下大量的帐篷和马牛羊。旭烈兀取得一连串胜仗后，又在草原上悠闲地摆着酒宴，跟那些“卷发上洒着龙涎香的、月亮般美貌的姑娘”娱乐。

别儿哥很快就接到前线战败的消息，知道自己大量的妇女小孩子以及马牛羊都成为老弟的战利品。于是，赶紧把全国的兵力都集中起来，去迎战旭烈兀。

1263 年 3 月，别儿哥的主力部队终于与旭烈兀的主力交上了火。

双方见面就开战。

这场大战，从黎明开始，打到黄昏时分。最后，别儿哥各地的援军不断开到。旭烈兀一看，本来钦察汗国的人口就比他多，而且又是在他的地盘上打，人家的援军永远比他的来得快，这仗不宜再打下去了。为了不被堂兄打死，旭烈兀下令退兵。

当时捷列克河还在结冰，旭烈兀的大军就直接踩着河面的冰层后退。哪知，三月的冰层已经开始融化，几个人在上面跑来跑去，不会有什么事。可一大群兵马从上面跑，冰层就受不住了。不少冰层破裂开来，造成了大量士兵落水淹死，被淹死的士兵比战死的还要多。

据说，别儿哥看到这个景象时，长叹了一声：“让安拉谴责这个用蒙古人的剑来残杀蒙古人的旭烈兀吧，如果我们齐心，一定能够征服整个世界！”他说得不错，可他只会指责旭烈兀，却没有想办法去修复他们兄弟之间的情感。

这次失败让旭烈兀很郁闷也很愤怒。他很想再扳回一局，下令大家抓紧时间，做好打仗的准备工作。而别儿哥也不闲着，派那海再次出战。

旭烈兀听说那海又带着大军来到打耳班，声言再来欺负一下旭烈兀。

旭烈兀派了个间谍到那海那里探听虚实。可人家的虚实还没有掌握一点，自己就先暴露了，被人家抓了个现行。

那海亲自审问这个间谍，问现在旭烈兀的情况如何？

他说，现在旭烈兀治下的地盘，国泰民安得很，政权也非常牢固。

那海有点将信将疑。

正好这时，忽必烈派了个特使赶来，向大家宣布：他已经成功夺权，成为蒙古帝国的大汗。现在正式任命旭烈兀为伊儿汗，并派三万部队前来协助他。谁敢打他，他就打谁。

那海一听，吓得不轻。于是，他抹着脸上的汗水，悄悄地收兵。

兄弟自相残杀的故事暂时告一段落。

旭烈兀得到这个任命后，心里很高兴。

虽然他还记得埃及的仇恨，时时刻刻想去报复，但与钦察汗国闹到这个地步，他还能发兵吗？所以，报仇的事，他只能记在心里，然后开始建设他的汗国。

旭烈兀很想靠术士的那些技术来长生不老。当然，铁木真只迷信丘处机，而丘处机也没有用花言巧语骗成吉思汗，与成吉思汗交流时，说得最多的不是长寿问题，而是止杀的建议。旭烈兀却网罗了一大批术士，天天炼金丹。这些术士花了大量经费，最终没有炼出长生不死的药来，倒是搞出很多商品来，到处发财。

我们知道，中国有很多皇帝都迷恋金丹，有过几个皇帝吃金丹而死的故事。我们不知道旭烈兀是否也吃过这些术士提炼的金丹，但他不久也死去，而且只活到四十八岁。当然，史上的记载也没有说他是吃金丹死的，而是说他于 1265 年 1 月，连续几天的狩猎和宴饮之后生病，到 2 月 8 日去世。

不过，蒙古帝国这些老大基本都短命，窝阔台死得早，贵由死得早，拔都也只是四十八岁。

旭烈兀死后，他的儿子阿八哈继承了伊尔国的汗位。

阿八哈还是很讲政治规矩的。

在推选老大的时候，大家全部同意他出来当大汗，理由很简单，他是本支宗长，他不当谁当？可他仍然很谦虚地推辞。结果当然是推辞不掉，但他仍然说要先当个主持全面工作的人，还是把情况跟中央反映一下，请忽必烈下个任命书才算数。

本来兄弟之争到这个地步，也应该告一段落。可道理谁都会讲，一旦看到利益，就什么道理都不管了。别儿哥看到旭烈兀死了，阿八哈刚上任，正好趁机去打一下。

别儿哥这次出兵，带兵大将仍然是他的侄儿那海。

阿八哈气愤得要命，立刻带兵迎战。他的先锋是他的弟弟玉疏木忒。玉疏木忒跟那海打了一仗，打得很激烈，玉疏木忒手下一个大将当场阵亡，而那海的眼睛也中了一箭，血流满面而逃。

阿八哈带着大军渡过苦剌河，决心再教训一下那海。

这时，别儿哥没有想到阿八哈反应这么神速，急忙带着三十万主力前来决战。他知道，目前阿八哈无论如何也不能组织这么多军队前来跟他较量。

阿八哈看到这个堂伯把全部家当都带了过来，知道硬碰是干不过他的，急忙又渡河回来，守住渡口。

双方在河两岸扎下营寨，然后拉弓对射，一直对射了整整十四天。

别儿哥看到自己的军队明明比对方多了很多倍，可就是因为一条河阻挡，人口数量优势一点发挥不出来，就下令转移到别的渡口去。哪知，他才转移没几天就不转移了。他不转移的原因不是不愿打仗，而是也跟旭烈兀一样死去了。

大家看到别儿哥死了，当然都收手不打了，抬着他的灵柩回去，让他先入土为安，别的事以后再说。

阿八哈这才松了口气。哪知，这口气才一松，第二口气又上来了。

察合台汗国的八剌又跟他玩上了。

当然，最后他把这个八剌也打败了。

于是，蒙古帝国在西边的三个汗国一直闹了很久都没有收场。

第六章
蒙哥之死

余玠治蜀

在旭烈兀西征时，蒙哥还派他的另一个弟弟忽必烈远征云南。

如果按常理而言，蒙古更应该先拿下宋朝，然后再去攻打云南。可前些年，窝阔台几次三番打宋朝，硬是被看上去很柔弱的宋朝打败。

他们在长江沿线开辟了几个战场，但这几个战场都没有用。本来他们认为四川最容易拿下，那里离宋朝的中央很遥远，宋廷可能管不着，于是就以那里为突破口派重兵打了几次。本来打得还顺手，哪知，最后打得宋朝没有办法，便把孟珙派去那里，一下就把局面扳了回去。那里又成了蒙古帝国经常被打败的地方。蒙古帝国无敌中东、欧洲的十八般武艺，硬是在孟珙那里吃不开。

后来，孟珙不在那里了，应该容易进攻了吧？

仍然不好打。

因为孟珙走了之后，又来了余玠。

这个余玠同样是个牛人，可他的出身就比孟珙差远了。孟珙是名将之后，家里几代人都是抗金大将。余玠是蕲州人，家里穷得要命。不过，他身上却充满着乐观主义精神，从没自卑过，向来无拘无束，我行我素，很有大侠的风范。他曾经去白鹿书院读书。这可是个大大有名的书院，不是学霸是很难进去的。可他却从不当一回事，继续保持着“街头小混混”的作风。

有一次，不知道卖茶小店的老板怎么得罪了他，他居然带着几个人跑过去，把那个小本生意的老板暴打一顿致死。

他虽然顽劣，敢于组织流氓团伙打人致死，但也知道杀人偿命的王法。他二话不说，直接逃跑。

他当了逃犯之后，到襄阳、淮南一带流浪。后来，他开始做点生意，赚了不少钱，买了田地，成为地主一个。

这一带是金国跟大宋的边界，边境时不时发生战争，他看到金国老是欺负大宋，心里很不平衡，于是，思想就发生了根本性转变，他跟很多有志青年一样，想办法去参军保家卫国。他知道，要想在政府或者军中混得开，必须投靠一个好老板，而且这个老板必须是个主战派。

他把当时前线那些牛人逐一比较了一遍，发现投靠赵葵是最合适的。

当时，赵葵当淮南东路制置使。余玠听说赵大帅也是个文人，于是作长短句一首，拿去见他，请大帅斧正：

怪新来瘦损。对镜台，霜华今乱鬓影。胸中恨谁省？正关山寂寞，暮天风景，貂裘渐冷。听梧桐，声敲露井。可无人，为向楼头，试问塞鸿音信。

争忍，勾引愁绪，半掩金铺，雨欺灯晕。家僮卧困呼不应，自高枕。待摧他，天际银蟾飞上，唤取嫦娥细问。要乾坤，表里光辉，照予醉饮。

赵大帅读到这首词时，拍着桌子大叫：“能写这么豪迈的文字，肯定是个人才。”就把余玠留下来当幕僚了。于是余玠就从逃犯成为政府官员。看了这首词之后，你还认为余玠是个街头小混混吗？

后来，赵葵不断地提拔他，一直提到工部郎官，进入了仕途的关键点。

端平三年（1236 年），蒙古帝国打过来时，他直接参与了老家的防御战，打退了蒙古兵。

第二年，他又带兵配合杜杲的安丰之战，把蒙古兵打得溃不成军，立了大功，被破格连提三级，然后被任命为知招信军兼淮东制置司参议官，进工部郎官。

1238 年，察罕率大军围泸州，又被杜杲大败。他不甘心失败，觉得泸州不好打，杜杲很牛，就转移目标去打滁州，要把脸挣回来。他就不信宋朝还有跟杜杲一样猛的牛人。哪知，滁州正是余玠的防区。余玠现在虽然没有杜杲那么出名，但他的水平一点不比杜杲逊色。

余玠听说察罕的大军赴向滁州后，一点不迟疑，带着大军去救滁州。察罕看到余玠来得这么迅速，也有点怕了起来，便转攻天长县。可他还没有发动进攻，余玠又杀了过来。他只得迎战，结果大败。察罕很郁闷，自己的兵比他还多，居然被他追着打。但宋理宗很高兴，下诏大力表扬余玠一番。

察罕很不服气，怎么老是出师不利。

他不信打不过这些人，于是淳祐元年（1241 年）的 10 月，又下令各路军队出河南，向宋朝境内开进。开局倒是很不错，一战就拿下了寿州。

寿州是安丰的屏障。察罕看到寿州能够轻松拿下，认为再打安丰也不会费多少力气。

寿州一失，宋廷又慌了手脚，调集二万人去救安丰。这次安丰没有杜杲了，但余玠的援军却来了。余玠率水师与蒙古兵激战四十多天，又把察罕打败。

这一次战功，使得余玠成为淮东制置副使，完全可以独当一面了。

宋理宗连续表扬了余玠多次，终于下诏叫他过去见面。

淳祐二年（1242 年）二月，余玠来到大宋的首都，拜见宋理宗。跟皇帝见面，肯定要有发言的准备，否则，皇帝问起来，你就丢脸了。他准备了几个建议，最重要的一个建议就是“愿陛下视文武为一，勿令偏有所重。偏必至于激，文武交激，非国之福”。要知道，这个建议看起来没有什么特别，但在宋朝时就是一个无比大胆的建议。因为当年宋太祖怕武将也向他学习，哪天来个黄袍加身，他的子孙就跟柴荣的后代一样，成为废皇帝了。所以，他把武将的兵权全部解除，从此以后有宋一朝基本是重文轻武。当然，国家还是需要有军队的，何况有宋一代，北方的敌人都比他们强悍，因此国防力量从没有削弱过。有军队就必须有将领。赵家有赵家的办法，就是把将领不断调来调去，你在这里还没有培养几个亲信，又被调到另一个地方了。等你刚认识几个兄弟，还没有喝几餐酒，下一个调令又来了，弄得兵不识将、将不识兵，很好地控制了这些掌握枪杆子的人，但战斗力却大大地下降。于是，控制了内部矛盾，却对付不了反宋势力。很多人老早就发现这是个问题，但因为是太祖留下的祖训，谁敢提？

余玠跟理宗第一次见面，就马上提这么敏感的话题，可见他还是不改当年把人打死的脾气。

不过，理宗听过之后，并没有龙颜大怒，反而很高兴地说：“卿人物议论，皆不寻常，可独当一面，卿宜少留，当有擢用。”

现在正是用人之际，宋朝能把蒙古收拾几下的大将实在太稀缺了，哪能不提拔？再不提拔，蒙古兵就打进首都来了。

这时，蒙古兵又连破遂宁泸州，蜀中又告急起来。理宗立刻感觉到长江上游有点困难了，叫大家来商议。有人说，施、夔两州是国家的门户啊，可现在却没有关防。这样下去的后果是很严重的。

理宗说：“那咱到那里搞屯田，可以吧？”

“不行。我们这么多年实行的屯田，基本都是形式主义。现在屯田的成本很高，士兵们都懒得种田。如此一来，收获到的粮食还不如投资的经费多，划不来啊皇上。”

最后，正言刘晋之上书建议：其他办法都是废的，要想把蜀地经营好，只有派一个能力突出的人去那里当政。这个人既能治理，又能打仗。

大家一想，这个办法当然很好，可到哪里找这样的人才？

宋理宗想了很久，突然想起了余玠，自己不是刚刚说过他可以独当一面吗？现在就让他去四川独当一面。于是，下诏任余玠为四川宣喻使，并给他一个很大的权力：先行后奏。

宋理宗这时对余玠实在是太喜欢了，在余玠前来陛辞时，问了余玠的意见。余玠仍然说得很简单，想把敌人打败，必须把内政修好。宋理宗表示坚决同意他的话，并对余玠的话进行了补充："今日之事，不必问胡（指蒙古）运衰否，但自靠实理会。治内规摹，为四蜀经久之谋，勿为一时支吾之计。"

一看这个话，也可以看出这个宋理宗的脑子其实也没有那么差，但却没有保持这样的清醒。

余玠入蜀时，四川大部分已经被蒙古兵攻破，很多地方被蒙古大军反复踩踏过。他将接收的是一片完全可以用"满目疮痍"来定义的土地。

余玠却仍然很乐观，他表示："愿假十年，手挈全蜀之地，还之朝廷。"这个年轻时被人家说喜欢说大话的人，这时没有人再批评他是在说大话。因为此前他表现出的能力，全国人民都看在眼里。

余玠上任没几天，理宗又任余玠为兵部侍郎、四川安抚制置使兼知重庆，全面负责四川防务。

此前，由于四川离宋朝权力中心很远，宋朝高层向来不愿把目光拉得很远，因此对四川的治理基本不怎么用心。四川地区对于宋朝而言，就变成了边角废料。此前的十多年间，宋朝在四川共任命了三位宣抚使、九位制置使。除了孟珙之外，这些地方大员，有的上了年纪，老眼昏花；有的又贪又腐，眼里只盯着金钱美女，能刮就刮；有的凶残无比，而且是对内凶残，对外怕得要命；有的则根本没有到任，弄个级别之后，觉得蒙古骑兵经常到那里攻城略地，危险系数太大，因此就留在首都，吃空饷。

余玠到了之后，按照他的理政新思维，搞出了治蜀的新方案，整顿军纪，修建大小城池，还到处招贤纳士。当时四川有一对兄弟叫冉琎和冉璞。传说他们很有水平，此前历任四川老大都曾登门请他们出来，但他们看不起那些官僚，便继续做隐士。这时余玠出来主掌蜀中事务，他们看到余玠真的有水平、有抱负，就前来求见余玠大人，说愿意跟他一起做事。

余玠也听说过这对兄弟的名字，现在看到他们主动向组织靠拢，便热情地接待了他们。这两兄弟在那里吃吃喝喝了几个月，什么意见也没有提出来。余玠安排了个酒宴。在宴会上，大家讨论着当前的形势，别的人都抢着发言，拼命陈述自己的高见。冉氏兄弟只是默默地吃着饭。

余玠就把他们转移到另一个客栈，然后派人去偷偷监视他们，看看这两个家伙到底都在干什么？以前自己去投奔赵葵时，还写了一首气势磅礴的词当投名状，这两个家伙到现在除了吃喝之外，没说出什么话来，难道是浪得虚名？难道是来忽悠吃喝的？

监视的人回来汇报，冉氏兄弟每天都躲在客栈里，蹲在地上用白土画来画去，好像是在画什么山河地形图之类，有时又一起出去散步，显得很悠闲。

这样又过了十几天，两兄弟出来求见余玠。

兄弟俩这一次求见，对世界历史的进程产生了巨大的影响。

两人见到余玠后，直接就说："从目前蜀中局势来看，必须移建合州的新城，否则，会永远处于被动挨打的局面。"

余玠几乎跳了起来："你们说得太对了。我这些天一直思考这个问题，只是不知道该把这个新城定位在哪个地方。"

冉氏兄弟说："入蜀门户中能处于不败之地的只有钓鱼山！只要把新城放在这里，选对守城的人，多放些粮草，远胜十万大军。"

余玠大喜，这几个月果然没有白养了这两个兄弟。他立即向理宗秘密上奏，破格提拔冉氏兄弟，这时理宗对余玠无限信任，立刻下诏：令冉琎为承事郎，暂时发遣到合州任知州，冉璞担任承务郎，代理合州通判，管理州事。迁徙合州城治的事情，全部委任给他们来办。

这个诏书一下，大家一下就受不住了，都在抱怨。

余玠根本不跟他们解释，指着他们大声说："合州城修成则蜀地就会依赖它保证安全，不能修成，余玠将独自承担罪责，与大家没有什么关系。"

那些人的不平这才熄火。余玠不再跟其他人商量，让冉氏兄弟按计划行事，最后修筑成青居、大获、钓鱼、云顶、天生等十几座城池，都依山筑成城堡，形成坚固堡垒，如星罗棋布，成为各州府的治所，屯驻军队，聚集粮食，做长期坚守的准备。

余玠接下来还要大力整顿军纪。这些年来，很多治蜀老大基本都放任军头们，仗打赢了，固然有赏，请朝廷提拔，可打败了却很少问责。这样的军队怎么能打好仗？他必须把这个传统砍掉，让大家知道军纪是用来执行的。

当时，利州都统王夔就是个恶霸式的军头，对蒙古兵一点办法都没有，但对自己的人民却狠得要命。他在汉州被蒙古兵打得遍地找牙，一点脾气都没有，直接撤了回来。可回到安全地带后，恶霸的脾气就狂涨上来，对上级的命令从来不听，每天做的基本都是打土豪抢钱财的工作。他一旦知道你手里有几个钱，就一定逼得你拿出来为止。他对蒙古兵没有办法，但对这些土豪很有办法，发明了很多折磨人的方法，比如：把中间有洞的竹箕夹于富人的颈上，弄成四面像箕的样子，称为“蛤蟆蚀月”；用弓弦系于鼻子下，高悬于格上，称为“错系喉”；缚住人的两条腿，用木头交相压在上面，称为“干榨油”，以至于用酸醋灌人的鼻孔，恶臭的脏水灌人的耳朵、嘴巴等。土豪们面对这些很有创意的酷刑，还敢不交钱保命？大家都叫他“王夜叉”。

余玠刚上任时，来到嘉定，王夔带着他的部属出来迎接。

王夔大概也知道余玠的名声，便决定有意怠慢他一把，因此带出来的部队只有二百人，而且都是年老体弱的兵，个个有气无力地鼓掌欢迎新领导的到来。

王夔干笑着站在那里，看余玠的反应。

余玠看着王夔的皮笑肉不笑，脸上也没有多少表情，只是说：“听说王都统手下的兵都是精良无比的壮士。现在这些战士怎么都累成这个样子？看来我听到的都是谣言啊。”

王夔一听，脸色一变，哈哈大笑，说：“我的兵都是精兵。今天不让他们出来见大人，是怕他们吓坏了大人的这些跟班。如果你们不怕，倒可以让你们见识见识。”

不一会，王夔把他的虎狼之师拉了上来，果然震撼人心，集合哨一吹，霎时声如响雷，声音一停止，队伍就全部摆好了阵势。集合完毕，旗帜猎猎，士卒精明强干，武器森然严整，没有一个人敢有不合乎规范的行为。

跟余玠在船上观看的那些随从果然都“战掉失色”，但余玠的表情却一点不丰富，等他们演练完毕，就吩咐随从们给部队发些赏物，以资鼓励。

这回轮到王夔有些想不通了。回到家里后，还不停地对人家说：“儒者中乃有此人。”

王夔本来是想吓一把余玠，以便让余玠以后怕他。可是余玠会怕他吗？余玠在这次接触中看到王夔果然很嚣张，心里马上有了想法：这样既嚣张又没有好口碑的人，留下来只能给四川留下后患。

余玠主张修内政，要修内政就必须消除一切隐患。连隐患都要清除，何况这样的明患。

余玠把自己的亲信杨成找来商议，他说：“很想除掉这个恶棍。可是他手里有重兵，而且看上去战斗力还是挺强的，怕弄不好，后果太严重。”

杨成说：“这家伙一定要除掉。否则等他势力再膨胀下去，就没有办法收拾他了。王夔在蜀中有威名，但能比得上当年的吴氏兄弟吗？吴氏救四川于危难之中，经历四世，那个威名如何？可后来吴曦为乱，几个将领不是一样可以把他搞定？何况王夔只是个恶棍，这些年来带着兵，不但没有立过功，反而天天残害百姓，看谁不顺眼就砍。现在打死他，不费吹灰之力。等他再坐大下去，要搞他就困难了。”

余玠本来就胆气很足，听了杨成的话，当场拍板搞死王夔。

当然不能蛮来。

半夜里，余玠突然说有要事，请王夔前来开会。

王夔虽然很嚣张，但对余玠的底也摸不着，而且余玠到现在也还没有跟他闹过什么不愉快的事，因此就按时前来。

其实，余玠在向王夔发通知的时候，已经暗中派杨成出发，来到王夔的大营附近。王夔一出大营，杨成就进去了。

杨成单骑入营之后，大家一看都觉得不对劲，不知他来这里干什么。

杨成宣布:“奉余大帅之命，派本人前来带领大家为国效劳。”

大家都瞪着眼看他。

杨成再宣布了王夔的罪状，说王夔现在已经被余大帅判处死刑了。大家一听，都表示坚决拥护余大帅的英明决策，服从杨大人的领导。

王夔一进入余玠的大帐，就被余玠的刀斧手干掉了。

蜀中最大的隐患就这样解决了。

余玠一边筑牢防御工事，一边调兵多次与蒙古兵对抗，基本都取得胜利。

远征大理国

蜀道本来就易守难攻，现在又有这样的人才当第一把手，他能让蒙古有多大的机会？如果从蜀地进攻宋朝，基本是没有指望的。因此，忽必烈就建议来个迂回包抄，从藏地攻入云南，从那里取得粮食后，再从西南攻打宋朝。

也许你觉得这条路实在太绕了，可千万里路对于蒙古骑兵而言，从来不算远。

蒙哥觉得自己这个老弟的建议很对。这些年来，他伐宋碰到几个硬钉子，心里很不服。自从窝阔台以来，他们一面南伐一面征西，虽然征西的影响力是世界性的，但用的兵力并不多：拔都打欧洲，也只带了十二万；旭烈兀去打中东，也是十二万。两人都占领了大面积的土地。可是打宋朝打了这么多年，有时投入的兵力直接就几十万，最后却都不得手。既然正面不行，那就找个侧面吧。东部是大海，草原上的骑兵走进大海，那是找死。只剩下西边了。

于是，蒙哥在派旭烈兀出征中东的同时，也派忽必烈南征云南。

这个部署，好像也是一次平常的出征，但对蒙古帝国后来的权斗却产生了重大的影响。

蒙哥知道汉地的军事家太多，必须全力以赴，否则就只有败退回来。他把全部的蒙古主力都交给了忽必烈。

大家都知道，此时蒙古仍然在执行原来的分封制度，哪个宗王打下的地方，那个地方就归于那个宗王。旭烈兀打下中东那一片土地，蒙哥就让他在那里当伊利汗。虽然旭烈兀的子孙一直宣称接受中央的领导，其实中央很少领导到他们。蒙哥即位后，就曾命“皇弟忽必烈领治蒙古、汉地”，基本让他当了中原一带的老大。所以，征服南宋以及南宋周边地区和国家的任务当然就由忽必烈来完成了。他们还有一个同父同母的弟弟阿里不哥，就留在草原，帮助蒙哥处理国家大事，必要时可以当监国。

监国的权力很大。

但手握重兵时发言权更大——这是后话，暂且不表。

其实早在窝阔台时期，蒙古帝国就曾经派重兵长途奔袭过云南，也就是大理国。当时大理国的老大就是段兴智。读过金庸作品的或多或少都知道这个大理段氏。当然，大理段氏的这些皇帝并不会一阳指，更不会出现段誉这样的皇帝。窝阔台虽然远在蒙古，也知道这个国家的存在，因此就在当时攻打蜀地的蒙古兵中，抽出一支精兵去打大理。据说，当时这支部队足足有二十万，可见窝阔台对大理是志在必得。

这支远征军由川西过大渡河和金沙江，向大理狂奔。

大理当然也不示弱，立刻派出大将高禾带兵迎战。

双方在丽江展开激战。

激战的结果是双方都损失惨重。蒙古兵虽然还想继续打下去，但因为窝阔台突然死掉，只得撤兵回去。到了1247年，蒙古高层决定再打大理。他们本想高调宣布打蜀地，然后对大理进行偷袭。哪知，动静搞得太大，宋朝怕四川有失，派兵迎击，把蒙古兵拦住了，导致蒙古兵连大理的边都没有看到就不得不北还。蒙哥看到居然会出现这样的乌龙，气得要死。

忽必烈这次也是十万人出征，首席大将是兀良合台。

由于有了几次打大理的经验，他们对大理的路已经非常熟悉了。他们知道进入西川后，必须过几条大江。所以，忽必烈选择在冬季出发，乘江水结冰之后，越过黄河，进入河湟之地，第二年的八月到临洮。差不多一年的时间，都在去打仗的路上，而离战场还很远。

忽必烈此前在打宋朝的时候，最苦恼的就是宋朝动不动就玩坚壁清野，让他们经常抢不到粮食。中原不像大草原，只要有草就有马奶，而是除了种在地上的粮食外，没有别的东西吃。你要是找不到粮草，连马都会饿死。因此，忽必烈不得不向中原军事家们学习一招：兵马未动，粮草先行。

当然，蒙古草原是没有粮草给他先行的，但川西那些少数民族地区有。

忽必烈在出兵途中，派出急使通知凉州的吐蕃老大八思巴前来，让他为大军过藏区做一切准备工作，保证大军在藏区有吃有喝。当然，他还派了个三人代表团前往大理，要求大理抢在开战之前举手投降，否则，后果不堪设想。哪知，八思巴很快就过来接受了任务，派往大理的招降威吓团却因为道路被阻，不得不折回来。

有了八思巴带路，忽必烈顺利地通过了藏区。

大理国已经不远了。

忽必烈就在松潘进行了部署，兵分三路：西路由兀良合台率领，东路由抄合、也只烈率领，他自己则带着中路，向南进发。

兀良合台所率西路军，由晏当路南下，经川西藏区，在巨甸渡过金沙江。西路军在今丽江石鼓一带，却被“空和寨”所阻。开始时，兀良合台不以为意，不就是一个小小的营寨吗，大家稍微用力一点，把它攻破了，继续开路。哪知，这个山寨却坚固得要命，而且沿江而筑，守住险要。蒙古军猛攻之后，才发现真的是硬骨头。

兀良合台不得不重视起来，亲自冲上攻城第一线，连续激战七天，这才攻破这个寨门，继续南下。

东路军一路而来，在进入建昌、会川境内后，就接连遭到抵抗，虽然杀到姚州城下，展开攻击，但却是屡攻不下，只得勒兵而待，等待忽必烈大军的到来。

忽必烈了解到这个情况后，知道要是敌人突然派兵前来夹攻东路军，问题就会严重了，他迅速下令部队把所有的辎重都抛下不管了，全军轻装前进，渡过大渡河，急行军两千里，来到金沙江畔。蒙古兵是草原英雄，是马背上的民族，水性很差、划船技术更落后。但他们几次南下大理，对这些路径已经研究得很透彻了，知道要过这些江河湖海，是不能蹚过去的，因此他们早就准备了大量的“皮囊”。这时他们就靠着这些有大漠特色的水上交通工具渡过金沙江，从永宁南行，直达丽江，攻击三赕。三赕的少数民族首领麦良打不过忽必烈，只得打开城门出降。

有了一个投降的，其他少数民族的首领自然都向麦良学习，只要忽必烈的大军一开到，大家都放弃抵抗，出来投降。忽必烈很久以来，招募了大量的汉地读书人，受儒家文化的影响较重，所以没有像征西大军那样到处杀无赦，而是接受了这些少数民族首领的投降，一路倒是顺风顺水，不但没受什么阻力，反而让队伍更加发展壮大。

大理国的高层虽然前次被蒙古兵打得很苦，但过后他们并没有痛定思痛，以为他们离蒙古很遥远，又有宋朝横着挡在中间，蒙古国不会再来打他们了。哪知，蒙古大军仍然来了，而且来得很快，几道天险全部丧失，中间那些少数民族地区也在忽必烈的大军面前纷纷投降，转换为蒙古帝国的附属。

此时，大理国的最高领导人是段兴智，但实际掌握权力的却是宰相高泰祥。大理很早以前发生了个政变，政变的领导人就是高泰祥的老祖宗高智升。高智升换了一个皇帝，然后自己拿住大权。后来，他要死的时候，又把宰相的职务交给自己的儿子高升泰。高升泰当了几年宰相后，又把皇帝拉下马，自己当了皇帝。哪知，他的群众基础太薄弱，大家都在谴责他。他在的时候，就叫儿子别当这个皇帝了。于是，他的儿子又让段正淳当了皇帝。但大权仍然是紧紧握在自己的手里。自此以后，大理国宰相这个职位就被高氏垄断。

高泰祥没有想到蒙古人会来，更没有想到蒙古兵会来得这么快。一时之间，到处是蒙古兵的旗帜在呼啸而过。

不久，两路大军会师龙首关外。

龙首关是大理国首都的北大门，本来应该重兵防守，但因为整个大理高层的失策，险关虽然险，仍然被忽必烈一攻而下。

忽必烈深知，大理境内山路崎岖，如果不速战速决，人家组织力量到处截击，后果将极为严重，如果支持不住，恐怕连全身而退也难以做到。他们打下龙首关之后，沿着小路狂奔，以惊人的速度直抵羊苴咩城下。

这城经南诏大理近五百年的经营，坚固得要命。据说当年唐朝军队打到这里时，就被全歼在城下。所以，如果大理国决策层做好准备，要在这里阻击这支蒙古帝国的远征军应该是可以做到的。

忽必烈看到这城之后，就知道不好硬攻。即使拼力攻下，代价也是很大的。他不想在这里有太大的损失，于是，就想挟着连胜之威，派三个使者去见大理国几个领导，准备了一套恐吓加利诱的说辞，威逼大理国投降。

很多人都认为，大理国向来脆弱不堪，被蒙古一吓，就会紧急商量如何投降。哪知，段家和高家虽然一个不服一个，而且也没有过硬的军事本领，但在这个事上却保持高度一致，坚决不降。他们为了表示自己不投降的决心，就把那几个倒霉的使者全部砍头。杀完使者之后，他们并没有在城里待着，而是在第一时间里，带兵出来跟蒙古人大打一场。

不分胜负。

如此一来，大理国人的信心又高涨起来，死守着坚城。

忽必烈一时难以攻克。在西征时，蒙古兵在碰到坚固的城堡时，往往把它全面包围，围到城里的人感到生存困难为止。但在中原一带，这一招儿往往不灵。因为在中亚一带，那些城外往往是一片宽阔的大草原。在大草原上扎营，跟他们在家没什么差别。可是在这里，四面全是大山，吃的喝的基本靠自带。要是在这里跟城里耗是耗不起的，等带来的口粮没有了，再怎么强大都会完蛋的。

忽必烈很着急，可又没有什么办法。他只得又派人去城里劝降。但结果是“三返弗听”。

忽必烈没有办法了，也不由急起来。他把地势看了一下，决定向当年的邓艾学习，组织一支敢死队，绕道苍山西坡，由西向东翻越苍山，迂回进攻。

这支武装登山队比当年邓艾经历的还要惊险，最后只有十分之一的战士成功翻到指定地点。这些剩下来的精英战士鼓号齐鸣，打开旗帜，从山顶上直冲而下，杀进城中。城里的人突然看到蒙古兵从山上猛冲下来，顿时就乱了手脚。蒙古兵杀进城之后，迅速打开城门。城外的蒙古兵一拥而入。

忽必烈进城之后，很快就找到了那几个使者的尸体。

他大怒，决定屠城。当他下令大开杀戒时，他手下有几个人出来反对。当时，这几个人都说:“杀害使者的是高泰祥，跟老百姓一点关系也没有。既然老百姓没有罪，为什么要杀他们？请放过他们吧。”几个人不由分说，取出几块白布，拿笔就写了几张“止杀令”，派人在大街小巷上宣传。大理的老百姓这才没被砍头。

如果大理国的统帅稍为冷静一下，肯定会看得出，这支敢死队并没有多少人，而且都已经疲惫不堪，派兵迎击过去，那么这支敢死队就只有死了。但大理国的几个高层都是没经过大阵仗，突然看到敌人从山顶冲下，都吓得六神无主，怕逃得慢了性命不保，因此抢着逃出城去。这几个人光想着逃出这座城池，却没有想到，此城一失，他们又能逃到哪里去？

忽必烈拿下羊苴咩城后，乘胜追击，终于来到姚州城，与东路军胜利会师。此时，大理国兵士气已经直线下跌，三路大军合力攻破姚州城，生擒高泰祥。大理国王已逃到善阐。蒙古军又追到滇中，大力猛攻，一举拿下善阐，最后生擒大理国末代国王段兴智。

段兴智投降。忽必烈封他为世袭大理总管。虽然当不成皇帝，但权力比以前大多了。

忽必烈下令把高泰祥带来，劝他也投降算了。高泰祥宁死不降。

忽必烈最爱这样的人，反复做他的思想工作。但不管怎么劝，他只有一句话：不降！

忽必烈最后也没有办法了。高泰祥临死时，大呼："段运不回，天使其然，为臣殒首，吾事毕矣。"意思是，段家的气数完了，是老天定下的，我为他们尽忠了。我完成了我的历史使命。

他把责任推给了段家的气数。其实段家的气数早就被他们高家玩完了。他的骨气是很硬的，很值得尊重，但水平太差，境内有着无数天险，居然被人家连续攻破。与其说是段家的气数到此为止，不如说是忽必烈太厉害了。

余玠之死

拿下大理几个大城之后，忽必烈班师回去，只留下一支部队在那里继续打击剩下的零星力量，任刘时中为宣抚使。

此时，四川的形势又有了变化。这个变化主要由宋朝内部引起。

本来余玠守蜀时，工作很努力，成效很显著，但宋朝内部却从没有停止过争斗。他们在摇摇欲坠的情况下已经搞内部斗争多年。宋廷南渡以后，内部斗争的主题基本就是主战派和主和派之间的较量。虽然主战派在前方拼命打仗，但最终总是主和派占上风。

此时，朝中主战派的代表就是赵葵，而主和派的代表叫谢方叔。

赵葵就不多说了，他因为多次挽救了宋朝，所以很受宋理宗的信任。余玠之所以得到重用，就是因为他是赵葵的门生。

可以说，现在赵葵是主战派的总后台，只要他还在高层，主战派就会占上风，主和派就没有市场。搞定赵葵就成为主和派们所有工作的重中之重。赵葵做事低调，能力又突出。他虽然不是进士出身，但本身也是儒臣一个，还是个大艺术家，这些通过科举上来的主和派，跟他比艺术也比不过他，所以直接搞死他是很困难的。只有把他的枝叶剪掉，才可以不断地削弱他的实力。

于是，余玠就成了他们打击的重点对象之一。

虽然几乎所有的人都知道，余玠治蜀取得的成果举世瞩目，完全止住了长江上游的颓势，并且还有几次主动向蒙古兵进攻的动作，让蒙古方面很头疼。照此发展下去，蜀中形势肯定会朝着一片大好的方向发展。可是主和派的想法却不是如此。尤其是这一代的主和派，蒙古人并没有去收买他们，他们也没有从蒙古人的进军中获得什么利益。他们能够偏安一隅，完全是靠主战派们拼命的结果。

其实，完全是利益所致。他们也不想被蒙古人打败，但因为他们不会打仗，难以建功立业，于是就创造了以和为贵的奇葩理论。他们说天天打仗，人民受苦，国家受难，还是想办法跟蒙古讲和吧，只要争取到多年的和平，我们大宋就会强大起来。我们强大了，蒙古还敢打我们吗？到时他们还怕我们去打他们呢。

这个理论一般很容易被皇帝采纳。

其实这个理论一点没有联系实际。蒙古跟哪个国家讲和过？他们有时也讲和，但讲和之后没几天就大军杀到。跟当时的蒙古帝国打交道，完全没有讲和这个选项。

但谢方叔他们却认为，现在蒙古人天天打我们，是因为朝廷中主战派太强硬了，动不动对蒙古兵以牙还牙。你让他一让，给他消消气就会好的。

尤其是余玠，没事时天天高喊抗蒙，蒙古人不愤怒才怪。

他们先是在理宗面前进了几句谗言，说现在余玠的权力越来越大了……

理宗这时还算清醒，没有搭理他们。

再后来，余玠在整顿军纪时，又得罪了谢方叔。

当时，余玠为了统一政令，杀了王夔之后，又想加强前线的力量，准备任命杨成为都统。但利州都统制司那一群人不服气，硬是推举姚世安当了都统制。这个姚世安打仗水平很差，但靠山很大。余玠知道后，气得要命，亲自带了三千部队到云顶山，要求姚世安交出都统制的大印。姚世安却嚣张得很，干脆闭起城门，不让余玠进来。

余玠虽然很愤怒，但也没有办法，总不能发动军事行动吧？而且他也知道姚世安之所以如此嚣张，并不是他有多厉害，而是他的背景厉害。

姚世安的靠山就是谢方叔。

他跟谢方叔是世交，现在谢方叔很多亲戚都在姚世安的手下。要是姚世安被撤职了，谢方叔那些亲戚还能混下去吗？即使还在那里混，也会被余玠赶到前线去冲锋陷阵。

这些亲戚立马去找谢家总后台，谢方叔听说之后，当然又气又恨，他马上联络另一个死党徐清叟到理宗面前专门讲余玠的坏话。

当时，谢方叔是宰相，而徐清叟是参知政事。此前他们已经成功把赵葵从相位上赶了下来。他们拿下赵葵的理由很简单也很奇葩，就是赵葵不是科举出身，哪能当丞相？“宰相须用读书人”啊。

不管是谁，听到这样的理由都会笑喷。但理宗却认为很对，于是，把赵葵的本兼各职全部免掉。经过多年的奋斗，进了无数的谗言，谢方叔成功了。

宋理宗任命谢方叔为左相兼枢密使。

大宋在危难之时，主和派又扳倒主战派，掌握了国家的大权。

主战派总后台从决策圈被删除，那些在前线打拼的战将们就彻底失去了保护伞。

谢方叔在陷害余玠时，很舍得花工夫。余玠打了胜仗，他什么也不说，好像天下没有余玠一样。虽然余玠的捷报不断传来，但谢方叔都把这些捷报压下来，不让宋理宗知道。他们一来瞒住余玠的功劳；二来不能让这些战报又激活宋理宗打仗的信心。

于是，宋理宗好久没有余玠打胜仗的消息。

但如果余玠有什么别的建议，谢方叔收到后，马上在第一时间就送到皇帝面前。他会指着上面的文字对皇帝说，陛下啊，你看看，余玠居然敢用这种口气跟您说话。这是臣子可以说的吗？他因为取得了这点成绩，就可以不把您放在眼里吗？

余玠说话向来直爽，从来不讲那些官场上的客套话，他第一次跟理宗对话时，就已经是这个样子了，何况现在这些建议？

谢方叔抓住他这个要害，每天指着这些给宋理宗看，不断地挑逗理宗那根本来就不稳定的神经，然后不断地扩大化。这些话说多了，理宗对余玠的信任就开始下跌，便不再理性了。

多疑历来是皇帝最基本的一个性格特征。

谢方叔他们看到皇帝已经相信他们的诬陷了，便抓紧时间把情节加快推进。徐清叟对宋理宗说："既然余玠都到这个地步了，陛下为什么还不把他召回？"

这时，宋理宗没有说话。

徐清叟继续加一把火："陛下是不是因为余玠手握重兵，怕他不肯服从命令？我想啊，他已经在那里彻底失去民心，哪敢不回呢？"他的原话是："陛下岂以手握大权，召之不至焉？臣度素有失率心，必不敢。"

这些人除了猜不到敌人哪天打来之外，揣测皇帝的心思是很精准的。

理宗终于忍不住了。他马上下令，颁金牌召余玠，"以本职赴朝奏庚牌"。一看到金牌这两个字，你一定会想到岳飞的故事。这个金牌正是当年急召岳飞的金牌。这种金牌其实也不是用黄金打造的，而是金字牌，作用是紧急速递，相当于现在的快递。金牌一尺多长，上漆红色，并用金色写着八个字"御前文字，不得入铺"。也就是说，这块牌是朝廷发出的鸡毛信，以马接力传书，连驿站也不能入。据说"金字牌日行四百里"，当年召岳飞时，是一天发出十二道金字牌。

在谢方叔他们成功做好理宗思想工作、让理宗下决心怀疑余玠时，余玠恰巧生了重病。他正要向朝廷报告他生病的情况。谢方叔他们一看，以为余玠已经料到他们会发金牌召他的事，就提前装病来推托。他们又去找理宗，说余玠称病，不想回来了。

理宗这时更是彻底相信，也不由慌了，便又发出一道金牌，请余玠回来，马上提拔他为资政殿学士，而且已经任命接替余玠的人选了。这个人也姓余，叫余晦。余晦人品和水平都很差，但因跟这些人关系很铁，所以就让他去了。

此时，余玠真的病了。他卧在床上，看到理宗的召回命令。他知道，那伙奸臣已经在皇帝面前成功搞定他了。只要他一离川，那么岳飞的下场就是他的下场。

他已经做好了规划，仅几年间，就让蜀地的形势大为改观，不但多次成功挡住了蒙古人的正面进攻，而且还有能力组织部队进行北伐。虽然北伐没有成功，但他烧掉了汉中到大散关的栈道，然后重兵围攻汉中，昼夜强攻，后来敌人各路援军赶到，他这才不得不收兵，但却让蒙古人惊出一身冷汗。

蒙古人对他毫无办法，但那帮奸臣却不放过他。

余玠越想心情越是愤恨。

那一夜，他手握那块曾把岳飞杀掉的金牌，撑着病体，凭栏而望。

星空之下，无限江山。

可他的身后，几双阴险的眼睛正死死地盯着他，个个脸上都是必欲诛之而后快的表情。而且，他知道，朝廷已经派余晦来接替他。他比谁都清楚，徐晦接任之日，就是蜀地形势大坏之时，他这些年的努力都将被此人断送。余晦不是为保卫四川而来的，是为断送四川前程而来的。余玠更绝望了。他没有理由不绝望。他终于觉得自己活在这个世界上没有什么意义了。当天夜里，他死了。

1253 年 6 月 26 日。

有人说他是暴病而死，还有的人说他是服毒而死。不管他是如何死的，重要的是他在这个时候死去，在朝廷一班奸臣的重点打击之下死去，在蒙古人对他毫无办法的时候死去。

蒙古人很高兴。

谢方叔和徐清叟更高兴。

宋理宗有点后悔了，他在接到余玠的死讯后，罢朝一天。在这一天里，谁也不知道这个懦弱的皇帝在想着什么。

四川人民很悲愤。蜀之人莫不悲慕如失父母。

余晦接应后，终于以几次败仗来报答了谢方叔他们的重用，最后还把余玠的重要帮手之一王惟忠除掉。内在原因是王惟忠看不起他，他罗列的罪名是“顶冒补官，任知阆州判西安抚府日，丧师庇叛、遣援迟缓”。

负责审问王惟忠的是另一个有名的奸臣丁大全。丁大全很快就把这位抗蒙英雄定罪，王惟忠被押往街市执行死刑。他大声对监斩官陈大方说：“你们陷害忠良。我死后，一定向天帝申诉。”

陈大方不信，下令开斩。据说，刽子手的刀砍下之后，王惟忠的脸色不变，而血柱却往天上冲。没过几天，陈大方突然暴死。

信任危机

在宋朝高层把四川局势搞垮之后，蒙古认为这是对宋最后一战的最佳时机，于是宣布兵分两路伐宋。

如果按往时，蒙哥御驾亲征，肯定是留下阿里不哥监国，然后他带一路，另一路由忽必烈率领。因为忽必烈的现任职务是总领漠南汉地军国庶事，攻打南宋，是他的职责所在。但由于忽必烈长期主持汉地的工作，天天跟一帮汉地读书人在一起谈天说地。这些人学问很好，能说出一大堆齐家治国的大道理，很多道理忽必烈真没听说过。刚听到这套理论时，他十分怀疑它的实用性，曾提出自己的质疑：“这套东西真的那么强悍吗？我认真翻看了一段历史，发现辽国因为迷信佛教，最后佛教发扬光大了，但辽国灭亡了。金国比宋朝更尊重儒学，结果是儒学在金地很有市场，可金国没有了。这是什么原因？谁能回答这个问题？”

张德辉说：“我来回答。金国的灭亡我是经历过的。金国虽然好像很尊重儒学，但金国的决策层里，也只有一两个儒者，其他的全是世袭的武人以及权臣，而且在讨论国家大事时，从不让那些儒者参与。这样还算真正的尊重吗？最后他们的亡国自然有直接责任人，跟儒学有什么关系？”按他的解释，儒学就是一门治国学问，但治国还是需要人来的。

忽必烈没读过这些书，听到张德辉的这番话，觉得真的有道理。宋朝那些把咱们打得大败的人，大多数都是有文化的。

忽必烈此时心里肯定有远大理想。

大家知道，蒙古帝国虽然经历了几任大汗，但领导人换届的制度并没有完善，仍然是部落时代的那一套。每当最高领导人一死，大家就一起上来抢。先是窝阔台跟拖雷之争——虽然看上去不怎么激烈，但大家内心的情绪肯定都超级不稳定，否则就不会闹出拖雷之死的谜团来。到窝阔台一挂，连窝阔台自己指定的接班人都直接无效。贵由死后，拔都和蒙哥一联手，汗位立马从窝阔台系转移到拖雷系手中。这些变数是谁也没有料到的。

一句话，什么情况都有可能出现。而且，这些机会永远只给有准备的人留着。如果贵由系有所准备，汗位能交到蒙哥手里吗？

忽必烈深度参与过蒙哥抢位的行动，对这些路数比谁都明白。虽然按蒙古的传统，他当大汗的可能性不高，但他身边那些儒士肯定会天天为他研究，不断地用这些有着中原特色的理论引导他，把他教导成一个有远大理想的人。

于是，他基本全盘接收这些思想，在他的领地内逐步推行这些理念，收买天下人心，在天下未定之时，牢牢拿住兵权。所有的这一切，全是为以后当皇帝做准备。

而且由于他是蒙哥的皇弟，在蒙古帝国中说话很有分量，他的行为也不断地影响着蒙哥。于是，那些蒙古帝国的贵族不干了。只要有机会跟蒙哥见面，就说忽必烈的坏话。

蒙哥虽然也偶尔听几句儒士的话，但他更崇拜他的爷爷，行事基本按蒙古传统办。这些话在他面前说多了，估计也会起一些作用。后来，他看到忽必烈灭大理回来后，就有些担心了。他不想让这个弟弟的战功再大下去了。那些左右当然也看到大汗的心思了，不断制造忽必烈威胁论。

有证据吗？

有，当然有。现在中原一带广大人民群众说到忽必烈时，都称贤王，把他称为最受爱戴的老大。还有，他开府之后，实施了很多政策。以前不是说他只管军事吗？现在他们的做法已经超出了权力范围。这也是在收买人心啊。

这些威胁论，使蒙哥的疑心不断加重。最后，蒙哥终于忍不住，决定敲打一下忽必烈。

当然，也不能乱敲打，必须有理由。

理由马上就出来了，这个理由就是反腐败。

据说忽必烈手下有严重的贪腐行为，需要查一查。于是，下文成立了一个机构钩考局。局长是阿蓝答儿，副手叫刘太平，组织一批人马南下，对忽必烈的领地进行一次专项审计。

他们把办公地点设在关中，把忽必烈手下的经略使、宣抚使都叫来，一个个把账本交到他们的手里，然后逐一审问，只要跟经费有关的人，人人过关，连很多商人也都被处理。他们自称已经掌握了大量一手贪腐材料。这些被查的人完全可以被就地砍头。只有刘嶷和史天泽这样的人才押解首都，由大汗发落。

蒙哥赋予这帮人很大的权力，在钩考钱谷的同时，顺便撤销了那些经略使司、宣抚使司之类的机构。如此一来，忽必烈手下就什么都没有了，只有一个被完全架空了的王府。

忽必烈当然知道这些人矛头的指向，可是他们是奉大汗哥哥的命令行事啊。大汗哥哥看来已经不看兄弟情面了。他要是不看兄弟情面，自己就完蛋了。现在手里既没有兵权，也没有别的权力，怎么办？

他没有办法，只得又找几个儒生谋士来。

姚枢一听，立刻以儒学的口气说："现在大汗既是老大，又是你的兄长。你是皇弟，但更是大臣。因此在这个事上，你根本没资格与他对抗。但如果你不理睬，不向他靠拢，最后你必定遭殃。现在你唯一能够做的，就是赶紧带着你的家属去首都拜见大汗，表示以后不再管什么政事军事了。这样，也许大汗能打消对你的疑心。"

别的办法也真没有了。

忽必烈采纳了姚枢的建议，带着自己全家人回和林。

蒙哥听说老弟带着家属来了，很不高兴。忽必烈又慌了，急忙派人去向老哥解释。蒙哥说:“你一个人来跟我见面就行了。”

忽必烈只身去见蒙哥。

蒙哥看到弟弟怕了,亲自跑来解释,心里很高兴,毕竟他也没有抓到忽必烈什么把柄,只是听了一帮人在那里乱说。

两人见面之后,突然想到兄弟俩本来好好地打天下,现在突然闹到这个地步,心里都一阵悲凉,不由都落下了眼泪。

忽必烈确实很厉害,他抓住这个机会,向老哥进行解释。

蒙哥的感情一上来,就不让他解释了。

就这样,钩考局被撤销了,但忽必烈设置的那些经略司之类也被废掉。

兄弟两人的和解,其实也只是表面的和解。

因为,蒙哥决定分兵南下伐宋时,就不再安排忽必烈出征,理由当然不是因为他不放心让忽必烈带兵,而是说忽必烈的脚有病,需要休养。

这次伐宋的部署是:由蒙哥亲自带西路军攻打四川,由塔察儿带东路军打荆山。他的意图是让塔察儿在东路那里牵制宋军,自己拿下四川之后,顺江而下,与东路军会师,然后直取临安,让宋朝灭亡。可是塔察儿的行动却不顺利,实现不了他的战略目标。

蒙哥大怒,把这一干人臭骂了一顿。恰在这时,忽必烈报告他的脚病已经好了,请大汗让他带兵伐宋。

蒙哥没有办法,只得下令忽必烈复出,继续指挥他原来领地的军民。如此一来,忽必烈又官复原职了。这一次对抗,蒙哥以及那些保守派先赢一局,现在又被忽必烈扳回一局,好像是扯平,其实是忽必烈胜了,至少在道义上,蒙哥站不住脚。

现在蒙哥不管什么道义了,先拿下宋朝再说。

势如破竹

蒙哥一路直下四川。

他派纽璘为前锋。

此时宋朝四川的第一把手叫蒲择之。他本来水平就不怎么样，而且又刚刚接任，蒙古大军就杀上来了。他来不及细想，就派安抚使刘整急行军到遂宁江箭滩渡那里，截断敌人的东路。这个部署本来也没有错，但错就错在刘整做的准备工作不充分。

蒙军前锋纽璘带兵来到之后，发现敌人已经占领渡口，抢了先机。但他仍然没有退缩，挥兵大战。双方打了整整一天，纽璘把宋军打得大败。

宋朝方面自把余玠搞死之后，已换了几任第一把手，把四川的防务弄得不成样子。刘整被打败后，其他援兵也没有接上来，于是纽璘的部队长驱直入，一直打到成都城下，居然没有一点阻力。

蒲择之急得要命，命令杨大渊去守剑门和灵泉山，然后自己带领主力赶往成都。但纽璘却料到他会有这一步，掉头甩开宋军的主力，突袭灵泉山。杨大渊没有防备，被纽璘大败。纽璘大胜之后，立刻围困云顶山城，截断蒲择之的归路。蒲择之的粮饷被断，部队军心大乱，最后被全部击溃。于是，很多地方都选择投降了事。

蒙哥听到前军取得这些重大的胜利，高兴得要命。

蒙哥率兵渡过嘉陵江，一路高歌猛进，战无不胜。

消息传到临安，宋理宗大惊，把宰相丁大全找来。

原来前些年谢方叔他们搞定余玠之后，又跟宋理宗的内侍卢允升、董宋臣产生了矛盾。谢方叔虽然害余玠时下手很重，直接把余玠搞死，但他还是想干一番事业的，偏偏宋理宗很喜欢这几个内侍，把朝政搞得很不堪，朝中一些大臣都忍无可忍，找到谢方叔，批评他身为堂堂宰相，天天跟皇帝在一起，为什么不做皇帝的思想工作？

谢方叔没有办法，只得去做皇帝的思想工作，费了很多口舌，说如果陛下再这样下去，大宋江山马上就完了，请问陛下是要内侍还是要江山？还真的把宋理宗说服了，同意查处这几个内侍。可没几天，他又到处干扰办案，弄得主持这个案件的洪天赐再度辞职。

谢方叔立刻乱了手脚。他也想不通了，当年他陷害余玠时，很得心应手，为什么现在自己主持一把正义就这么困难？

本来已经怕得要死的那几个内侍又突然来了精神，迅速向谢方叔反击。他们对宋理宗说，我们本来没什么罪啊。我们天天在陛下身边，如果干什么坏事，难道陛下看不见？都是谢方叔谋害我们的。洪天赐突然辞职，就是谢方叔排挤的结果。

谢方叔急忙辩解。

但宋理宗表示不再信任谢方叔了。谢方叔没有办法，只得写了一张辞呈。宋理宗很干脆地批准。当初谢方叔怂恿皇帝连下两道金牌把余玠逼死时，他肯定没有想到，他也会被几个小人逼得毫无脾气。他跟主战派争斗多年，最后虽然胜利爬到相位，但也只在这里干了四年。谢方叔下台后，董槐接替相位。

丁大全就在这个时候开始冒头。他虽然出身低微，但精通拍马溜须业务，不管跟谁见面，总是把那副谦卑的神态挂到脸上，好像他是全世界最谦虚的人。其实，他心里往往是另有打算。他知道，要想出人头地，凭他的这个水平、这个起点，再怎么努力都没用的，他必须找到一个好后台。

他很早就看好卢允升和董宋臣这几个人。于是，就在这几个人的身上重金投资，回报果然很快。他一路飙升，很快就从地方官做到中央大员，且足以跟董槐这样的大官较量了。

丁大全这样的人别的本事可能不怎么样，但看人的眼光很毒辣。他很快就看透了董槐和宋理宗的心理，然后不断地恶心董槐，让董槐很气愤，天天到理宗那里抱怨。最后理宗都不耐烦了，说，你这个董槐到底是什么意思？丁大全天天在朕这里讲你好话，你却天天讲他坏话？他能有那么坏吗？

丁大全知道搞定董槐的时机到了，就上书弹劾董槐，要求理宗撤销董槐一切职务。奏章上去后，他等到下朝，没看到皇帝的批复，就已经忍无可忍，带了一队士兵，举着大刀长矛，包围了董槐的住宅，把董槐直接揪了出来，说是奉了圣旨，带他去大理寺，然后就把董槐塞进轿子。这伙人把董槐抬到北关之后，就把董槐丢下。后来，宋理宗居然也下旨罢免了董槐。宋理宗哪知道，丁大全可以不说董槐的坏话，但可以公开透明地用野蛮的手段绑架一个现任宰相，然后自己当了宰相。

丁大全搞董槐时办法很多，但对蒙古大军却一点办法没有。当蒙古兵大规模南下时，他唯一做的就是把战报截留，不让宋理宗知道。反正只要能蒙蔽皇帝，自己仍能大权在握。虽然蒙古兵再保持这样的势头下去，估计就会把大宋江山全部拿下，但到时自己完全可以投降，继续当官。

直到蒙古军已经把四川占领得差不多了，宋理宗这才知道，原来形势已经大坏。他也知道四川的战略地位，急忙把丁大全找来，问是怎么回事？

丁大全却还淡定得很，说："圣上尽管放心，现在三边都已经有所准备。"

宋理宗哪还敢放心，说："一定要做好准备。"你从他这话看，还真不像个昏庸的皇帝。

宋理宗继续说："成都关系到四川的安危，一定要收复。"继续讲得很有水平。

丁大全却继续淡定："圣上请放心。圣上既然都关心到了，还怕什么做不成？"

在这对绝配君臣对话时，蒙哥大军所向披靡。

败报雪片似地飞来，这块地皮被蒙古兵占了，那个大将又光荣牺牲……

宋理宗也没有办法，这才想到了余玠，下令恢复余玠的官职。当余玠好好活着的时候，你把人家逼死，现在给一个死了的余玠送去高度的信任，他还能救得了你吗？

蒙哥进抵大获山，守在这里的是宋将杨大渊。

蒙哥一看，这个杨大渊是纽璘的手下败将，肯定已成惊弓之鸟，吓他一下就可以招降他了。于是，派王仲去完成这个任务。王仲也以为这个任务会完成得很轻松。

哪知，这时的杨大渊还是很硬气，听王仲把那几句恐吓的话说完之后，就冷冷一笑，下令把王仲砍了。

蒙哥等了好久，没看到王仲回来交差，知道王仲已经遇难，大怒，下令全军攻城。

杨大渊看到蒙古兵阵势大，自己这点刚刚逃出来的残兵败卒，根本没办法顶得住，就害怕了，说同意投降。他决定投降之后，又突然想到自己此前考虑问题太不周到，杀了蒙哥的使者，现在蒙哥不气得要死才怪。这事已经做绝了，便弃城逃跑。

蒙哥拿下城池之后，即刻下令屠城。

他手下的将官李呼剌齐急忙劝他："大汗不要动怒，我们现在最要紧的是把杨大渊追上，别让他又跑到另一个城池组织抵抗。"

也不等蒙哥发话，鞭子在马身上一抽，直接追过去。恰好城门没有关，他就大喊大叫着冲进去，追上了杨大渊，然后大叫："大汗派我进来安民，大家都不要慌乱，按节奏继续生活。"他找到杨大渊，拉住他说："你为什么跑得这么快？我们大汗正要大力表彰你、提拔你呢，可你却不见了。"

他拉着杨大渊来见蒙哥。

蒙哥虽然生气，嚷着要把城里的人全部屠杀。可他知道，要是真的开了这个杀戒，以后他就会受到严重抵抗。杨大渊虽然仗打得很差，但他毕竟是蜀中的头面人物之一，很有影响力，要是把他拉拢过来，下一步工作就容易开展了。所以，他看到杨大渊来了，当场宣布欢迎杨大渊加入他的队伍，而且直接任命为都元帅。你要知道，他的先锋官纽璘直到打下成都，拿下大片四川地皮之后，才刚刚被提拔为都元帅的。从这个任命看，蒙哥确实已经跟他的先辈不同了。

杨大渊投降之后，果然卖力地为蒙哥服务，亲自出面把另一个四川大佬级人物张大悦也劝降。蒙哥同样任命张大悦为都元帅。

蒙哥一路打得很爽，不久大军就来到合州城下。

改变历史进程的一炮

合州是四川的战略要地。余玠治蜀时曾就如何守住这个地方大费脑筋，仍然找不到可行的办法。后来冉氏兄弟提出修建钓鱼城来化解这个难题。

现在合州的守将叫王坚。

王坚先是在孟宗政手下当兵，从士兵干起，最后成为孟珙手下的得力大将。当年蒙古准备大造船只做南侵的准备时，孟珙就是派王坚去把蒙古兵的造船材料全部烧光的。

后来，孟珙入蜀，王坚也跟着进入四川。孟珙离蜀之后，他又成为余玠的手下，跟余玠合作，把蒙古在四川主持全面军事工作的汪德臣打得大败，收复了兴元府。

余玠看到他不但勇敢，而且脑子也好用，就把最重要的合州交给他，由他治合州，全面负责钓鱼城的防务。

王坚深知钓鱼城的重要性，因此一到任之后，就下大力气加固钓鱼城，把辖区几万军民都调过来，在钓鱼城上开掘大小“天池”蓄水养鱼，挖井九十二眼，加筑从城上至南北江边码头的一字城墙，阻截敌军于城墙与江流之外，屯田练兵，等待敌人的进攻。当时，四川上有余玠，下有王坚，他们打造钓鱼城的工作，也得到广大人民群众的大力支持（“秦蜀之人，望风响应”）。

在四川各地纷纷沦陷之后，王坚仍然坚守此城。即使只剩下此城，他也坚决不能放弃。如果他一放弃，蒙哥便可直下重庆，顺江而下，实现与忽必烈会师的战略意图。

况且，王坚身为孟珙的旧部，又身负余玠的重托，他哪能临阵而逃。孟珙已经逝世，余玠也壮志未酬身先死，且遗恨无穷。王坚每天坐在钓鱼城头，总是觉得，余玠那双愤慨无比的眼睛正在看他。他默默地在心里说，余大帅，你放心，只要王坚在，钓鱼城就在；只要钓鱼城在，蒙古军就永远不能前进一步。

蒙哥继续使用招降手段，派晋国宝进城去，请王坚来投降：你看看，杨大渊投降了，张大悦也投降了。他们都成了我们伟大蒙古帝国的元帅。你要是过来待遇也不会差的。现在你的周边都插遍了蒙古帝国的旗帜，你还能守住这么一个小城吗？临安那帮昏君奸臣还管你吗？

王坚在那里听着晋国宝气势磅礴地大吹。是的，临安那帮昏君奸臣肯定不会管他，但他仍然不会放弃。他坚守的是自己的梦想，也是余玠最后的嘱托！

晋国宝说了大半天之后，觉得自己都无话可说了，这才在那里看着王坚。王坚居然一言不发。

晋国宝这才知道，自己刚才等于是白白表演了，是在对牛弹琴，实在是太浪费表情了。

王坚冷冷问："说完了？"

晋国宝说："结束了，就等你抉择了！"

"好！到阅武场去！"

晋国宝一听，笑容立刻在脸上绽放。原来是要他到阅武场上宣布投降！那个场面会很壮观的。

场面果然壮观。合州城内的守军全部军容整齐地集合在那里。

王坚一声令下："来人，把这个劝降的家伙捆了。"

晋国宝大惊失色，不是要投降吗？为什么还捆我？

王坚大喝："我什么时候说过投降？我现在是要砍你的头祭旗！"

蒙哥知道王坚绝不投降之后，便部署攻城事宜，命令纽璘修了一座浮桥，负责拦住从鄂州前来救援合州的吕文德军；杨大渊部负责突袭合州旧城，切断外围诸城与钓鱼城的联系，其他部队则全力包围城池。于是，著名的钓鱼城之战揭开了序幕。

蒙哥下令向合州猛攻，但一点成效也没有取得。他这才知道王坚不投降是有底气的。但他不服气，不就是一个小山城吗？比成都小得多了，凭什么就攻不下来？这个世界还能有蒙古大军攻不破的城池吗？

蒙哥这时已经很急躁，下死令进攻，连续几天不停歇，全面攻击一字城、东新门、奇用门、镇西门，仍然没有一点成效。

不久，史天泽也带着部队前来参战。他长期与金宋两国交战，对中原战法很有研究，作战经验也十分丰富，但仍然拿王坚没有办法。

蒙哥后来用上了蒙古兵的攻城神器石炮，哪知，这套神器拿到中东和欧洲的土地上，打得很无敌，那些色目人被这些石炮一阵猛轰，被打得屁滚尿流。可当他们把这个东西架在钓鱼城外时，他们才惊奇地发现钓鱼城上的石炮比他们的还要先进。

王坚一声令下，石炮居高临下，射得比蒙古的石炮还远得多。一块块石头从空中落下，最后砸在蒙古军头上，杀伤力非常大。

蒙古兵有时拼死冲到城下，王坚的士兵又把木头和石头一起往下扔，又砸死一大片。

蒙哥基本都到前线亲自督战，连续作战了几个月，王坚还是在城里拼命如故。

转眼到了四月，还连续下了二十天的雨，城外的蒙古兵叫苦连天，但蒙哥的决心仍然坚挺。后来，蒙哥觉得这样硬拼下去代价太大，就决定玩个偷袭战术。

这次偷袭突击队的队长就是董文蔚。

董文蔚也是个不怕死的汉子，带着自己的部队扛着云梯，直接冲到城下。虽然城上的箭射得很猛，石头落下也很密集，道路更是崎岖得要命，但董文蔚仍然带头冲在前面，一直杀到城下，与宋军短兵相接。双方打得很苦。但由于道路不好走，后面的蒙古援军没有跟上，眼看部队消耗得太快，董文蔚只得高叫撤退。但他的侄儿董士元就不信攻不进去，接过老叔的指挥棒，又带着一群敢死队，冲上城头，与宋兵展开更为激烈的血战。结果也跟叔叔一样，不得不收兵回去。

蒙哥一看，虽然很可惜这次机会，但他仍然一计不成二计生——偷袭时间改为半夜。

蒙哥迅速组织了一支夜袭部队，去偷袭宋军。如果偷袭成功，那么钓鱼城就唾手可得！这个计划做得很好，而且时机也选得很对。王坚也确实没有想到。

这支夜袭队突然冲过去，宋军果然都呆了。他们乘势大砍大杀，一下把宋兵杀死了一大片，并夺取了出奇门至嘉陵江一侧的一字城。形势似乎一片大好。

王坚得知后，迅速组织反击，在宋兵即将崩溃的时候赶到，奋力把这支蒙古兵杀退，夺回一字城。

蒙哥这才知道，王坚不投降真是有足够底气的，不但钓鱼城城防工事设计得科学合理，而且王坚的意志和军事本领也是十分过硬的。

蒙哥决定开个大会来讨论一下，要求大家贡献“进取之计”。

术速忽里说：“大汗，老是在这里跟他磨也不是办法。咱们留下少量兵力在这里围困他们算了。主力部队还是抓紧时间沿长江而下，去跟忽必烈会师，把宋朝灭掉。宋朝灭了，这个钓鱼城还能守得住吗？”

他的这个话还没有放句号，其他人就大声发出反对意见：咱堂堂蒙古大军的主力，居然拿不下一个小小的山城？何况还是大汗亲征啊。世界皇帝打不过一个王坚，这脸也丢得太不像话了，还是打吧。我们是要沿着长江下去，但一定要踏着钓鱼城冲过去。

蒙哥这时也变成没有大局观了，全面采纳了这些激进派的建议，下令继续死磕。

此时，吕文德带着的援军已经被纽璘成功挡住。吕文德虽然武力指数很高，人也舍得拼命，但被纽璘的浮桥挡着，难以进取，只得遥望着被蒙古重兵围困的钓鱼城干着急。

这个局面又使得蒙哥攻占钓鱼城的信心得以加固。哪知，尽管他还有信心，依然生龙活虎，但士兵们却挺不住了。士兵们挺不住不是因为士气低落或者困了累了不想打仗，而是突然暴发了一场瘟疫！而且更倒霉的是，城里的宋兵没有病倒，每天都站在城头上精神抖擞地打击蒙古军。蒙古士兵的战斗力直线跌落。

吕文德的部队也突破了纽璘的封锁，进入重庆，逆着嘉陵江，向合州奔来。史天泽不得不亲自带着部队前去拦截。他命令一部分士兵夹岸而射，另一部分则在水上正面阻击，这才把这支援兵打退，并一直追到重庆才返回钓鱼城战场。

如果在此情况下，蒙哥冷静一下，根据这个形势，做出战略调整，那么历史就会是另一个样子了。可是蒙哥却不愿调整他的战略。他虽然也染上了病，但他仍然重病不下火线，坚决要求大家不踏破钓鱼城，决不收兵。

蒙哥很恼火。可更让蒙哥恼火的是，王坚似乎更加嚣张了，不时带兵出城，能打就打，不能打就骚扰一番，让对方的心情始终保持着恶劣状态。

终于到了六月初五，这年的六月初五是个历史性的时间节点。

这天，蒙哥很看好和重用的大将汪德臣说，我亲自去打！

蒙哥很兴奋。

汪德臣终于没有给蒙古帝国丢脸，但把自己的性命丢了。

汪德臣这些年来在四川与宋军交战，除了吃过余玠的亏之外，几乎每战必胜，蒙哥对他都很佩服。此次他亲自出马，果然就打出了自己的威风，一路冲杀，爬上城头，拿下马军寨，把宋军的守将杀死在现场。王坚派兵前来阻击，双方大战到半夜，突然雷声大作，宋军乘机折断云梯，使得蒙古军后援难继。汪德臣只得退出城外。他还不服，便反身冲到城外，大声叫："王坚，我来活汝一城性命，宜早降！"

但王坚能听他的话吗？他下令：要把那个打不过还劝降的家伙坚决打死。于是，宋兵的石炮一轰，正好命中汪德臣的头部，导致汪德臣当场重伤到生命垂危的地步。大家把汪德臣抢回来，抬到缙云山寺庙中医治。当蒙哥派人前来探视时，只得到汪总帅已经重伤不治的消息。

这个消息对蒙哥的打击很大。他大怒起来，就什么都不管了。汪德臣光荣捐躯了，还有他啊。他决定亲自上前线指挥作战。

他很想看看钓鱼城中到底是个什么样子的，现在生活在这个危城里的人到底是怎么过日子的，就下令在东新门外筑台建楼，然后派人上去，张望城里的动静。

哪知，他在大搞基础设施建设时，王坚和张钰就明白了他的意图。在他们修建可以对钓鱼城内一览无余的观光楼时，张钰已经选好位置，修建了一座炮台。

当蒙哥亲自上楼想看看钓鱼城时，王坚一声令下，炮手应声到位，一炮发出，直接命中观光楼。据说这一炮威力奇大，不但观光楼被轰倒，而且蒙哥身边的一些蒙古兵也被轰得连人带杆飞出百步之外。蒙哥也身受重伤。

接着楼上还轰出两样奇怪的东西。蒙古兵上前拿来一看，却是两条鲜鱼，而且每条足有三十斤。鱼身上还有一张字条：尔北兵可烹鲜食饼。再守十年，亦不可得也。意思是你们这些北方来的人，可以用这条鱼来做个饼，改善一下生活，再守十年，也不会攻下此城。

蒙哥只得下令班师。他在班师的途中死掉，时年五十二岁。

蒙哥临死时，仍然很愤怒。他临终时的遗言是：不讳之后，若克此城，当尽屠之。

钓鱼城之战宣布结束！

但钓鱼城之战的影响却还没有结束。

如果蒙哥不在这个时候死去，那个远在中亚的旭烈兀就不会收兵，则埃及的命运乃至欧洲的命运如何，谁都不好猜测。可因为蒙哥之死，蒙古帝国征服世界的战略，不得不被叫停。

当然，直接受益的仍然是宋朝。

现在忽必烈的东路军打得就很顺利，但也因为蒙哥的死，而不得不停止了猛烈的进攻。

第七章
争夺汗位

又换上一个奸臣

蒙哥之死，认真算起来，纯属自我找死。

他死之后，让已经到最危险时候的宋朝又多活了很多年。

当时，蒙哥的弟弟忽必烈带的东路军打得很顺。

忽必烈渡过钩考事件之后，再度取得蒙哥的信任。当然，这个信任对于蒙哥来说很无奈，但现在用人之际，只得再把兵权交给忽必烈。

忽必烈知道，这次南伐，只能成功，不能失败。要是打败了，前途基本就进入黯淡的时代，这辈子只能看别人站在历史舞台上挥舞着权力大棒了。

他下令已经平定大理和安南的大将兀良合台紧急北上，从广南路进军到湖北跟他会师。

忽必烈于 1259 年 7 月来到汝南。此时，蒙哥已经死掉。消息传到忽必烈的耳里，忽必烈不信。他们出征时，蒙哥身体还很好，怎么会突然死了？蒙哥手下有那么多战将，哪能轮到大汗亲自上第一线？因此，他决定不信谣，只一路进军。

忽必烈这次不信谣是有其原因的。现在他虽然拿了军权，可以指挥大军去冲锋陷阵，砍人杀人，但他比谁都知道，蒙哥对他的怀疑还是没有消除，那些反对党依然亡他之心不死，总在找机会玩他。说不定这是故意放出的风声，想看看他有什么反应。如果他真的紧急叫停对宋的军事行动，带兵回去，那么他就是大草原蒙古包里的司马昭了。

于是，他对这个消息一点不理睬，继续按照部署进军。

他兵分两路，张柔带着东路军南下，他带着主力部队渡过淮河，于八月十五日攻破大胜关。六天之后，来到黄陂。

由于宋朝黄陂的制置副使袁玠搜刮广大人民群众，无恶不作，大家对他十分愤怒，因此忽必烈大军开到之时，老百姓都把蒙古大军当成大救星，去给蒙古兵带路，带蒙古兵去打袁玠。

忽必烈很高兴，他这才深刻地认识到那些儒生说的真没有错，得民心者得天下这话实在太正确了。他们在征西时，虽然骑铁万里，杀屠无数，但从没有哪个地方的老百姓给他们带过路。他当然知道，这不是因为他有无穷魅力，而是宋朝的官员们太腐败了，太残酷压榨老百姓了，压榨得老百姓恨不得拿菜刀去找他们拼命，只是力量悬殊，打不过他们，这才把希望寄托在他们身上。当地的渔民们甚至把自己的船只都贡献出来，让蒙古大军使用。

忽必烈在这些民众的帮助下，进军十分迅速，他也看出自己这边形势大好。到了九月初一，末哥从合州前线派来的使者，证明蒙哥真的死了。末哥向来看好忽必烈，他暗示忽必烈目前汗位空着，为什么不去争取？

忽必烈此前做了大量争取人心的工作，强烈推行汉化制度，动机肯定是不纯的。如果他很早就有夺权的远大理想，那么他肯定把这个远大理想实现的时间点放在很远之后——至少是在蒙哥老死之后。哪知，蒙哥却死得这么早、这么突然，突然得所有的人都没有思想准备。

忽必烈为了组织这次伐宋之战，付出了很多精力，而且又在一个很有利的历史性时刻：宋朝的几大猛人全部死了，现在是一帮奸臣当权，丁大全还在那里玩得不亦乐乎，贾似道又紧急冒出来。

现在跟忽必烈玩对手戏的正是这个贾似道——南宋最后一个可以载入史册的大奸臣。

贾似道是标准的官二代。他的老爸就是那个贾涉。当然他是贾涉小老婆生的，而且他才十一岁时，老爸就死了，但他还是靠着父荫当上了官。后来，他还中了进士。不过，他后来个人事业的发达并不靠父荫，而是靠姐荫了。

贾似道是个大帅哥，他的姐姐当然也长得很美。这个很美的姐姐后来成为宋理宗的贵妃。宋理宗很喜欢这个美女，于是连带也喜欢贾似道。如此一来，贾似道想不发达都难。

贾似道是个大权臣，又是个典型的花花公子，得宠之后，更是仗势疯玩。有一次，宋理宗心情大好，在夜里登高望远，看到西湖上灯火辉煌，有人还在嗨得不亦乐乎。宋理宗想也不用想，直接就对大家说："此必似道也！"

不信？

第二天叫人去查，果然是这个家伙。

从这件事上看，宋理宗对贾似道是个什么人，是完全知道的。他派京尹史岩之代表他去找贾似道谈话，希望他不要玩得这么疯狂，影响太不好了，作为贾贵妃的弟弟、全国有名的帅哥，也要追求点进步。哪知，这个史岩之，知道贾似道这样的角色是万万不可得罪的。

史岩之没有去找贾似道进行诫勉谈话，反而对宋理宗说："似道虽有少年气习，然其材可大用也。"

宋理宗一听，立马给玩兴正浓的贾似道发了一张任命书：澧州第一把手。

贾似道欢欢喜喜地提着自己的蟋蟀、带着一堆美女上任去了。很多人都说，他玩艺术是个高手，而且绝非不学无术之辈。因为他还有很多专著的，并自费出版了一本《促织经》。这是中国玩史上第一部研究玩蟋蟀的专著。据说有一些人曾对他的这部书进行过专门研究，对他的文笔都很赞赏，说这本专著通过对斗蟋蟀历史的考察，进一步说明这项活动所以受到公子王孙，乃至庶民百姓的喜爱，有其必然性。另外他对蟋蟀的生活习性、品种优劣、调养医病诸问题也有精辟的见解，并对蟋蟀的形、色、斗、养等问题有更细致的论述，第一次对蟋蟀进行了系统而全面的研究。

一个天天趴着玩蟋蟀能玩出史上第一的家伙，最后居然进入国家决策圈，宋朝不灭那真是岂有此理。而宋理宗却把希望全部寄托在这样的人身上。在亡国危险步步逼近的时候，他不断地提拔这位史上第一的蟋蟀专家。

三年之后，也就是淳祐元年（1241 年），宋理宗任贾似道为湖广统领，他开始进入军界。再过两年，提拔为户部侍郎，成了省部级大员。接着：以宝章阁直学士为沿江制置副使，知江州兼江南西路安抚使，再迁京湖制置使兼知江陵府。九年，加宝文阁学士、京湖安抚制置大使。十年，以端明殿学士移镇两淮。宝祐二年（1254 年）加同知枢密院事、临海郡开国公。四年，加参知政事。五年，加知枢密院事。六年，改两淮宣抚大使。

蟋蟀大师成功转型成为边关大帅，而且还是加了参知政事和枢密院事的边关大帅。江防一带的军事大权全面交到他手里。也就是说，国家的生命线已经全部交给了他。

这时是开庆元年（1259 年）的秋天，一看这个年号，就知道宋理宗此刻心情很不错，以为改了这么一个年号，把军事大权托付给贾似道，就完全可以大庆一番了。哪知面对的却是忽必烈加张柔这样的军事大家。

忽必烈此时军势正盛，又碰着这样的对手，他实在不想回师，这个机会实在是太好了。宋朝虽然长期以来好像从不振作，把国家大政越搞越乱，但又会突然在关键时刻冒出某个牛人来，带着一批非正规军硬是能把强大的侵略者打得狼狈而逃。所以，必须在宋朝会打仗的牛人出现之前，把贾似道收拾一番，至少可以把宋朝的主力部队消灭一大半。

忽必烈在这个关键时刻仍然下令按原定计划开展军事行动。他说：“吾奉命南来，岂可无功而返！”

忽必烈登上香炉山，俯瞰大江，只见江面上布满了宋朝水师，大船无数，军容整齐，十万大军已经全部把长江封锁，看上去气势很足。

他盯着这些船，知道此前蒙古大军多次伐宋没有取得成果，基本都是坏在这些水军手上。

董文柄说：“老大，长江是天险，宋朝这么多年来，就靠这条江。现在他们必定也在死守。我们要打败宋兵，必须在长江水面上给他们点颜色看看，让我去跟他们打一下试试看。”

其他人觉得不可能取胜，劝他还是谨慎一点。

忽必烈说，不能再谨慎了，明天就出战。董文柄当先锋！

董文柄马上组织了几百人的敢死队，他还带着自己的两个弟弟董文用、董文忠乘坐大船，亲自冲在第一线，他们击鼓猛进，直达南岸。而宋军并未派出军队迎战，致使蒙古军直达南岸边上。其他将领一见，信心瞬间高涨，到了岸边就是他们的天下，于是都划船冲杀过去。

宋军看到蒙古军已经开到南岸边上，这才知道大事不好，赶忙迎敌。董文柄三战皆胜。而另一支蒙古军则在北岸那里跟宋军交战，也是大获全胜，俘获大船二十艘，俘敌二百人，斩宋将吕文信。万户解诚更是在中流一带与宋兵大战，一共交锋十七次，创下了十七连胜的纪录，夺敌船千艘，杀溺宋兵无数。蒙古兵杀上南岸，成功突破长江防线。

捷报传来，忽必烈大喜，下令全军包围鄂州，并命令郑鼎率兵袭江西，另遣兵于湖南接应绕道大理而攻击宋朝腹地的兀良合台军。

忽必烈渡过长江，在浒黄州扎营。他扎营后下的第一道命令就是：“军士有擅入民家者，以军法从事，凡所俘获，悉纵之。”

长江防线被突破后，宋廷大为震惊。他们第一个动作就是：命群臣奏告天地、宗庙、社稷、宫观、岳渎、诸陵。

你一看就觉得很可笑吧？自己用人不当，朝中全是奸臣，前线指挥打仗的，又是个全球第一的蟋蟀玩家，打不过人家，却怪天地、宗庙、社稷、宫观、岳渎、诸陵，好像自己都没有责任一样。

蒙古大军直赴临江城下，知军事陈元桂这时已经重病在身。他听说蒙古兵杀来了，便带病上城，要指挥作战。可是他才到城头，就已经倒下。大家一看，老大都成这个样子了，长江上面十万人都被人家收拾了，这仗还怎么打？于是，都劝他逃跑。

陈元桂大骂：“谁在叫我逃跑？我就是死也不离开这里。”

结果，其他人都跑了，蒙古兵进来，把陈元桂抓住。陈元桂不管他们怎么说，只管在那里大骂不止，最后蒙古军只得把他杀了。

这时，鄂州也已经很危险了。因为原来宋朝以为蒙古军只攻打四川，没有料到忽必烈会打过来，所以贾似道和吕文德早就率主力部队逆江而上去救四川了，现在鄂州城里并没有多少兵。忽必烈知道，只要猛攻一把，鄂州应该就可以应声拿下。

连宋理宗都知道，鄂州一完，临安就危险了。他看着身边的大臣，个个脸上全是没有办法的神态。他也只得自己想办法了，下令各路大宋子弟兵都出来抵抗蒙古侵略者，还从府库中拿出大把现金，去赏给部队。

宋理宗这时已经很绝望了。

后来，左丞相吴潜上书，说丁大全造成了这个局面。只要丁大全还在相位，朝廷就会永远保持这个局面。陛下你想想，四川、湖北、广西等成沦陷区了，丁大全还在蒙骗陛下说形势一片大好。请皇上立刻把丁大全这样的人拿下，也许大臣们才有办法。

可是宋理宗却没有作声。

后来，一大批人都上书，历数丁大全的罪状。中书舍人洪芹的言辞特别严厉：丁大全人如含沙射影之鬼蜮，行如穿箭之道，引用凶恶，陷害忠良，遏塞言路，扰乱朝纲。臣乞陛下将其罢官远放，以伸张大宋王法，谢天下黎民。

宋理宗看到丁大全的反对党也太多了，他也知道丁大全不是好人，但他硬是喜欢这些坏人。现在军情告急，若再留下丁大全，估计这些高级员工都不干了。经验告诉他，保家卫国仍然得靠这些人。

于是，宋理宗在万般无奈的情况下把丁大全罢免，但还不是一撸到底，先是把职务降了，让他去镇江。大家一看，这不是又让他准备东山再起的节奏？皇帝大人啊，你对蒙古没有办法，对余玠之类的忠臣下手下得很绝，可对这些只做坏事不做好事的人太有感情了。他们知道，如果让丁大全卷土重来，他们就都得死翘翘。于是，都一齐上阵，要求把丁大全一撸到底，所有本兼各职全部撤销。

宋理宗不得不按照大家的强烈要求，叫丁大全辞官回家。你看，还不是下诏免官，而是叫他辞官。

大家看到丁大全终于卷起包袱走人，都松了一口气。

大宋却没能松一口气。因为接替丁大全的人选是贾似道。大家一看，这个宋理宗爱奸臣已经爱到一天都不能离开的地步了。

可有什么办法？你可以把丁大全弹劾下去，但你能把宋理宗弹劾下去吗？你不能弹劾，那就只有接受另一个奸臣的折磨了。

鄂州之战

丁大全虽然造成了边关的失守，但大宋的局势并没有因为丁大全的罢免而改观。

宋理宗天天接到情报，只是坐困愁城，而守在鄂州城里的张胜却时时刻刻都在体验着敌兵压城城欲摧的危急。

两个老大带着大军离开了，他一个都统却在这个地方独抗蒙古最牛的战将，而且手里已经没有几个士兵，形同虚设。

张胜只得天天翘首而望，首都方面应该有所表示了吧？

其实他更不知道，现在的决策层比他更乱。那个内侍董宋臣又冒出头来，献了一条亡国的计策：皇上迁都四明，那里很安全。急得吴潜大骂不已。四明能安全吗？蒙古兵连欧洲都来回了几趟，还怕从临安到四明那几步路？宋理宗这才叫停了迁都的行动。这时他突然又想起了赵葵，不是说他能打仗吗？现在就需要他这样的人啊。于是，又任赵葵为江东、江西宣抚使，可以“便宜行事”。可是现在赵葵已经七十四岁了。

张胜没看到救兵，只得主动出击。

在张胜准备出兵偷袭蒙古兵时，正好忽必烈登上城东北的压云亭，观察城里的虚实，看到张胜派兵出来，他下令迎战。结果张胜的部队被打回城里，两名宋兵成了战俘。

张胜眼看守不住了，就登上城楼，对城外的蒙古兵大喊：“现在这城已归你们所有了。只是美女、财物都堆放在指挥台那边，你们想要的就跑到那边去抢吧。”

蒙古兵一听，就都跑去抢美女财物了。

张胜看到蒙古兵一下就跑光了，就抓紧时间出城，几把火把城周围的民房全部烧毁，使得城防工事成为一体。正好这时，高达等人率军从江陵赶到救援。

忽必烈派孔彦晖去拦截。

孔彦晖也是个猛人，武力指数很高，而且箭射得很准。高达看到这个家伙很猛，就设下埋伏，然后假装不支后撤。孔彦晖以为敌人真的打不过自己了，带着部队追上去，进了人家的埋伏圈。

进了人家埋伏圈的孔彦晖没有觉得很危险，仍然觉得射死宋兵很过瘾，哪知，射了一下伸手向箭袋一摸，没箭了。这时他才知道，一个神箭手遭遇没箭时是多么地郁闷。他丢下强弓，与宋兵搏斗，结果被杀。

而在高达准备进入鄂州时，忽必烈看到城中并没有多少兵马，此时肯定已经人心惶惶，便派撒辰巴图尔带一批降兵去劝张胜投降。张胜却一点也不给忽必烈面子，直接出兵与这支劝降部队交战，杀死那些投降的人，最后他也牺牲在战场上。

如果高达来晚一步，现在鄂州城就已经被蒙古军占领了。就在张胜战死的这个关键时刻，高达进城了。宋朝鄂州守将完成了一次无缝对接。

高达很快就接手了鄂州防务。

而这时贾似道也带兵来了。高达向来看不起贾似道，只要贾似道出来指挥，就不断地讽刺他。即使出战，他也要想办法逼迫贾似道亲自上阵。如果贾似道不敢上，他就让士兵们起哄，笑话蟋蟀大帅。蟋蟀大帅当然很生气，可又拿高达没有办法。

忽必烈打了几场过后，鄂州城好像越来越坚固了。张胜还活着的时候，城池已经差不多到最危险的时刻了，现在宋朝各路兵马又都来到，而且高达比张胜更难对付。忽必烈也觉得焦躁起来。他也像他的哥哥一样，在城外修了一座五丈高的瞭望台，自己亲自坐在上面，指挥作战。

忽必烈命张禧和张弘纳带领部分军队从东南攻击鄂州。高达带兵阻击，也打得很拼命，战况十分激烈。最后连禧也负伤，蒙古兵不得不撤退。

忽必烈看到张禧父子不能取胜，便找来张柔，让他去把这个城拿下。

张柔大造攻城器械，然后分派部队，一部分挖洞入城，一部分爬上城头，终于把城东南的城墙攻破。但高达带着部队又拼死抗击，而且还组织人力把城墙修复。张柔攻破一点，他修复一点，搞得张柔的进度最终为零，只得又退了回来。

贾似道这时也表现了一把。他看到蒙古军会挖洞入城，就叫城内的军民顺着城墙的内壁建造木栅，形成夹城。忽必烈在台上看到城内军民全部参与木栅工程，只一夜之间就全部完工，不由惊叹出声："吾安得如似道者用之。"

几个手下不服，说，大王近来老听那几个儒生的话，把我们蒙古屠城的优良传统丢掉了，这才使得这些城里的军民坚决不投降。如果咱们继续大砍大杀，他们肯定会怕的，现在根本不用打他们就出来投奔光明了。

忽必烈大怒，几乎大爆粗口："现在鄂州城里只有一个儒士贾似道，你们带着十万之众打了几个月，还不能把一个小城池打破，这是你们的罪过，怎么说成是儒生之罪？"他的原话是："彼守城者只一士人贾制置，汝十万众不能胜，杀人数月不能拔，汝辈之罪也，岂士人之罪乎。"

忽必烈还想打，但是和林的一封信送到他的手里，他这才决定收工。

先发制人

因为这封信是他的老婆派人加急送来的。

这时，和林那里的阿里不哥正急着当大汗，他派他的亲密战友阿蓝答儿到处组织武装力量，为阿里不哥作最后准备。忽必烈的妃子派人去把阿蓝答儿狠狠地批了一通。当然，她也知道，批这个家伙没有用，关键是能把她的老公叫回来。她派人给她老公忽必烈送了一封信，信上只说了一句："大鱼的头被砍断了，在小鱼中除了你和阿里不哥外，还剩下谁呢？你回来好不好？"并告诉他，目前首都好多人正忙着从各地抽调兵力。

忽必烈还没有跟部下讨论，阿里不哥的使者又到了。这个使者说是代表阿里不哥过来向敬爱的忽必烈大王请安和问候的，忽必烈大王在前线作战辛苦了。

如果没有这个使者，也许忽必烈的行动还稍为缓慢，可他一看到这个使者，心里就产生了无比的怀疑：以前我在前线打多少仗，你派过慰问团吗？怎么现在却派慰问团来慰问我了。这不是想稳住我是什么？当然，作为历史上有名的政治家，他的表现就是不动声色，他只淡淡地问："现在我兄弟他把那些部队抽调过去，是想执行什么任务呢？要派往哪个地方打仗？"

阿里不哥的使者当然没有实话实说，只是笑着说："大王，那是谣言。我们天天跟他在一起，我们都不知道这回事。那肯定是谣言了。"

如果他们老老实实地说出这件事，也许忽必烈还不敢断定阿里不哥在准备对付他，现在看到他们把这件事彻底隐瞒了，就知道阿里不哥确实有所行动了。

他当然没有当场揭穿他们的谎言，而是笑着说："原来是谣言。没事了。你们是不是在这里看我打场胜仗再走？"

那几个使者急忙说："不用了。我们的任务是代表中央慰问大王的。我们知道大王是个常胜将军，有打不完的胜仗，以后再看吧。"然后就走了。

送走了这几个使者，忽必烈知道现在必须认真对待这个事了。

他现在最大的敌人就是阿里不哥。尽管他们是兄弟，曾经紧密团结在蒙哥周围，把失烈门那一派搞定。

如果他还在这里指挥打仗，接下来阿里不哥就要指挥军队收拾他了。

他决定不在鄂州这里死磕了。

他开了个会议，问一下大家的意见。

那几个儒生都强烈建议，先回去，抢汗位才是头等大事。

忽必烈同意。他在撤走之前，突然高调宣布，要直接去打临安。

贾似道一听，立刻大惊失色。

在他觉得没有办法的时候，他也得到了蒙哥驾崩的消息。他在宋朝高层混了这么多年，也知道最高领导人一死，内部肯定会很乱，忽必烈估计不会再用心打仗了。于是他派宋京去跟忽必烈见面要求和谈。

忽必烈不答应。

他派赵壁去跟宋京谈判。

据说贾似道开出的条件很优厚：如果蒙古愿退兵，以后可以划江而治，每年大宋给蒙古奉银二千万两，绢二十万匹。

赵壁代表忽必烈表示坚决拒绝。

有人对忽必烈拒绝贾似道主动提出的这个条件有点想不通——反正已经退兵了，为什么不要这个送过来的便宜？

但对于忽必烈来说，这未必是送过来的便宜。他现在急着回去，最怕的就是宋兵突然出兵跟他纠缠。他答应和谈，会让宋朝知道他要撤军回去抢汗位，肯定不会放过他。现在他不答应，就可以把贾似道恐吓一把。贾似道修建木栅工程效率很惊人，但他现也怕得要命，否则怎么会无缘无故地请和？他看穿了贾似道的本质，所以严词拒绝。

他拒绝和谈之后，便留下兀良合台继续围困鄂州，自己带着主力北还。

他来到开封时，一查就知道阿蓝答儿和脱里齐果然已经派人抽调过这里的军队。他立刻派人去严厉地告知阿里不哥集团，请你们赶快把从各地抽调的部队退回原地，由原来的将领统率。他知道，和林那帮反对党已经行动了。如果他们在和林开大会，参加会议的那帮贵族都会高举双手拥戴阿里不哥的。

阿里不哥现在手里握有巨大的优势，首先他是拖雷的幼子。按蒙古那个“幼子守灶”的传统，阿里不哥在名分上有天然的优势。其次，阿里不哥现在是监国的身份。如果在确立法定继承人之前，监国就相当于代理大汗。最后，忽必烈在和林那里反对党太多。所以只要大会一开，即使按票数竞争，忽必烈也干不过阿里不哥。

当然，你看到这里后会说，蒙哥没有儿子吗？干吗轮到这两个兄弟抢这碗饭？

你说的没有错。蒙哥确实有儿子，可是他的大儿子智商不高，即使让他继承汗位，估计到头来也会被某个强势的叔叔拿下，除了给蒙古帝国添乱一场之外，没有别的意义；蒙哥次子玉龙答失年纪还小，让他上位，同样是添乱之举。何况蒙哥生前又没有指定接班人。于是，就只有这两个弟弟抢了。

当然还有一个弟弟旭烈兀。目前他还在征西当中。其实他同样也惦记着这个汗位，当和林请他回来调停时，他却带着大军在半路上观望。

综上所述，目前阿里不哥优势完全可以甩忽必烈几条街。

但忽必烈哪能甘心认输？

他当年的十二月来到中都。那个脱里齐还在那里拼命征兵。由于他手段太过强硬，广大人民群众对他很气愤。忽必烈把他找来骂了一通。他却说是先帝临终的遗言，他不敢不遵从。忽必烈当即下令，解散新征来的民兵。中都人民都很高兴。

中都人民很高兴，但脱里齐很不高兴。他回到和林，把情况向阿里不哥进行了详细的汇报，最后得出结论，既然忽必烈已经把部队带回来，连唾手可得的鄂州都可以放弃，说明他也知道了咱们的打算，要向咱们摊牌了。

阿里不哥说：“既然他已经知道了咱们的意图，那我们就趁他还没有到和林，抢在时间的前面，把大家都召集起来开个会，完成继位手续，看他还能怎么样？”

几个跟班都表示同意，现在只有这样了。

于是，他们迅速要求各地宗王派人前来参加忽里勒台大会。可是由于时间太紧，宗王们的居住地又太分散，想在很短时间内解决这个问题，实在太困难了。所以，只有一部分宗王表示可以参加，还有一大部分宗王说不参加了。人要是太少了，这个会的合法性就基本没有了。阿里不哥没有办法，那就拖延一下吧，又派人去稳住忽必烈，然后想办法搞定他。

可是到了这个时候，忽必烈能被这种小儿科的手段麻痹过去吗？

执行这个任务的仍然是脱里齐。

脱里齐见到忽必烈后说：“为了举行蒙哥大汗的国葬，请忽必烈大王赶快去和林参加。”

这时，塔察儿等宗王正好也都赶到中都，个个都说：“这个建议太对了。现在国葬是头等大事，咱们先把这个事情办了。”

忽必烈知道这几个家伙已经开始进行活动了。他知道，目前到和林开什么忽里勒台大会，对自己很不利。要想夺到汗位，必须靠实力。当年蒙哥成功黄袍加身，靠的就是拔都那支武装力量的力挺，否则现在的皇帝位子上坐着的就是失烈门。他此前已经请他的死党之一末哥把还在四川打仗的部队带回来。哪知，末哥已经死了。于是，忽必烈就叫阿速带负责带兵回来。

阿里不哥这时已经非常急了，他不相信忽必烈会相信脱里齐的忽悠，因此接到脱里齐的报信之后，又开了个会。大家又都觉得干脆把会议开了，看他还有什么办法？

那就开吧。

于是，大会召开。与会人员包括旭烈兀的妻子——旭烈兀很狡猾，派他的妻子参加了这个大会；蒙哥的儿子阿速带和玉龙答失；察合台侄子阿鲁忽；塔察儿的儿子乃蛮台，赤因帖木儿的弟弟也速；合丹的儿子忽鲁迷失和纳臣；斡儿答的儿子合剌儿，另外还有别勒古台的一个儿子。

人数虽然不庞大，但几大汗国都有代表参加。阿速带虽然跟忽必烈关系不错，但他的脑袋不好使，回到和林之后就被人家轻松地夺走了兵权，阿蓝答儿已经去接管那支部队。

然后就召开了大会，阿里不哥直接宣布："旭烈兀汗、别儿哥汗和宗王们经过讨论，同意我当合汗。希望大家不要再听忽必烈、塔察儿等人的话，更不要服从他们的命令。"

之后，他迅速制作成文件，向全国各地放发，宣布阿里不哥现在是合汗唯一的继承人了，只等开会就可以宣布就任合汗之位。现在各地的宗王代表正陆续开往首都。

可这些信在发出后，赤因帖木儿带着一批汉地的大臣却硬是把这些使者截留了下来，然后把这些文件送给了忽必烈。

忽必烈看到自己这个弟弟果然真的跳墙了，他现在也必须以牙还牙。

此时，忽必烈身边还有一堆宗王和贵族，比如：塔察儿、也松格、也可合丹、纳邻合丹、赤因帖木儿、爪都，以及木华黎的儿子们，等等。这些人因为已经被阿里不哥宣布为敌人，这时更是坚定地站在忽必烈的立场上，成为忽必烈最坚强的死党。阿里不哥虽然在道义上占尽天时地利，然而，在玩弄权术这方面上，远远不如天天受儒生们教导的忽必烈。忽必烈每天都被那些儒生灌输着"得民心者得天下"的思想，很会笼络人心。阿里不哥天天在草原那里待着，对这些套路从没接触过，以为自己抢在时间的前面，宣布自己是老大，自己就是老大。哪知，当他宣布自己成为老大的同时，也宣布几个宗王是忽必烈的同伙，直接就把这些宗王推成忽必烈的死党。如此一来，忽必烈就可以跟他直接对抗，他在道义上的优势立马被扯平。

当大家听说阿里不哥把他们统统列为忽必烈集团骨干成员之后，立马就知道，如果真让阿里不哥当合汗，接下来阿里不哥就会清算他们。他们能让阿里不哥清算吗？尤其是塔察儿，前次攻宋不力，被蒙哥痛骂了一顿，当场把他撤职，让忽必烈上场。忽必烈虽然从他手里接过兵权，但仍然派几个人天天去安慰他，居然把他死死地拉到自己的阵营中来，成为自己的铁杆。

于是，他们都自觉地团结在忽必烈周围，说，旭烈兀以及察合台和术赤的子孙们都在很远的地方，都是不明真相的，都上了阿里不哥的当，这才赞同他的话。如果我们就这样承认他们的决定，等待我们的只有死路一条。

基于这样的共识，他们决定拥立忽必烈为合汗，而且他们一致决定，干脆一步到位，直接由忽必烈当合汗。这样一来，双方在名义上的差距就拉得太大了。

一个是候选人。

一个是当选人。

忽必烈也假装推辞几下。后来，是那几个儒生出面，对他说："先发制人，后发人制。逆顺安危，间不容发，宜早定大计。"

忽必烈这才宣布登基，成为蒙古帝国的合汗。忽必烈时年四十六岁，地点在开平府。

到了这个时候，双方的争斗更不会停止。

唯有刀枪相见

忽必烈手下的宗王们派了个一百人的代表团去和林，把他们拥立忽必烈的事向阿里不哥进行了通报。

忽必烈还把脱里齐抓了起来，叫几个宗王来审问。果然，没几天，忽必烈就宣布，脱里齐对他参与阿里不哥图谋不轨的事供认不讳。于是，阿里不哥就顺理成章地成为阿里不哥集团的首要分子。

阿里不哥万万没有料到，自己遵守祖宗之法，最后反而吃了大亏。那些本来都团结在他周围的贵族这时也怕了起来，都把本来已踏进他的阵营的脚又抽了回去。他当然也不示弱，你抓我的人，我也抓你的人。可是忽必烈的死党都在中原一带，和林那里没有什么人。他就把那些使者都关起来。

双方继续论战，都说自己是合法大汗。

不久，阿里不哥宣布，旭烈兀和别儿哥两个最牛的宗王派他们的儿子来了，他们代表他们老爸的意志，都同意阿里不哥当大汗。

忽必烈说，那根本就是谣言。

阿里不哥立刻把军队交给旭烈兀的儿子主木忽儿，让他跟合剌察儿去打忽必烈。

忽必烈当然知道主木忽儿是旭烈兀的儿子，他没有亲自出战，而是派也松格出马，把阿里不哥这支战斗力并不强的部队击溃。

阿里不哥也逃到了乞儿吉思地区。他心狠手毒，逃离前，把他拘禁的一百名使者以及跟他不保持高度一致的宗王全部杀掉。

忽必烈知道后，也不客气，把还掌握在自己手中的脱里齐也一刀砍了。

阿里不哥这时清楚地知道，双方都到必须用武力说话的地步了。他在部署旭烈兀儿子出征的同时，又命令刘太平、浑都海以及接管了也速带儿那支武装的阿蓝答儿赶快起兵。

忽必烈派合丹以及廉希宪去对付这一路。

刘太平来到京兆，准备动员当地的军民去攻打忽必烈。哪知，当年这个家伙和阿蓝答儿玩钩考时玩得过分了，老百姓都恨他们，这时对他们发出的号召根本不理睬。两人正无计可施，而忽必烈派出的廉希宪已经到来。这时有一位从六盘山来的使者正好来到，被廉希宪法抓了个正着，全盘知道了对方的部署。他立刻把所有的部下都召集出来，然后逮捕刘太平，下令成都的刘嶷杀掉几个阿里不哥的死党，再派四川总帅汪良臣带泰、巩一带的军队去讨伐浑都海和阿蓝答儿。

汪良臣很谨慎，说没有接到大汗的命令，他不敢行动。廉希宪当场解下虎符和银印，交给汪良臣，说："这是大汗亲自交给我的密旨，你尽管带过去。至于这个讨伐的命令，我已经飞奏大汗了。"

汪良臣这才开始行动。

此时忽必烈也怕这些大将不敢负责任，已经派人带着他的命令过来，要求赦免刘太平。当年这个家伙跟阿蓝答儿搞的那个钩考局，差点把他弄死了。如果不是这几个儒生在关键时刻出点子，教他用眼泪化解了危机，现在估计这个世界已经没有他了。对于这样天天欲置他于死地的人，他是很想杀无赦的，可是现在他还想放过刘太平，体现一下自己的胸怀。哪知，廉希宪却下令把刘太平杀掉，然后将他暴尸大街。廉希宪如此一来可以让大家知道忽必烈已下定决心了，二来也可以警告一下那些骑墙派，赶快站好队，否则后果是很严重的。另外，这个刘太平在这一带很不得人心，杀之可以收买当地的民心。

廉希宪这一招，让忽必烈知道，胸怀一定要有，但该杀的仍然要杀！

此时，浑都海带着部队准备进攻京兆，但他很快知道京兆已经有防备，就带着大军从西边渡过黄河，向甘州赶过去，恰好此时阿蓝答儿也带着原先也速带儿的部队来到。两人会合之后，向南进发。

此时，汪良臣、合丹、拙赤正带着部队前来。

汪良臣下令分兵抵抗。

双方马上开展大战。突然狂风大作，漫天黄沙卷起，战场顿时陷于重度的沙尘暴当中。

汪良臣看到双方都被沙尘暴刮得眼睛睁不开，便下令部队都下马，从左翼突出，绕到对方阵后，奋力冲杀。

因为看不清汪良臣的行动，突然看到背后又有敌人杀来，阿里不哥的军队都以为已经陷入了敌人的包围圈，顿时军心大乱。汪良臣率部大砍大杀，从阵后冲到阵前；而拙赤的部队则从前面往后杀过去；合丹的骑兵又把对方的退路封死。

结果浑都海和阿蓝答儿全部被杀。

这两个家伙战死之后，阿里不哥南方一带的势力就全部被肃清。

廉希宪看到这一带都稳定之后，这才派使者去向忽必烈报告，说他把刘太平的脑袋砍了。也没有向你请示，直接就调部队交给汪良臣去把阿蓝答儿和浑都海全部打败，并让这两个家伙也死在战场上，现在请求大汗治我的罪。

忽必烈能治他的罪吗？

他很高兴地说："我把那边的军政事务全部交给你，就是要你随机去处理一切事务，不用请示就可以执行。"

忽必烈下诏赏给他金虎符，提拔为平章政事，继续担任秦蜀行中书省的职务。

忽必烈派几个死党解决了南线阿里不哥的势力，自己向北进军。他虽然称了合汗，但还没有进入首都，这个合汗怎么看都还不圆满。

当时和林虽然是首都，但城里的生活用品都得从外面拉进去。阿里不哥死守在那里。忽必烈只是把和林包围起来，切断和林跟外部的所有联系。没几天，和林城里的口粮全面告急，物价涨得比洪水还快。阿里不哥也急了起来，就派人冲出，找旭烈兀和别儿哥运送点粮草来救济他。可这时旭烈兀看到二哥忽必烈占了上风，立马转变方向，宣布二哥忽必烈才是蒙古帝国的领袖，自己永远听从忽必烈合汗的指挥。此时，他率着蒙古帝国最精锐的部队在大食观望，他帮助谁谁就赢得天下。

别儿哥直到现在还表示自己是阿里不哥坚定的支持者，他虽然也拥有庞大的国土面积，一支数量众多的军队，但他远在钦察草原那里，即使想帮阿里不哥打忽必烈，带兵狂奔而来，也赶不上了。

阿里不哥看到手下的战士都饿得差不多站不住脚了，也怕了起来，就派人去向忽必烈请罪。忽必烈表面上表示原谅他，其实却派也松格带着十万大军做好防范，只要阿里不哥出现就把他抓住。

众叛亲离

这时，西部诸王也很乱。旭烈兀和阿鲁忽已经完全倒向忽必烈阵营。旭烈兀干脆派人去把阿里不哥猛批一顿同时也派人去向忽必烈表示自己跟旭烈兀一样，与忽必烈在政治上保持高度一致。他很快得知海都和忽秃忽已经加入了阿里不哥的团队后，就派兵去攻打他们。

忽必烈看到这两个兄弟不但口头支持自己，还主动派兵去打自己的反对派，知道自己已经完全掌握主动权了。当然，他也知道，这两个兄弟观望了这么久，到现在才表态把赞同票投向自己，这一票肯定不是白投的，自己必须向他们有所表示。忽必烈很大方，同意他们在自己的领地高度自治，并扩大了他们的领土面积，让他们都很高兴，都觉得还是忽必烈大方。忽必烈当然大方。反正他也管不到那些地方，乐得送个人情。现在有这两大势力支持自己，阿里不哥再怎么生猛，也干不过自己了。

到了这时，别儿哥的态度也有了转化。他看到忽必烈的力量越来越大，阿里不哥的势力越来越弱，估计不用多久就会被忽必烈彻底打倒了。他也很老练，没有直接宣布自己转变立场，而是向两人都派使者，劝两人和解。

当然，他也知道他的这些话双方谁也不会采纳。但对于他而言，他靠这几句话，轻松地从阿里不哥的阵营里脱身出来，而且还把自己打扮成了一个很懂事的好人。

到了这时，阿里不哥的外援基本就没有了，只有自己一个人在战斗了。可他仍然没有放弃。他现在觉得自己的马真的已经又肥又壮了，可以打仗了。

他这次有经验了，不再大喊大叫，而是想了个计谋。如果这个计谋是直接面对忽必烈，成功率估计接近于零。但他首先面对的是那个也松格。

本来，忽必烈就是叫也松格带兵过来专门防范阿里不哥的，所以阿里不哥探头出来的第一站，就是跟也松格接触。他这个阴谋认真算起来，根本不算什么。他的部队接近也松格的防区时，就派人去对也松格说："也松格兄弟，我是来投降的。"

如果也松格稍微用脑子一想，就知道这个谎言一点不成立。但也松格是个懒得开动脑筋的人，他记得好像当年阿里不哥真的这样跟忽必烈说过，而且忽必烈也真的答应过。现在阿里不哥还真的如约前去向忽必烈报到了。因此，他也就什么都不管，让他去吧。

阿里不哥看到也松格果真被他麻痹了，就趁机对也松格进行了一次突袭。

也松格看到阿里不哥的士兵冲杀上来，才知道上当了。但到这时才有这个觉悟，唯一能做到的就只有带着部队逃跑，把一群本来十分精锐的部队变成残兵败将。

阿里不哥大胜之后，便直向忽必烈的大营冲来。

忽必烈得报后，才知道也松格的主力部队被打散了，自己的小弟已经带兵杀了上来，急忙飞马传书，叫各地宗王和部属调兵前来与阿里不哥决战。

大家一看，如果阿里不哥得逞，他们这些拥护过忽必烈的人都会被杀头的。于是，大家都拼命带着部队赶过来。

忽必烈亲自带着一支部队去迎击阿里不哥，在喀勒喀河的源头与阿里不哥交战。阿里不哥大败。

阿里不哥只得逃跑。

众将请求忽必烈追击，但忽必烈有些不忍心，说让他们去吧。

哪知，阿里不哥逃到半路，阿速带又带着一支部队前来，两人合兵一算，这次咱们的力量比他们还多，而且对方正带着部队往回撤，正是尾追突袭的大好机会。于是，两人带兵猛追过去，果真追上了忽必烈的军队。双方大战，忽必烈虽然奋力击溃阿里不哥的右翼，但仍然不能取得决定性的胜利，闹成一个不分胜负的局面。此战从中午一直打到晚上，两边都损失惨重。到了夜里，忽必烈主动撤退。

阿里不哥也知道，再追下去，是讨不到什么便宜的。而且，由于这些日子，天天过着急行军的紧张生活，路途又远，士兵们已经累死了很多，战斗力越来越下降。所以，真的不能再打了。

阿里不哥很郁闷，他拿忽必烈没有办法，就生起阿鲁忽的气来。于是他决定不打忽必烈了，去打阿鲁忽。

阿鲁忽是拜答尔的儿子。阿里不哥前些年为了对付忽必烈，就派阿鲁忽去当兀鲁思的老大。阿鲁忽到突厥斯坦时，还真的组织了十五万大军，把原来统治这片土地的兀鲁乃哈敦拉下台，自己当了可汗。兀鲁乃哈敦跑到阿里不哥那里避难。

阿鲁忽大权在握之后，马上派尼克别斡忽勒带五千部队向河中地区发展。他的这个行动，导致了别儿哥对阿里不哥集团的不满。当时别儿哥在那一带已经得到当地人民的拥戴，他也早已把那一带地皮划归自己的版图。尼克别斡忽勒到了之后，不由分说，大刀就往别儿哥任命的那些人砍过去，然后强夺那里的财富。

阿鲁忽看到那里的物资很丰富，就眼红起来，下令把这些东西全部收归己有。

其实这里很多财物都是阿里不哥派人过来征收的。他们看到阿鲁忽全部收了回去，就去找阿鲁忽说："这些财物是我们奉阿里不哥的命令征收的。你没有理由收过去啊。"

阿鲁忽当然也知道，但他太喜欢这些财物了。他帮阿里不哥并不是真的想奉献自己的力量，而是想得到更多的利益。现在他已得到这块土地，又得到这些财物了，还管什么阿里不哥？他听了这些人的话后，当场发怒，把那些人也抓了起来。

当然，他敢于这么发怒，也是有理由的。一来阿里不哥的气场越来越小，离开阿里不哥的人越来越多，做他的追随者已经没多少前途。二来阿鲁忽很想重振察合台汗国的雄风，现在好不容易得到这块地皮和人民，他不想再让阿里不哥插手进来。本来，几个大宗王在各自的汗国里，向来享有高度自治权，基本就是谁的地皮谁做主。军队、财政大权都稳稳地拿在自己的手里。即使有时中央政府要开展大规模军事行动时，要求各地宗王派兵加入，也是有量的要求的，即十抽一，也就是说只抽十分之一的部队，跟象征性的抽调没区别。现在阿里不哥却派人在自己的地皮里收税，不让自己管，这就意味着，以后自己这块地皮会成为阿里不哥的直属辖区。他能同意吗？他只得大打出手，先抢财物，再抓人。大不了跟阿里不哥闹翻，反正现在跟阿里不哥翻脸的又不止他一个人。

他的手下都觉得这么干，手段实在有点粗暴恶劣了，就对他说："老大，你这么干就等于失去了阿里不哥这个大靠山了。现在兀鲁乃哈敦又跑到阿里不哥那里告你的状。你是知道阿里不哥的性格的，他一生气，肯定不会放过我们。所以，我们现在只好去投靠忽必烈了。"

阿鲁忽一想，这话太对了，只有忽必烈才能对付得了阿里不哥。

于是，阿里不哥最坚定的铁杆也倒向了忽必烈。

阿鲁忽也不是个善良之辈，下决心脱离阿里不哥阵营后，就一不做二不休，把他抓的那些阿里不哥的人全部砍头。

阿里不哥听到这个消息后，也把阿鲁忽的使者杀掉，然后宣布征讨阿鲁忽。

他在和林进行了一次大规模的动员，要求大家去打阿鲁忽。

他慷慨激昂地发表了大半天的动员令，和林广大人民群众却没有几个响应。他也有点蒙了，怎么大家都不听话了？这是为什么啊？原因很简单，因为这些年来他收的税太多了，在老百姓心目中的形象已经成了暴君。现在老百姓饿得都要死了，谁还会响应他的号召？

阿里不哥仍然崇拜武力、迷信屠杀。现在这个负面影响终于显现。如果显现了，他能总结得出，然后果断改正，也还不错。哪知，他根本没有纠错的能力和动机。他看到广大人民彻底抛弃了他，就在那里长叹，然后给自己找了个理由，这些人反正也不能打仗，让他们跟着反而是负担。不如留他们在这里，天天为我们祈祷，在精神上支持他们。最后，他还特意强调了一句：如果忽必烈打过来了，你们就归顺他吧。这清楚地表明，他已经知道他斗不过忽必烈了，此番西去，其实就是远离忽必烈。

当然，此时他还有一支庞大的部队，而且他是有目标的——攻打阿鲁忽。

阿里不哥一走，忽必烈就进来了。忽必烈安抚了当地的居民，然后准备去追击这个弟弟。他正准备下令追击的时候，突然接到消息：汉地那里又出现状况了，而且这个状况还很严重。

李璮又造反了。

忽必烈知道，李璮的危害要比阿里不哥大多了。于是，他只得下令部队紧急南下，先对付李璮。

这样，阿里不哥得以顺利逃脱。

阿里不哥坚定地向阿鲁忽进攻，派哈剌不花为先锋。阿鲁忽也早就有准备，带着部队迎战，把哈剌不花杀得大败，连哈剌不花也战死了。

阿鲁忽刚开始时心里很害怕，知道阿里不哥一定放不过他，这才组织武装力量来抵抗，但他对这场战斗是没有底气的，完全是硬着头皮上战场的，哪知，才一接触，就把阿里不哥手下最猛的大将杀死在战场上，突然间心态大变，就在那里放开心情地骄傲着。

当时，他就驻扎在伊犁。那个骄傲的心情越来越膨胀，越来越觉得阿里不哥的部队已经被他杀得大败了，剩下的那几个人看来也不知道跑到哪里了。于是，把自己的部队也分别派到其他地方去，自己却在帐篷里放心睡大觉。

哪知，哈剌不花所带的只是一小部分军队，更多的军队已经被阿里不哥分成两路，一路由阿速带率领，一路由他自己带着，向阿鲁忽赶来。

在阿鲁忽放心睡大觉时，阿速带的部队已经迂回而来，接连拿下伊犁沐涟和阿力麻里，宣布占领兀鲁思。

阿鲁忽这才知道，原来阿里不哥还有后手。他想起兵去跟阿速带打一仗，他相信他可以把这个家伙打败。可是因为部队都已分派到各地了，自己身边只有几个警卫连带一帮家属成员，哪能去打仗？

不能打仗就只有跑路了。他避开阿速带的部队跑到可失哈耳去了。

这时，阿里不哥的主力也已开到。阿里不哥仍然不汲取教训，进入伊犁之后，每天大吃大喝，然后就不断地抓来当地的军民，大开杀戒，使得这里的民众陷入恐慌当中。

本来阿鲁忽已经绝望，但由于阿里不哥的作为，使得那一带的民众对阿里不哥深为痛恨，便纷纷去找阿鲁忽。阿鲁忽手里又有一支武装力量。这次他不敢再骄傲了，带着这支武装力量以及一些物资，转移到撒麻耳干一带去了。

阿里不哥这时虽然还很张狂地屠杀伊犁人民，可他一点不知道，他手下的人都看他不顺眼了，纷纷请求离开他。他们离开的理由很充足：阿里不哥现在杀的人都是蒙古帝国的老百姓。这些老百姓都是成吉思汗聚集起来的，可他却天天屠杀，怎能不让人感到愤怒呢？

恩怨并未结束

这时，已是1264年的春天了，遍地冰雪。春天也还很冷！

阿里不哥感到更冷。他突然发现，现在团结在他身边的人已经少得可怜！因为人们都跑了，不跑的人又都被他杀了，他居住的阿力麻里已经不再繁荣了。没有了人口，就意味着没有物资。在这个万物将要复苏的季节里，阿力麻里却一片荒凉，陷于饥荒状态。可要命的是，阿里不哥的士兵们却还在用谷物去喂马，喂到马饱得纷纷倒毙在地。

民众们都祈求老天帮他们搞死这个大汗。阿里不哥却一点不管，反正这些百姓在他眼里，远不如那些战马。他以为只要他还有战马，他就什么都不怕。

有一天，阿里不哥正在狂欢，突然一阵大风刮起来，把他的丝质帐篷都刮破了，并折断了帐篷的支柱。这个帐篷可不是一般的帐篷，是他举行朝会的帐篷，很多跟他在里面一起狂欢的人都受了伤。

这些人没有一个是无神论者。他们被帐篷压住之后，并没有从其他方面找原因，都是从迷信角度看问题。他们很快找到了朝会帐篷垮掉的根源：这是老天在警告，阿里不哥已经要完蛋了。要不为什么别的帐篷没事，就这个帐篷有事？

谁都不愿意跟一个被老天爷警告的人混下去了。于是，又一批死党宣布远离阿里不哥。

如此一来，阿里不哥身边只剩下阿速带以及一些士兵，力量已经单薄得要命。

这时，蒙哥的另一个儿子玉龙答失正在木儿罕河边。那些从阿里不哥处逃出来的人都跑过去投奔玉龙答失，并做他的思想工作："现在大家都拥护忽必烈，咱们也向人家学习吧。"

玉龙答失目前的势力并不大。在两位叔叔大打出手争夺汗位时，基本没有他的事。本来，按他当时的身体，他要是参与竞赛，也可以把事情搞得更加复杂化。但他既年轻，又没有形成自己的势力，硬塞进去，结果就会被叔叔们简单地搞定。

现在忽必烈把阿里不哥打得满地找牙、四处乱跑，其他叔叔也都旗帜鲜明地表示坚决拥护忽必烈当合汗了，他还能有什么意见？他敢有意见吗？

玉龙答失听到这些建议后，立马表示同意。他虽然没有力量，但他不是笨蛋，他知道其他势力早已拥护忽必烈了，他直到现在才赞同，在时间上已非常落后了。按他现在的实力，两边谁都得罪不起。他必须等到事态十分明朗后，才可以表态。但他知道忽必烈未必理解他，因此他决定要有所表示。于是，他派人去见阿里不哥，说叔叔啊，你以前拿了我老爸的那颗大印，现在你就还给我吧。

阿里不哥对别人很残暴，但对这个侄子倒还很不错，看到他索要这个大印，二话不说就交给那个使者带回去给玉龙答失了。哪知，玉龙答失却拿着这颗大印去见忽必烈，亲手交给忽必烈。如此一来，整个西部诸王、宗王都成了阿里不哥的敌人。

当然，这些人宣布阿里不哥是他们的公敌，完全是为了站队的需要，他们心里并不真正恨这个兄弟。但阿鲁忽却很恨这个家伙。他看到阿里不哥已经没落到揭不开锅的地步，此时不打，只怕没有打他的机会了。于是，迅速出兵去攻打阿里不哥。

阿里不哥虽然手里没有多少力量了，但他仍然有个秘密武器，就是兀鲁忽乃哈敦。这个女人原来是旭烈兀的妻子。旭烈兀死后，她当了一段时间的汗国实际最高领导人，后来因为阿鲁忽过来夺权，她就跑到阿里不哥那里投诉。可是阿鲁忽本来就是阿里不哥派去的，想把察合台汗国打造成对抗忽必烈的战略基地，所以对她的控诉根本不理睬。但阿里不哥看到她长得漂亮，就把她派去见阿鲁忽，让她做阿鲁忽的思想工作。

她见到阿鲁忽之后，在那张漂亮的脸蛋挂上一个迷人的笑容，然后给他做思想工作，兄弟之间还有什么仇恨？

阿鲁忽强硬的立场立刻软化，答应不去打仗了。

阿里不哥就这样逃过一劫。

美人计对付阿鲁忽这样的人很有效，可对付不了忽必烈啊。阿里不哥现在最大的敌人不是阿鲁忽，而是忽必烈。在没有搞定忽必烈时，他的生命时时刻刻都处于最危险的时候。

阿里不哥原来懒得开动脑筋，只要手里有兵就打，凭着心情去杀人。但现在他不得不想出一条如何在忽必烈的追杀之下逃出生天的办法来。

他想了很多连他都觉得不行的办法。最后，觉得只有向忽必烈彻底认输，也许忽必烈会看在兄弟的情分上，放过他一马。这一次他直接去见忽必烈。

忽必烈听说这个麻烦弟弟来了，立刻下令集合部队，夹于道边，举行了个杀气腾腾的仪式，而且按照传统，阿里不哥还披着一张门帘进去。

当阿里不哥进去的时候，忽必烈看到自己这个小弟弟像个罪人一样，肩上披着那张象征投降者的门帘跪在自己的面前，请求自己治罪。这就是他的弟弟，他们从小就在一起玩，一起长大。长大后同心协力帮助他们的大哥蒙哥打杀失烈门集团。再后来，他们仍然很齐心协力，他和蒙哥出战，弟弟在首都看家。蒙哥死后，兄弟立刻撕破脸面，放手开撕，打到现在，已有四年。

是的，整整打了四年。

忽必烈身边有一大批汉族知识分子，他们肯定给他讲过刘邦项羽的故事。刘邦和项羽的楚汉战争也是打了四年啊。

刘邦项羽好像也结拜过兄弟，可是后来这对兄弟杀得血流成河，尸积如山。人家是结拜兄弟，打了也就打了，那个结拜也是政治式的结拜，毫无真情可言。可自己跟眼前这个人是亲兄弟啊，都是草原英雄拖雷的儿子啊。

忽必烈想到这些，泪水就禁不住了。

阿里不哥也哭了起来。

忽必烈说：“兄弟别哭。我问你一个事情，咱们这场战斗，到底是谁对谁错？”

阿里不哥说：“大哥，先前是我对了，现在是你对了。”

当时，旭烈兀的使者也在场。这个使者回去之后，把这个场面也向旭烈兀进行了汇报。

旭烈兀知道后，觉得很不是滋味，就派人去把忽必烈狠狠地批评一通。

忽必烈听了之后，派人去向旭烈兀道歉：兄弟批评得好，是我做得不对了。

在阿里不哥投降的仪式中，几个受过阿里不哥阵营伤害的人都觉得应该向他们讨还公道了。

阿只吉指着阿速带说："是你杀了我的兄弟……"

阿速带说："是的，我杀了你的哥哥阿必失合，可我是奉当时的君主阿里不哥之命处死他的。现在我们的合汗是忽必烈大汗。如果现在忽必烈大汗命令我杀掉你，我同样毫不犹豫地砍你的脑袋。"

忽必烈摆摆手，说："现在不是讨论这个事的时候。"

塔察儿说："大家听着，合汗有旨，我们今天不再追究过去的事。那些不愉快的事就翻过一页吧。"

大家一听，都表示赞同。

这时塔察儿一看，阿里不哥仍然站着，就对忽必烈说："大汗，也给阿里不哥一张桌子吧。"

忽必烈下令把阿里不哥的座位安排在宗王区里。

大家一看这个局面，觉得阿里不哥可以安全着陆了。

但第二天，忽必烈还是把很多宗王叫来，命令他们审问阿里不哥集团骨干成员。当一大批阿里不哥的死党被带进来时，阿里不哥倒还很够哥们。他大声说："所有的根源都在我这里，一切都跟他们无关，他们无罪。"但没人理睬他。

忽必烈对这些人说："你们这些人，煽动了这么大的动乱，害死了很多宗王和人民，该当何罪？"

所有的人都不敢说话，都低着头。

忽必烈问阿里不哥："第一个教唆你的是谁？"

阿里不哥说："事情的过程是这样的：阿蓝答儿首先对我说：'现在忽必烈和旭烈兀都出去打仗了，大汗把首都交给你，你有什么想法？难道你就忍下去，让我们这些人成为任人宰割的绵羊吗？'我就问他：'你跟脱里赤他们讨论过吗？'他说：'先去跟他商量一下。当然，还要请秃满、忽察这些人一起，这样的大事不是一两个人说了算。'于是，大家就开了个会，大家就在会上达成了共识。其他人都踏实地执行我的命令。只有帖木儿做了很多过分的事，说了很多伤害合汗的话。"

赤因帖木儿却不服，说他做的那些事、说的那些话，全是阿里不哥叫他干叫他说的，现在却全把责任推到他的身上，这是血口喷人啊。

忽必烈认为，赤因帖木儿说得对，当场就把他释放了。

大家看到连最骨干的成员都被放了，就都冒出头，揭发人家，洗白自己。结果，忽必烈杀了十个阿里不哥的死党。

接下来他准备审问阿里不哥。当然，他还是要做足戏的。因为阿里不哥到底是他的兄弟，而且当了一段时间的监国，所以审问他的阵容必须足够大，这才显得又公正又有分量。所以，他派人去通知旭烈兀和别儿哥他们也过来参加这个审判大会。但由于路太远，最后只有东边这些宗王比如塔察儿等来了，对阿里不哥和阿速带进行审问。

最后，旭烈兀、别儿哥、阿鲁忽都表示，坚决拥护忽必烈的决定。不过，他们还是会按时参加忽里勒台大会的。

然而，还没有等到忽里勒台大会的召开，阿里不哥就先死去了。他死于 1266 年的秋天。据说，他死得比较蹊跷。有的说，他是患病死的，有的说是忽必烈给他吃了毒药。但不管怎么样，他都是在郁闷之中死掉的。

忽必烈跟阿里不哥之间的相互恩怨至此结束，但旭烈兀和别儿哥的争斗又剧烈展开。

黄金家族进入了一个内部争斗的黄金时期。

第八章
南宋越来越衰

王文统的灭亡

再来说说李璮的事。

可能很多人不知道李璮。他就是李全的儿子，有的又说是李全的养子。但不管是什么，他就是李全的继承人。李全被赵葵打败之后，陷于泥潭之中被人家杀死，他的老婆杨妙真就接替了他的位置。1232 年，她还“代入觐，得绍夫职”，得到窝阔台大汗的亲切接见，正式下文任命她接过老公的班。当时耶律楚材称她杨行省。

不过，以前老公还在的时候，她很少冒着管事，只有到关键时刻才出来收拾残局。这时老公死了，她不得不出来带着老公的部属渡过难关。后来，李璮长大了，她认为可以让这个儿子出来干事了，就把大权全盘交给李璮。

李璮就这样成了益都行省的第一把手。

李全还活着时，最拿手的本事就是当两面人，在金宋两边通吃，尤其是善于把宋朝当傻瓜，已经公开投降了蒙古，仍然去向宋朝要经费，而且宋朝居然满足他。如果不是碰着赵家兄弟这对牛人，估计他在历史舞台上的戏份会更多，更精彩。

李璮接过这个摊子时，也全面继承老爸的这个方针。

他深知，目前不管从哪个方面看，还是蒙古最强。所以，把自己的野心收藏得很好。他当时的地盘只有益都，并不算大，但他居然花了十年的时间，慢慢经营，势力范围就扩大到益都以东和东南的差不多整个山东半岛，完全可以称得上一个位高权重的地方军阀了。

在蒙哥最后伐宋那一年，他也带着部队积极响应，南下打宋朝。当时的局面是，蒙哥在西路，忽必烈在中路，而他却在东路。他成功占领了海州和涟水，一下就把自己的势力推到与宋朝对峙的最前线。很多人一听到前线这个词，就怕得要命，怕人家哪天打过来，脑袋就会掉下。可对于李璮这样的军阀来说，前线就意味着可以稳拿兵权，可以扩充武装力量，可以打下属于自己的地盘。

李璮的政治敏感性要比他爹强多了。他清楚地知道，蒙古的传统习惯跟汉地出入太大了，想在蒙古帝国里吃得开，你还得找一个大靠山。于是，勾搭上了蒙古帝国的牛人塔察儿的妹妹。如此一来，他所在的益都就被划成帖木格斡赤斤的一部分。塔察儿就是帖木格的儿子，现在全面继承了帖木格的所有遗产，是蒙古帝国东部诸王的大哥，是黄金家族里说话很有分量的人。傍上了这样稳固的靠山，谁还敢对李璮怎么样？于是，周边的那些牛人见到他时，都得点头哈腰。人家是宗王的女婿，手里又有武装，几方面综合起来，是很让人感到害怕的。

他的胆子也越来越大，不断向中央报告前方敌情太严重，需要很多军费，需要扩充武装力量。史书对他的记载是："恫疑虚喝，挟敌国以要朝廷，而自为完缮益兵计。"

蒙哥出征时，曾多次征调他的部队前去参战。可他不愿离开自己的根据地，每次都来个"诡辞不至"，到处找借口，不听蒙哥的调度。他也知道收买读书人是最好的手段之一，于是就在自己的辖区内修试院、文庙，招聘儒生当自己的参谋。

李璮还在东部威胁宋朝，蒙哥却在四川那里碰上硬骨头，最后被石头砸死。接着又发生了忽必烈兄弟的汗位之争。李璮马上意识到自己的事业到了关键时刻。

他看到忽必烈回去了，一支支攻打宋朝的部队也被调回去打内战了，中原一带已经空虚得要命。他搞事的机会到了。

他哪能放过这个机会。如果此时不动手，这辈子就没有动手的机会了。

李璮回头一看，自己周边已经没有多少猛人了，虽然还有史天泽和严忠范这几个人，但他们都是汉人，是自己争取的对象。

忽必烈北上的时候，也要求各军跟他一起去打阿里不哥。别的人都派兵过去了，唯独李璮一个士兵都没有派出去。当时他手下有近八万正规军啊，忽必烈能不看穿他的心思才怪，但他以为忽必烈看不出。

忽必烈把阿里不哥打败后，各地牛人都纷纷跑到首都向忽必烈祝贺，但李璮仍然不理。他现在忙着加固城墙。你是知道的，蒙古兵最忌讳的就是看到谁在修城墙，此前他们每打下一个地方，第一个动作就是毁掉城墙。李璮当然知道这是犯忌的事。但他有个理由，就是防备宋兵的入侵。他还派人到处采购马匹。这个动作又引起很多人的怀疑。因为他采购的范围很大，但他从不在他的辖区内采购，而是在境外用高价与政府抢购。另外，这家伙居然在他的辖区内准许流行宋朝的货币，这让蒙古帝国很恼火。

忽必烈北归时，为了稳住宋朝，以防关键时刻在边境闹出什么事情来，就派郝经出使宋朝，搞个假和谈。

李璮知道后，觉得要是和谈成功，自己扩充武装力量的借口就消失了，说不定忽必烈马上就把自己调到大草原上跟阿里不哥死磕了，那样一来，阿里不哥完了，自己的兵力也消耗得差不多了。他坚决不同意和谈，派兵出来骚扰宋境。于是郝经到边境之后，便被扣留下来。

李璮很高兴。

当时，忽必烈重用很多汉族文人。他也像铁木真一样，每到一地，都叫大家推荐德才兼备的读书人。在鄂州之战时，忽必烈觉得贾似道这样的人真不错，恨不得把他借来给自己用几天，便叫大家努力帮他寻找这类人才。于是，张文谦和张易就推荐了一个叫王文统的人，说这家伙的脑袋很好用，智商超级高。忽必烈虽然进攻鄂州不怎么顺利，但一跟王文统聊上，心情大好，觉得这个王文统还真厉害，于是就让他留在自己的身边当高参。忽必烈称汗后，把王文统提为中书平章政事，主管汉地的政务。他确实有很强的理政能力，到任之后，出台了一系列的财政政策，一下就使忽必烈集团的财政收入大增。忽必烈最终能把阿里不哥彻底打败，其实靠的就是强大的后勤保障。当阿里不哥的和林大闹饥荒的时候，汉地的物资却源源不断地给忽必烈的大军送过去。这些大多是王文统的功劳。

忽必烈对王文统很看重，曾经准备提他为丞相。但他才刚刚入伙，表现就如此抢眼，那些老早就跟着忽必烈的汉地知识分子就眼红了。

王文统这个人用现在的话来说，绝对是个精致的利己主义者，上了高位，也不记得原来是靠谁推荐的，一点不给人家面子。原来推荐他的张文谦成了他的副手。这些汉地的知识分子算起来，基本都是想投到忽必烈这里混口饭吃，然后靠嘴头功夫成为高官，个个都是怀抱远大理想的有志之士，只是那些人都会装一点，不像王文统那么露骨。张文谦在跟王文统讨论问题时，常常提出不同意见，搞得王文统很不舒服。他就想把这伙人排挤出去。他在这方面的手段要比张文谦厉害多了，没几天就把张文谦调离中书省了。

王文统很快就发现，对他有意见的人很多。他列了个名单，主要有姚驱、窦默、许衡三个人。他也知道这三个人跟忽必烈已经很久了，帮忽必烈出了很多计策，曾经让忽必烈从钩考事件起死回生，现在对付阿里不哥仍然靠他们，所以对他们不能那么简单粗暴。于是，他只要一碰到这几个人，就立刻跟他们满脸笑容地说话，假装十分尊重他们。但在这几个人不在场的时候，就劝忽必烈把他们都提拔过去，让姚枢当太子太师、窦默为太子太傅、许衡为太子太保。这几个人的官阶都猛提了几个档次，但全被赶到太子身边去了，不能再跟着忽必烈了。在官场上混的人都知道，皇帝是权力的核心，要是离开皇帝的身边，就等于离开了权力中心，官职再高也没用。

这几个家伙个个都是玩权术的高手，对这些套路都熟悉得很，现在他们居然被王文统套路一次，心里当然很恼火。他们不想办法报复一下，他们还对得起谋士这两个字吗？

忽必烈对王文统的水平实在太欣赏了，想进一步提拔他为丞相。

三个人一听，如果他当了丞相，大权在握，一人之下万人之上，他们这些人还能活下去吗？于是，集体反对，理由是，王文统学的不是正宗的理学，要是让他来管理这个国家，天下就会大乱。

忽必烈一听，就问："他既然不行，那谁行呢？"

他们当然不能说自己行，正宗理学的儒生是不能这么说的，因此，窦默说："许衡可以做。"

这跟推荐他自己有什么区别？因此，忽必烈一听就满脸不高兴。当然，他也只是不高兴一下而已，最后也没有任命王文统为丞相。

王文统除了当忽必烈的大官外，还有一个身份，就是李璮的岳父大人兼同乡。

他在那边跟那几个正宗儒生斗来斗去，最后没有斗上丞相的位子，心里很不爽。正好李璮说要他一起造反。他一想，觉得也对。与其依靠别人提拔，不如自己打天下。于是，两人就达成了造反的共识。

李璮天天酝酿着造反，觉得造反的前景很广阔。其实他知道凭自己现在的实力，是无法跟忽必烈直接叫板的。因此，他还是联络了一下宋朝，说把涟海三城送给宋朝，一起打蒙古。此前，李璮把他的儿子李彦简送到首都当人质，这时他已经派人去把儿子叫了回来，然后宣布起义。

忽必烈当时正想猛追他的弟弟阿里不哥，哪知却接到这个报告，只得下令叫停追击阿里不哥的命令，叫大家讨论一下如何对付李璮。

几个谋士就出来。他们没有在第一时间拿出打李璮的方案，却万众一心地揭发王文统，说王文统是李璮派驻中央的内奸，证据是，他经常派他的儿子王荛跟李璮联络，商讨谋反的事。

忽必烈没有想到自己手下最能干的理政官员，居然也在暗中搞阴谋，他把王文统叫过来，直接就问："你跟李璮暗中勾结图谋不轨已经很多年了。这件事不光我知道，很多人都知道了。现在我只问你，你在这件事中，到底扮演什么角色？出过哪些主意？"

王文统一听，脸色居然一点变化都没有，说："我一时也记不起很多，让我慢慢写出来，再交给大汗，可以吧？"

忽必烈说："好。"

王文统就现场写完，然后交给忽必烈。

忽必烈说："你自己念给大家听听。"

王文统当场就读了一遍。忽必烈听到其中有这么一句"蝼蚁之命，苟能存全，保为陛下取江"，就骂了起来："你原来还想为李璮求情吗？你以为你这样求情，我就同意吗？"

王文统以为，忽必烈虽然在说自己要造反，但肯定没有证据，只要帮李璮洗白一点，或许可以过关。哪知，他还没有再说话，李璮的信又来了，而且被忽必烈抓了个现行。

忽必烈把李璮的信交给他看，问："这是什么？"

王文统一看，这个女婿硬是在关键时刻送这么一封信来，这是要把他搞死的动作啊。他的冷汗这才冒出来。

忽必烈指着信中那"甲子期"三个字问："这是什么意思？"

王文统一看，忙说："是这样的。李璮老早就有造反的想法了，因为我在朝中，所以他不敢轻举妄动。我也老早就想把这件事向大汗反映，但因为大汗还忙着北方的事，我不想让大汗分心。所以就跟他说，等到甲子年才是举事的大好机会，目的就是先稳住他，让他推迟一下造反的时间。这样一来，大汗就有时间和精力收拾他了。"

忽必烈一听，这家伙到了这个时候还狡辩，把自己当傻瓜看。他摆了摆手，说："你不要再说了。我给你这么大的权力，对你也算是不薄了。可你还是干出这样的事来！"

王文统还在那里辩解，可他说了很多话，忽必烈却没有听到他最期望的“臣罪当死”这四个字。

忽必烈知道王文统已经死也不愿认罪了，就不让他再说下去，下令把他赶出去，然后捆绑起来。忽必烈再把几个儒生大臣以及张柔叫来，把王文统写的罪状和李璮的信给他们看，问：“你们看，如何处理这个家伙？”

其他人还没有说话，张柔抢先大声说：“四个字：千刀万剐！”

忽必烈再问大家：“你们说该怎么办？”

大家当然都说：“该死！”

忽必烈说：“他刚才也在我的面前服罪了。”

王文统死了，看起来只是他个人的命运，其实因为他的这个事件，直接影响到了大元之后汉人精英的命运。因为王文统，使得忽必烈对汉人政治精英不再放心，终于规定大元的丞相只能由蒙古人担任，彻底堵塞了汉儒通向最高权力之路。

李璮谋反

王文统被杀了，李璮那边仍然继续。

因为走到这个地步，不反也得反了。李璮这才觉得自己的准备还很不充分。虽然机会就在眼前，并被自己抓住了，可是实力实在不对等。他拼命讨好宋朝，除了免费送上那三城之外，还献上山东半岛的那些地方，要求宋朝恢复他老爸的名誉。

宋理宗虽然昏庸，但并不傻，这样的利好主动送上门来，哪能不接受？于是，答应李璮的要求，并任命他为保信、宁武军节度使，督视京东、河北诸郡军马。当然，还有个荣誉性的称号：齐郡王。

李璮也知道这些官职其实都是虚的。他带着他的部队打下了益都，然后又攻下溜州。

忽必烈原来配给李璮的副手王磐知道李璮成不了气候，看到李璮举事时，就先逃了出来。

忽必烈知道后，立刻派人把王磐叫过去，然后让姚枢去向王磐了解情况。

王磐对姚枢说："李璮太狂妄，很快就会打败。尽管发兵去收拾他。"

忽必烈问姚枢讨伐李璮之策，姚枢的脑子确实很快，当场就答："大汗，让我们来看看李璮目前的形势，帮他看看哪条策略才是最优的。上策：李璮抓住我军北伐的时机，乘虚沿海岸线直取燕地，锁住居庸关，给我方造成恐慌局势。中策：跟宋朝联合，凭险固守，然后不断袭扰北方边境，让我们感到超级头疼。下策：把所有的希望寄托在山东诸侯的身上，然后出兵济南，坐等这些诸侯前来救他。这其实是在等着我们去活捉他的策略。"

忽必烈问："你估计他采取哪个策略？"

姚枢说："他必取下策！"

忽必烈立刻派出大军向济南进发。

而李璮果然按姚枢预计的下策一样，进了济南，然后就牢牢地守住。

李璮军事水平确实很差。当蒙古帝国的先头部队杀到时，李璮带着部队去抢他们的物资，反而被他们连败两场，不得不躲在城内不敢再探头了。

忽必烈知道，如果不尽快把李璮的事处理好，接下来的事就会很麻烦，因此，他任命史天泽为剿匪总指挥，诸王都受史天泽节制。

史天泽到前线后，制定出了围困李璮的策略，对大家说："李璮是个十分不老实的家伙，而且兵精马壮，所以我们不能以硬碰硬，跟他拼命。我们只把他包围住，看他能支持多久。"

这一仗中，另一个牛人出场。

这个牛人叫张弘范。

他是张柔的儿子，第一次出征。大家来看看，他老爸在他出征前是如何教导他的。

他老爸对他说："到了前线围城时，你一定要找最危险的地方防守。"

张弘范问："为什么？"

张柔说："你要是选择险地，自己就不会放松自己，士兵也会超级拼命；主帅也一定会因为考虑到其太险要，只要敌人前来进攻，他就会马上派兵来支援，你就可以因此而立功。"

张柔打了一辈子的仗，最后给自己的儿子传授了这个经验，确实让张弘范受益终生。张弘范后来取得极大的成功，成为历史性的牛人，跟他老爸的栽培是分不开的。

到了前线之后，张弘范按照老爸的教导，在城西扎营。李璮带兵出城对诸营都进行了一番突袭，唯独没有动张弘范的营地。

张弘范的手下很高兴，可张弘范却一点不乐观，说："大家别高兴得太早。这是因为我们的营地很险要，他想一次就要拿下。这一次他是故意不动我们的营地，让我们以为他怕了我们，让我们放松警惕，然后搞个突然袭击。可以说，前一轮他对诸营的突袭，就是做给我们看的，是突袭我们的热身运动。"于是，带着大家修好壁垒，在垒内埋伏一批敢死队。然后在半夜里偷偷把壕沟拓宽，坐等李璮的到来。

李璮只按照自己的想法，做好突袭的准备工作，却没有想到对方居然瞒着他来这一招儿。第二天，他就带着突袭队冲上来。突然发现壕沟已不是原来的壕沟了，一急之下，纷纷落入臭水沟。等他们从水沟里爬出来，突进壁垒时，迎接他们的是一批敢死队，一个都没能逃出。

这时，南宋朝廷知道李璮被蒙古兵包围了，便派梦炎带兵去救援。梦炎在接受任务时，从容得很，一副马到成功的样子。可当他带兵到山东境内时，就停下了前进的脚步，然后观望几天，直接往回走。你想想，有这样的队友，李璮还有活命的机会吗？跟谁联合也不能跟这样的团队联合啊。

李璮只有绝望了。

绝望的李璮还在济南城中坚持着，他坚持到现在已经一个月了。

李璮基本没有别的动作，但史天泽却天天按部就班地把围剿工作做下去。他下令在城外筑一道围墙，把济南全面围住，确保李璮不能逃出去。

史枢负责防守城西南，这段地皮有一条山涧横贯历山，形势极为险要。史枢按照史天泽的部署，沿着山涧两边修筑城堡，并在涧水中竖木栅。可是正逢雨天，而且雨下得特别大，一下就把木栅冲走了。

李璮这些天缩在城里，看到蒙古兵在城外修围墙，工程进度很快，知道自己真的没法突围了，好不容易有了这一场暴雨，把水里的栅栏冲得无影无踪，心下大喜，决定利用这个机会冲出去。

哪知，史枢却对他这个心理猜得很透彻，他对大家说："李璮看到这个情况，一定会在夜里行动，要从这里突围。"

他下令大家割来大量的芦苇，扎成火把，然后堆在城上。夜里李璮果然带着部队杀过来。史枢下令大家往李璮兵猛投火把。此时，大风正好刮起，一堆堆芦苇被投下去，火势猛得要命。李璮没有料到这一招儿，大部分士兵在滚滚浓烟中四处乱窜，毫无方向。史枢接着下令大家放箭。李璮兵大溃，知道再冲上前只有送死，于是都抢着往回逃，闹了个自相踩踏的局面，损失惨重。

李璮这才知道，造反不但需要野心、需要胆量，更需要军事能力，他现在的军事能力跟他的胆量和野心太不匹配了。开战以来，不管往哪方面冲，结果都是碰壁，没赢过一局，那些战场老手固然打不过，就连张弘范这样的新人物，居然也让他中计。他还能有什么话说？唯有在城里等死。

董文柄知道又到瓦解分化敌人的最佳时刻了。他骑着马来到城下，看到田都帅正在城头上，就大叫让他投降。

田都帅是李璮最亲密的战友，但跟李璮造反这么久，一点局面都打不开，早就知道不宜再坚持下去了，只是碍着那张脸，又没有机会。这时听到董文柄的招呼，觉得还是逃出去保命才是第一位的。于是，就系着绳索滑下城墙，成为第一个投降人员。

李璮仍然不投降。

后勤负责人过来报告："口粮已经没有了，怎么办？"

李璮说："让士兵都到老百姓家里吃。"他还要求，大家吃饱了饭之后，顺便在家里搜查，看看他们都把粮食藏在哪个地方了。

如此过了几天，城内的粮食都没有了。

大家问他现在该怎么办？

李璮马上出台了最后一个政策：强迫所有的百姓交出食盐——用食盐来拌木屑喂马。人肉也是可以吃的，现在可以杀人来吃。

于是，城里都乱成一锅粥，士兵们连杀人来吃的心情都没有了。

李璮的情绪跌落到最低点，“日复昏沉沉”。后来，他又突然惊醒过来，又进行了一次动员，带着部队杀出城来，想突围出去。可这次突围的结果就是又被打回去。

李璮最后的希望彻底破灭。士兵们为了保命，陆续“什佰相结、缒城以出”。李璮也不制止，他已经没有能力制止了。

七月十九日的夜晚，突然有一颗星划破天空，李璮认为这颗星就是自己，表示自己像诸葛亮那样要星陨济南府了。他找来一支香，然后对着天空说：“李璮死于此！”第二天，他把身边的部下召集过来，说：“我们失败了。你们都出去找自己的活路吧。”

如此一来，城门就自然大开。

蒙古兵涌了进来。

这个情节，当然已经在李璮的意料之中。他拿起大刀把他最漂亮的小老婆杀死，就跑到大明湖投水自杀，蒙古兵冲上来，把他从水中捞出来。

李璮被押解到哈必赤面前。

史天泽当场建议“宜即诛之，以安人心”。哈必赤派史天泽专门审问李璮。

首先是严忠范问：“李璮，你知道你这是犯什么罪吗？”

李璮说：“你以前多次跟我约定。可是我举事了，你又不来。现在你好意思问我？”

严忠范大怒，取出一把刀在李璮的肋下刺了一刀。

接着是史天泽问：“你见了我们为什么不拜？”

李璮没有回答。

史天泽又问：“忽必烈什么时候亏待过你？”

李璮却不回答他提的这个问题，只是说：“我最看不起你这样的人，明明有文书约定一起起义，后来却当了可耻的叛徒。”

史天泽大怒，知道再怎么审问也审不出结果了。他和几个汉人虽然跟忽必烈混了很久，深得忽必烈的信任，但蒙古高层对他们仍然是不放心的。如果一直让李璮把这些话说出来，对他们的前途是有影响的。于是，他下令手下过来，先砍断李璮的两条手臂，然后砍两只脚，再挖出其心肝，最后才斩首。史天泽向来做事稳健，但这次李璮的话戳中他的脆弱之处了，让他很气愤，便把李璮好好地折磨一顿。

杀了李璮，史天泽和哈必赤带着大军向益都开过去。他们还没有到益都，城里的人就已经开门投降了。这时城里还有两万李璮的部队。哈必赤就按蒙古的传统，把这些兵都分配到各军中，让大家杀掉。

董文炳分到两千人，但他没有开刀，而是去找哈必赤，说：“这些士兵都是被李璮胁迫的，杀了他们，未必合大汗之意。”

哈必赤一听，这话还真有道理。他决定在这方面与大汗保持高度一致，当时就叫停屠杀。不过，很多蒙古兵已杀了不少人。

尽管忽必烈在平定李璮战斗中，把前线指挥权都交给史天泽，而且还亲自到车前授招，表现了极高的信任度。但因为李璮此前长期跟王文统密谋造反，因此忽必烈对很多汉地谋士都产生了极大的疑心。推荐过王文统的人，基本都被忽必烈放入怀疑的黑名单中。最严重的是商挺，被从关中急召回来，直接受到监禁和盘查；赵良弼被“威刑临恐，谴诃百至”，但他仍然不承认。忽必烈威胁说再不承认，就割断舌头。赵良弼“誓死不少变”，忽必烈“乃罢”。史天泽因为提前杀了李璮，也知道忽必烈对他的怀疑是消不了的，肯定会认为他在玩杀人灭口的把戏，因此，他回到朝中后，就自己弹劾自己，说当时太气愤了，在情绪极端不稳定的情况下，杀了李璮，请大汗处分。

忽必烈当然没有处分他。忽必烈没有办法一下就追究这么多么人。他现在手下最得力的助手都是汉地的谋士，伐宋之后治理国家也需要他们。因此，他只是想办法对他们进行削权，开始实行兵民分治，走了一条接近赵家模式的道路。

李璮时代就这样结束，搞得轰轰烈烈，但取得的成效太小，被包围之后，基本没有反围剿的能力，最后直接在济南城里等死。如果说他与他老爸不一样的地方，就是他读的书比他爸多一点，能作点诗填点词。以下是他写的《水龙吟》：

腰刀首帕从军，戍楼独倚间凝眺。中原气象，狐居兔穴，暮烟残照。投笔书怀，枕戈待旦，陇西年少。欢光阴掣电，易生髀肉，不如易腔改调。

世变沧海成田，奈群生，几番惊扰。干戈烂漫，无时休息，凭谁驱扫。眼底山河，胸中事业，一声长啸。太平时，相将近也，稳稳百年燕赵。

贾似道夺取相位

蒙古帝国这几年基本是在内乱中度过的，对于忽必烈的主要敌人宋朝而言，应该是最好的机会。他们完全可以调整一下，做好打下一场战争的准备，如果工作做得好，谋一下北伐也不是没有可能的。

但宋朝这些年来，已经彻底丧失了抓机会的能力。

当然抓机会的高手仍然有。

这个高手就是贾似道。

只是他只为自己抓机会，而不是为国家抓机会。作为鄂州之战最高前线总指挥，在关键时刻，保住了这个战略要地，使得正在准备迁都的宋理宗又把已经打好的包袱放下来，实在是大功一件。但大家都知道，这次没有大败，实在跟他没有多大的关系。如果一定算功劳，首功必须算在王坚身上。如果没有王坚那一战，蒙哥不会死。蒙哥不死，忽必烈万万不会撤走。试想，以当时的情况，鄂州能挡得住忽必烈的进攻吗？

蒙哥不死，忽必烈肯定不会回师北漠，则形势必将是另一个模样了。

可大家知道，宋理宗是不会到前线去了解这些情况的，一切都由贾似道汇报。贾似道说谁的功劳第一谁就得首功。于是，贾似道说他的功劳是第一的，他也是最英勇的。

其实，他怕死得要命。当时宋朝刚刚搞定丁大全集团，吴潜正好居相位。吴潜基于各路重兵都在鄂州，黄州空虚，就下令贾似道移驻黄州。黄州的地理位置比鄂州更为重要。

当时，孙虎臣带着七百精兵护送贾似道从鄂州去黄州。

他们行军到嶓草坪时，负责在前面侦察的士兵过来报告，前边有蒙古兵。

贾似道一听就吓得蒙了，脸色瞬间刷白，问身边的人怎么办。

孙虎臣听到这个消息后，就藏了起来。贾似道本来还指望孙将军出来指挥打仗。哪知，他左看右看，就是不见孙虎臣的影子。他没有办法，只得哭丧着脸下令准备战斗。他在下令之后，几乎瘫在那里，哀叹着："这次看来真要挂了。"

等到蒙古兵靠近时，他们才发现，原来是一支押解妇女和财物的后勤部队，全都是老弱人士，根本不是战斗部队。如果是别的将军，肯定会乘机大打一场，取得一个胜利。但贾似道哪有这个胆气？他只求人家别打他就已经万事大吉。

在贾似道抹着汗水时，孙虎臣却突然出击，把蒙古兵的带队将领储再兴活捉过来，真的取得了胜利。

贾似道这才顺利进入黄州。

他进了黄州之后，什么办法也没有。恰好蒙哥死去，忽必烈不得不北归去抢汗位。而贾似道在明知忽必烈北归的目的之后，仍然遣使求和。

忽必烈北返之后，贾似道没事干了，就开始上奏说自己如何指挥若定，如何打败了蒙古兵。当然把议和的事全部忽略不计。宋理宗一看这个奏章，大大地松了一口气，说贾似道对宋朝有再造之功，怎么奖励、怎么提拔都不过分。于是，赏赐给他大量财物，还提拔他为少傅、右丞相，让他回朝廷主政。

于是，宋朝又走进了贾似道的时代。

贾似道当政后，做的第一件工作并不是着手部署防务，抓住机遇，提拔有水平的将领，加强边关建设，而是利用手中的权力对异己进行报复！

第一个被他搞定的人就是吴潜。贾似道对吴潜十分气愤。他认为吴潜命他去守黄州，是想借蒙古人的刀杀掉他。幸亏孙虎臣英勇指挥，把蒙古兵的非战斗部队打败，取得了胜利，也粉碎了吴潜的阴谋。因此吴潜是必须除掉的。

现在吴潜的职务比他还大，要想搞定吴潜还是需要机会的。

机会很快就有。

宋理宗赵昀当了这么多年的皇帝，觉得也应该指定个继承人了。他当时准备立忠王赵禥为太子，可是吴潜知道后却上奏表示反对，而且反对得让赵昀很不高兴，因为这个反对意见书里面居然有这么两句话："臣无弥远之才，忠王无陛下之气。"

赵昀一看就生气了，原来你不光看衰忠王，还认为我也是靠福气支撑到现在的，纯属侥幸存活。赵昀这么一生气，又想起一件更让他疑心的事来。当初鄂州危急时，临安也大为震动。赵昀急得找吴潜想办法。吴潜说，如果挡不住，只有迁都了。赵昀说："我迁都走了，那你去哪里？"

吴潜说："我坚守临安。"

赵昀的眼泪就流了下来，他说："爱卿原来是想做张邦昌！"

吴潜这才知道，在这样的朝廷里混，想做个忠臣是多么困难啊。他当场哑口无言，不敢再说半句话。后来，蒙古兵退走了，赵昀大声对群臣说："如果当初听吴潜的建议，就误了国家大事啊。"

他对吴潜的愤恨已经半公开了。

贾似道虽然对忽必烈行动的预测连边都不沾，但对赵昀心理的揣摩却很到位，立刻知道赵昀对吴潜已经很气愤了，于是就天天主动跟他探讨立储的大事，说陛下的决策完全正确，还叫御史沈炎弹劾吴潜，直接说，任命忠王为太子，这是人心所向，现在只有吴潜一个人在反对，这充分说明了吴潜心怀叵测。这样的人是不能留在决策圈的，应该迅速让贾似道这样的人成为大宋权力的核心。

赵昀一看，沈御史把他的心里话全写在这张纸上了。于是，下令罢免吴潜，让他去当宫观使，仍然是拿一级官员的工资。

赵昀其实仍然不想放过吴潜，他亲自组织材料，交给刘应龙，叫刘应龙照着抄成奏疏，弹劾吴潜。

刘应龙一看，这不是要把吴潜大人往死里逼的罪名吗？他不干，对赵昀说："吴潜的口碑向来很好，只是在议论国事时，把话说得有些过分而已。自古以来，大臣有罪，基本不会轻易判处死刑的。请陛下从宽处理吴大人，对他相待以礼。"

赵昀一听，气愤得几乎要大骂起来。这样一个皇帝，能让宋朝在蒙古铁骑面前有幸免的可能吗？他的用人原则就是，发现一个奸臣重用一个，发现一个贤臣，想办法搞定一个。

他刚刚被迫把丁大全搞下去，近来没有奸臣陪伴，好像这个世界有点不正常了，天天一个吴潜在身边，对自己规劝来规劝去，好像自己做什么都不对，哪比得上贾似道这些人，自己做什么事都是英明无比的。

把吴潜挤出权力中心，赵昀终于成功地把贾似道提拔上来，下诏大力称赞：贾似道为吾股肱之臣，任此旬宣之寄，隐然殄敌，奋不顾身，吾民赖之而更生，王室有同于再造。赵昀很兴奋，原来的大玩家贾似道在他的重用之下，成了国家的栋梁。他觉得自己还真有福气，得了个贾美人，顺带还得了这么个好弟弟。为了表彰贾似道，在贾似道到来的时候，他要求百官到城郊列队迎接。

打压功臣

贾似道知道自己为所欲为的时代终于到来了。幸亏忽必烈围攻鄂州，幸亏蒙哥死去，幸亏阿里不哥抢汗位。这些因素一组合，就组合成了他的丰功伟绩，让他一步成为当朝权臣。以前那些看不起他的官员，现在都得在队列里热烈欢迎他。

贾似道继续玩他的手腕，又想把高达搞定，他直接向赵昀说：“陛下，现在我想杀高达。”

高达在鄂州的表现全国人民都知道，赵昀也知道。如果是别的君主，听到这样的话，肯定会大力批评一顿，可宋理宗却说：“杀死他不好吧？他也是有功的人，我不同意杀他。”

最后，在平定鄂州之战时，赵昀把吕文德定为第一，高达为第二。从这方面来看，赵昀有时心里还是很明白的，但他经常做不明白的事。一个故意做不明白事的人，你能拿他怎么样？

贾似道立马知道，再拿这些功臣开刀，可能会有些难度，而且自己也需要这些人在前线拼命。既然如此，那就拿那些口碑不好、被人们骂成奸臣的人来打。这些人虽然都是弄权高手，但他们都在权力中心地带稳扎稳打，跟皇帝混得很好，所以，必须把他们除掉，自己的权力范围才能更大。

现在赵昀身边这些人的代表就是董宋臣和卢允升。这几个家伙官职不大，但他们是宫中的工作人员，人脉都在宫里，赵昀的妃子们跟他们的关系很好，是他们的坚强后盾。而妃子们背后的人又是当今皇帝赵昀。所以他们的后台很硬，但贾似道仍然下决心打倒他们。

此前，也曾有人提出把他们坚决打倒，可最后被坚决打倒的就是要打倒他们的人。他们弄权的方式也跟其他奸臣一样，提拔了很多自己的人，然后收人家的钱。现在朝中以及地方官里，他们已经安置了大量的人。贾似道仗着自己是首席大臣，把这些人全部赶走。这些人因为贾似道现在是皇帝的红人，哪敢得罪他？吴潜是当朝宰相，他都可以搞定；高达那样拼死过来的功臣，他没有搜集到证据，就敢于直接请皇帝杀死，而皇帝只是笑着不同意。现在他们哪敢跟他较量。

贾似道就这样从这些人手中又收回了大量的权力，成为权倾一时的狠角色。

他接着再把矛头对准那一批功臣。现在宋朝能打的就那几个人了，吕文德是其中之一。这位老兄也有些上年纪了，武力指数开始下跌，但脑袋越来越复杂，知道在官场混，需要把机会主义的本领活用好，才能混得过人家。他此前的老领导是赵葵，但现在赵葵已经老了，没有势力了。他发现贾似道的前途越来越光明，于是就表示以后紧跟他。

贾似道说，他很恨曹世雄。这家伙曾经跟高达一样看不起他。

吕文德说，他可以陷害高达和曹世雄。

于是，他罗列了两人的罪状，呈送朝廷。

现在处理这些事的就是贾似道。贾似道本想把两人全部搞死，但考虑到赵昀曾经力保过高达，自己要是再向高达下重手，估计不好办，就把曹世雄整死，高达免官，不让他在前线立功了。

刘整一看，这些人跟他都是同一类的，居然因为立功，结果是丢官的丢官，丢脑袋的丢脑袋。他们都还打过胜仗，朝廷刚刚大力表彰过他们，现在都还是这个待遇。他刘整可是在四川打过败仗的，朝廷要是追究起来，不但他的脑袋丢掉，恐怕全家人的脑袋都保不住啊。他深知现在朝廷已经是贾似道的朝廷，自己跟他从没有过交情，他能放过自己吗？

刘整越想越害怕，比蒙古帝国大兵打过来还要怕。

在刘整时刻都在恐惧的时候，贾似道又调整了四川的第一把手，派俞兴前来全盘处理四川军政大事。这个俞兴跟刘整向来就有矛盾。刘整一看，现在派这个人来当他的顶头上司，肯定是贾似道修理自己的前奏。

而事实上，俞兴上任后的第一个动作，就是把刘整的级别降了一档。刘整当然不服，向朝廷申诉。结果这个申诉到贾似道那里，他理都不理。

刘整终于觉得，这样的朝廷已不宜待下去了，他决定去投靠蒙古国了。

刘整秘密派人去跟蒙古的成都经略使刘嶷取得联系，向刘嶷表达了投降蒙古帝国的意愿。

刘嶷大喜，决定派自己的儿子刘元振去接受刘整的投降。

大家都说："还是小心谨慎一点，刘整为什么要无缘无故地投降？这样的投降有多少可信度？"

刘嶷说："现在的宋朝权臣当道，每天做的事就是迫害有功之臣、打倒贤良之臣。只要不跟他们站在一个立场上，他们就打击你。所以，刘整有投降的理由。”

刘元振到了泸州城外，刘整果然开门出降。刘元振为了让刘整放心，单骑出来跟刘整见面。次日，刘整请刘元振进城。刘元振脱下战袍，跟刘整并马入城，然后到刘整处大吃大喝一顿。刘整就这样将泸州献给了蒙古帝国。

忽必烈的反应是很快的，立刻任命刘整为夔路行兼安抚使。

刘整是宋朝的高级将领，长期在蜀地工作，对四川一带的情况熟悉得很，蒙古帝国得到刘整，相当于得到了张活地图一样。

消息报到宋廷中央，大家都很气愤，说四川即将全部失去了。

可贾似道却说：“没那么严重吧？刘整投降就投降了，他在四川也没什么作用，大家放心吧。”

他刚让大家放心，俞兴却不让大家放心了。他觉得刘整投降也是很不错的。如果刘整还在这里，以后要迫害他，不知要浪费多少脑筋。现在刘整投降了蒙古，完全可以大张旗鼓地讨伐他了。

他在知道刘整投降后，第一时间就发布了讨伐刘整的檄文，然后带重兵围攻泸州。

这时，刘元振也还在泸州帮助刘整。

俞兴这次作战很努力，誓言收复泸州、拿下刘整，只几天时间就把泸州城打到摇摇欲坠的地步。刘元振的跟班们都说：“现在城破在即，咱们得想办法了，反正刘整又不是我们的人，丢下他算了。”

刘元振大声说：“哪能这样做？他把城交给我们，是对我们的信任。我们既然接受了他的投降，他就是我们的人，哪能因为形势危急就逃跑？泸州的得失，与国家的利害有关。我死也要守住这座城。”

不久，刘元振老爸派出的援兵赶到。他跟刘整从城内里杀出，与援兵夹击俞兴，把俞兴杀得大败。俞兴这才知道，把人家逼成卖国贼，绝对不是什么好事。

俞兴刚一上任，没有好好地做好对敌的防范工作，而是先找与自己合不来的内部将领来开刀，最终导致一场大败，而且把好好一座泸州城送给了敌人——要知道，蒙古曾多次进攻都没有拿下泸州啊。

此事传到朝廷，赵昀觉得也太丢脸了，他一怒之下，把俞兴的本兼各职全部免掉。

四川那边能打的好像只有一个刘整，现在也搞定了，贾似道一看，还有几个，也必须拿下。他拿下这些能打仗的人，主要是因为这些人要么只用心打仗，不巴结他；要么是功劳太高，自己怎么也比不过他们；要么就是因为自己会打仗，而看不起他。现在看不起他的高达没了兵权、曹世雄被他整死了，刘整被逼成卖国贼，好像还有一个是向士璧。他恨向士璧的理由是，向士璧的功劳太大。蒙古围困合州他们去增援时，被史天泽的浮桥挡住，就是向士璧想办法把那座浮桥烧掉的。他还把家里的钱拿来，当征兵工作经费，招募了不少兵。他只会把钱财发放给士兵，却不送给他。

他叫御史把向士璧狠狠地参奏了一把。向士璧马上就被捕入狱，从大宋功臣成为阶下囚。

贾似道后来觉得这样一个一个地干，实在太费精力了，就派人到各地去审计边疆经费。这些审计人员全由他派出，审计结果很快就出来，以下这些人员全部是犯事的：赵葵、史岩之、杜庶，以及向士璧等。犯的全是“侵盗掩匿”之罪，也就是说隐瞒侵吞了公款，而数额最多的就是向士璧。处理的结果是，全部如数偿还。

贾似道还专门任命方元善全盘负责审问向士璧。方元善是贾似道的死党，接手这个案件之后，立刻把向士璧害死，然后把他的妻妾也全部抓起来，继续追逼。向士璧曾长期在潭州为官，潭州的人民群众听说向大人的遭遇后，都痛哭流涕。

方元善虽然成功地把向士璧往死里打，得到贾似道的大力表彰，可不久他就突然得了疯癫病，天天呼叫向士璧的名字，直到有一天他也死了。

这时，另一个牛人也站了起来，与贾似道结盟，这个人叫马光祖。他还是很有本事的，在鄂州之役中，跟向士璧一样，也曾拿出家财来招兵买马，但他很恨赵葵。现在看到赵葵被列在名单中，心里很高兴，也不管他已经接近八十岁了，觉得报复的机会来了。他叫有关部门再查赵葵的账，可几个专业人员去查了大半天，也没有查出什么问题来。马光祖不服，贾似道也不服。

既然账本查不出，那就查别的方面。马光祖说，赵葵曾在正月十五那天，举行一场隆重的宴会，花了三万贯钱。这就是他挥霍公款的证据，请朝廷治罪。但王立信却坚决反对，说："现在是国家最艰难的时候，赵公为国家做出了很大的贡献，你却用这种手段来陷害他。告诉你，赵公曾经官居相位，天子之下第一人，现在你都还这么整他。等你下来之后，人家也会向你学习的。"

马光祖一听，大怒起来，说："我不管以后的事。"

王立信说："不叫我在这个位置就罢了，如果一定让我来办这个案，我绝对不会像你这么做。"于是，他宁愿把自己弹劾一次，也不做陷害赵葵的事。

这时，另外一个会计谢枋得，也是赵葵的铁杆粉丝，听说这事之后，也来找王立信，说："咱们坚决不能拖累老领导。"于是，把自己的全部财产一万贯拿来帮赵葵偿还这笔马光祖算出来的公款，还直接上书给贾似道，说赵葵是大宋的栋梁之材，现在把他害死，敌人都会笑话他们。

贾似道知道，赵葵是真的动不得，只得不叫赵葵偿还了。

还有那个大名鼎鼎的王坚，贾似道最终把王坚调到和州。果然没有几天，王坚就真的郁闷而死了。

能立功的人都被贾似道收拾了，以后谁还敢抢他的功劳？

这些天，蒙古没有前来侵扰，贾似道放心地把这些人审的审，杀的杀，搞得整个宋朝没有几个可以打仗的人才了。可是赵昀却把更大的信任交给贾似道，说贾似道现在的功劳完全可以跟赵普和文彦博相比，应该赐给他大量的豪宅，并赏给他一百万贯，在集芳园那里做家庙。

贾似道就这样进入了他个人事业的高峰。虽然这时他已经把一帮人打压下去，但他仍然没有忘记那个吴潜。其他人只是看不起他，不跟他在政治上保持高度一致，而吴潜却利用权力把他从鄂州调到黄州，要穿过敌人的防区，这是在要他的命啊。幸亏老天有眼，他才没有死掉。

当时吴潜已经被下放循州。贾似道派了个武夫刘宗申到循州，任务是毒死吴潜。吴潜早有防范，在住宅里开凿井水，自己都没睡在床上，根本不给刘宗申机会。

刘宗申没办法，只得摆了一桌酒席，请吴潜出来喝喝小酒，解解闷气。可吴潜能去吗？他说，今天不能出门喝酒。他知道，一定是吴潜知道他的目的了。于是，他又叫别人出面请客。吴潜没有办法推辞，只得前去吃这场酒了。

喝过酒后的吴潜马上就病了起来。他知道他中毒了，就对大家说："吾其死矣，夜必风雷大作。"他这话才说不久，果然风雷大作。然后他端坐堂中，写好遗表后死去。

吴潜死后，坊间议论声大作，贾似道没有办法，只得把刘宗申抛出，刘宗申能有什么办法？

赵昀赏赐贾似道时很大方，好像国库里有着用不尽的财宝，其实，当时大宋的财政已严重枯竭。可是现在宋朝的国土面积已经明显缩小，年年打仗，需要大量的军费，一群贪腐官员从不消停。作为现在宋朝的头号大臣，贾似道还是必须从玩乐当中抽出时间来想办法提高一下国家的财政收入的。

失败的一次改革

贾似道通过这次审计，虽然把一大批反对派打倒，但也发现国库已经严重空虚了，还发现了财政的一个弊端，就是大量印制楮币。你没听说过楮币吧？

告诉你，就是纸币。因为那时的纸大多都是用楮木做原料的，所以就叫楮币。我们在读中学的历史时就知道，我国最早的纸币就出现于宋代，当时又叫交子。后来金国也学习，但学得有点过分了，造成金融危机，最后大金朝也灭亡了。

这时宋朝没有办法，也在大量印制钞票，物价天天狂涨，无力控制，导致大量农民破产。那时制造业不发达，其他产业也没有多少，国家税收基本靠农民。农民破产了，国家的税收当然就越来越少。更要命的是，天天跟蒙古人打仗，需要大量的粮食。政府手里没有钱，又想收到大量的粮食，实在是一件困难的事。于是，大宋政府就出台了个“和籴”政策。

什么是“和籴”？

其实就是以政府名义向民间摊派指标，强行购买粮食。开始执行这个政策时，政府收购时还用钱币，后来就改用越来越贬值的楮币，再后来连交子都不给足，很多农民卖了米，拿了一大堆白条回来。农民的负担就越来越沉重了。几年下来，全国的农民不管多勤劳，结果都是穷光蛋。当时的实际情况就是“国计困于造楮，富户困于和籴”。

贾似道清楚地看到了这个现象。他知道，再这样下去，以后军队真的没有口粮了，大宋江山立马完蛋，他们这些权贵的好日子也到头了。

贾似道在打击完一大堆反对党、顺便为蒙古帝国清除一批可以打仗的劲敌之后，接受知临安府刘良贵和浙江转运使吴势卿的建议，出台了一个土地改革政策，也就是史上有名的“公田善举”。

说白了就是把公田买回来。政府花钱从地方买多余的土地，把这些土地彻底国有化，当然当时不叫国有土地，而是叫“公田”。买回公田后，就租给农民，靠收取租粮来养军队，彻底告别“和籴”制。

本来，宋朝刚建立时，政府手里掌握过大量的土地资源，称为皇庄和公田。后来，政府缺钱，就不断变卖，用土地换钱，保证财政收入。

现在贾似道又要把这些公田买回来。因此，大家又把这次土改叫“回买公田”。

当时，他们的目标是买回一千万亩的公田。

贾似道实施的方案是，公田法的具体设想建立在限田制基础上，首先将官户田产超过标准的部分，抽出三分之一，由政府回买为官田，再租赁出去，倘若每十亩可收六七石租米，就能解决军粮、会子、物价等问题。最初回买公田的对象是官户超标之田，定下的标准是一品限田五十顷，以下每品递减五顷，至九品为五顷。

方案送上去后，赵昀一看，如此一来，大宋既得利益集团就先被改革了。他拿着笔不愿签“同意”两个字。难道除了从既得利益集团手里抢钱外，没有别的办法了？

还能有别的办法吧？有两百亩土地的富民们都已经破产了，还想从小民那里搜刮到钱？告诉你，他们现在真的只有命一条了。

能不能等到秋天后再说？

贾似道当场宣布，如果不同意买公田，他就不当这个官了。当然，他宣布之后，立马叫几个死党来，紧急上书，要求朝廷一定要挽留他。现在是非常时期，没有他国家机器就难以运转了。

赵昀一看，大玩家不玩了，大宋就无法运转了。毕竟这些既得利益集团的利益再怎么重要，也比不得大宋的江山重要。于是，他苦着脸同意。但也是先在浙西平江（今江苏苏州）、嘉兴、安吉（今浙江湖州）、常州、镇江、江阴等州府实行，再推向各路。

贾似道这次带头献出浙西一万亩田作为官田，堵住了那些反对者的嘴巴。

景定四年二月，正式成立官田所，六月，就回买到公田三百五十余万亩。但品官超标的田亩远远不足公田的数额，于是，先是规定无官之家拥有的最高田额也限五顷，后来降至二百亩，最后无论官民，超出百亩以外的田地就必须回买三分之一为公田。

凡经回买的公田，名义上按租额高低给以经济补偿：租额一石以上的，每亩为二百贯；九斗的为一百八十贯；八斗一百六十贯，以下依次类推。但补偿的并不是现钱，买公田五千亩以上者，给银半成，官告五成，度牒二成，会子二成半；五千亩以下者，给银半成，官告、度牒各三成，会子三成半；一千亩以下者，不给银子，给度牒、会子各五成；五百亩以下者，只给贬值无用的会子。现在会子所开动印钞机，每天加印十五万贯，专门用来回买公田。

为什么贾似道先拿既得利益集团成员开刀？因为他知道，这些特权阶层手里掌握了大量的土地，但由于他们都是当权者，从不纳税，致使国家的税收大量“流失”，最后苦了老百姓，政府被骂得狗血淋头，却收不到足够的军粮，国家财政也越来越紧张。现在必须从这些特权阶层手里夺取这些土地。

这个愿望好像很不错。可实际操作起来，就不是那么回事了。

政策还在酝酿时，很多大臣就表示行不通，坚决反对。他们当然反对，因为是在抽他们的土地。贾似道当然不怕他们反对。他连皇帝的反对都不怕，还怕你们这些人不举手？

回买公田法强硬实施。

虽然，按照贾似道的意思，只是购买那些特权人士多余的土地，不会触及最底层民众，甚至连中小地主都不会涉及，避免造成社会动荡。可是基层官员们向来不敢触动那些特权阶层的利益，只能向最底层摊派，结果这个回买公田法，成为每家每户除了二百亩豁免外，其余的土地都要卖三分之一给政府。如此一来，做法跟“和籴”就没有什么差别了。

后来，有权有势的土豪和官员勾结主事官吏，隐瞒实际田产，造成回买不足。而对于无权无势的普通民户，主管官吏故意夸大计算其田亩数，强迫他们增加回买数，造成有些农户倾家荡产也无田可卖。而督卖者不择手段，甚至滥施肉刑，迫使有些走投无路的民户自杀了事。

贾似道本来是想收一批富人的土地，结果却变成一个全民运动，造成社会的动荡。更要命的是，贾似道政府又没有足够的现金买公田。他没有钱，但他有权。于是，就降低成本，压低田价，而且不是一般的低。当时，浙西一带上等良田的地价就是四百贯。开始时，规定对租额每亩一石的良田给以二百贯补偿，已经只是市价的一半，但在实际执行中往往仅给四十贯，而且这四十贯的现金基本不是铜钱。很多人居然只能拿到一张和尚的度牒之类的文书，跟白条没什么差别。有时还用告身，也就是委任状来顶替。这些委任状的具体价格为：登仕郎准三千楮，将仕郎准千楮，许赴漕试；校尉准万楮，承信郎准万五千楮，承节郎准二万楮，安人准四千楮，孺人准二千楮。如果你以为拿了这些委任状之后，就会变身公务员，立马光宗耀祖，那你就大错特错了。这些告身仍然是白条。不但这些委任状成为白条，那些基层官员如果不努力给广大田主发放白条，他们的委任状也变成白条。当时，主管这个工作的就是刘良贵，他天天派人下去督查，发现谁不合意的，就立马弹劾，把委任状收回并销毁，而谁的成绩突出，就大力提拔。这样一来，基层官员都想着用各种办法回买公田。

于是，本来一个看起来很可行的政策，变成了以变相的行政手段强行改变土地所有权的强制行为，当时人怒斥之为“白没”，因而公田法遭到朝野持久而殊死的反对。

当然，你也可以说，大家理解一下政府，只要能把一千万亩土地拿到手，先解国家之困，等国家好了，大家都会好的。但事实如何呢？

这项改革逼死了很多人，为朝廷制造了一个巨大的社会矛盾，终于完成了目标任务。接下来就是经营这些公田了。

主事官员都知道，很多公田尤其是特权阶层转让出来的公田，其实都不是好田，而且为了完成任务，大家又都高报公田等级，虚报公田数量，好向上级交差。公田等级高报、公田亩数虚报，租给农户种、收取租粮时，问题就出来了。政府收租时，肯定是按地方报上来的等级和田数收租的，于是，由此造成的缺额部分，只能由租种的人来补足了。据说，问题还不止于此，公田法推行之初，为了吸引农民租田，还搞了个优惠政策：原租额一石的公田，现租只收八斗。谁积极租种，谁就稳赚两斗了。可是去租了之后，才知道这个优惠政策是靠不住的。因为在实际操作中，不论原额多寡与土地肥瘠，甚至原来只能年收三四斗的公田，也都一律收八斗。公田法虽明令禁止多收斛面，但实际收租时，仍以大斗征收，一斗收到一斗三升视为惯例，丹阳县甚至高到一斗六升。原来纳租只须纳糙米，公田经营中却强令承佃农户改纳舂白米，每石附加折糙粮一斗八升。承佃户承受不了官田的层层盘剥，交不出高额租米，不少官田竟出现了抛荒现象。

于是，社会动荡了，国家财政更困难了……

在这样的背景下，官员们纷纷上书，谴责贾似道的做法。

贾似道看到大家都在骂自己，而且公田实施情况确实很失败，他虽然大权在握，可以搞定任何一个人，但真正的大权仍然掌握在赵昀手里，要是赵昀突然觉悟起来，拿他是问，要他的性命还是很容易的。他没有想到这个事会搞到这个地步，只得请求不干了。

当然，他早就把赵昀看透了。现在赵昀已经没有办法，手下也没有能臣，别人可以倒，王坚可以死，赵葵可以被处分，向士璧也可以死在牢里，但贾似道不仅不能死，还不能下台。所以，贾似道的这个辞职报告是做给大家看的。

果然，他的辞职报告送到赵昀那里后，赵昀坚决不批准，而且又把他表彰了一番，说公田法已经取得了重大成就，把那些有意见的人叫来，让他们出去看看，现在咱们大宋朝富民强，形势大好。别人可以辞职，贾似道坚决不能辞！